商务部国际贸易经济合作研究院学术文丛

数字商务的理论研究与实践探索
——以粤港澳大湾区为例

杜昕然　著

中国商务出版社
·北京·

图书在版编目（CIP）数据

数字商务的理论研究与实践探索：以粤港澳大湾区
为例／杜昕然著．--北京：中国商务出版社，2024.
（商务部国际贸易经济合作研究院学术文丛）．--ISBN
978-7-5103-5546-2

Ⅰ. F724.6

中国国家版本馆 CIP 数据核字第 2024TC1414 号

数字商务的理论研究与实践探索——以粤港澳大湾区为例

杜昕然　著

出版发行：中国商务出版社有限公司

地　　址：北京市东城区安定门外大街东后巷 28 号　邮编：100710

网　　址：http://www.cctpress.com

联系电话：010-64515150（发行部）　　010-64212247（总编室）
　　　　　010-64515210（事业部）　　010-64248236（印制部）

责任编辑：孟宪鑫

排　　版：北京嘉年华文图文制作有限公司

印　　刷：北京建宏印刷有限公司

开　　本：710 毫米×1000 毫米　1/16

印　　张：16.5　　　　　　　　字　　数：231 千字

版　　次：2024 年 12 月第 1 版　　印　　次：2024 年 12 月第 1 次印刷

书　　号：ISBN 978-7-5103-5546-2

定　　价：79.00 元

总　序

商务部国际贸易经济合作研究院（以下简称研究院）从 1948 年 8 月创建于中国香港的中国国际经济研究所肇始，历经多次机构整合，已经走过七十多年的辉煌岁月。七十多年来，研究院作为商务部（原外经贸部）直属研究机构，始终致力于中国国内贸易和国际贸易、对外投资和国内引资、全球经济治理和市场体系建设、多双边经贸关系和国际经济合作等商务领域的理论、政策和实务研究，并入选第一批国家高端智库建设试点单位，在商务研究领域有着良好的学术声誉和社会影响力。

商务事业是经济全球化背景下统筹国内、国际双循环的重要枢纽，在我国改革开放、经济社会发展和构建新发展格局中发挥着重要作用。新时期经济社会的蓬勃发展对商务事业及商务领域哲学社会科学事业的理论、政策和实务研究提出了更高的要求。近年来，研究院在商务部党组的正确领导下，聚焦商务中心工作，不断推进高端智库建设，打造了一支学有专攻、术有所长的科研团队，涌现出了一批学术精英，取得了一系列有重要影响力的政策和学术研究成果。

为了充分展示近年来研究院国家高端智库建设所取得的成就，鼓励广大研究人员多出成果、多出精品，经过精心策划，从 2021 年开始，研究院与中国商务出版社合作推出研究院"国家高端智库丛书"和"学术文丛"两个系列品牌出版项目，以支持研究院重大集体研究成果和个人学术研究成果的落地转化。

首批列入研究院"国家高端智库丛书"和"学术文丛"出版项目

的作者，既有享受国务院政府特殊津贴的专家，也有在各自研究领域内勤奋钻研、颇具建树的中青年学者。将他们的研究成果及时出版，对创新中国特色社会主义商务理论、推动商务事业高质量发展、更好服务商务领域科学决策都有着积极意义。这两个出版项目体现了研究院科研人员的忠贞报国之心、格物致知之志，以及始终传承红色基因、勇立时代潮头的激情与责任担当。

我相信，未来一定还会有更多研究成果进入"国家高端智库丛书"和"学术文丛"。在大家的共同努力下，"国家高端智库丛书"和"学术文丛"将成为研究院高端智库建设重要的成果转化平台，为国家商务事业和商务领域哲学社会科学研究事业作出应有的贡献。

值此"国家高端智库丛书"和"学术文丛"出版之际，谨以此为序。

商务部国际贸易经济合作研究院

党委书记、院长

顾学明

2022 年 8 月

序一　数字商务需要深入理论研究和实践探索

杜昕然博士的新著《数字商务的理论研究与实践探索——以粤港澳大湾区为例》，是一部理论和实践相结合的论著，既有深入的理论探索，又有深透的实证分析。这样的著述方式，凸显其务实的研究特点，独具其理论和实践价值。

本书紧扣现实发展，紧密联系经济社会实际，聚焦重点关注问题，逐次深入分析。首先在可读性上有着很强的吸引力；其次在研究方法上更是引人入胜，值得首肯。

数字商务通常解读为：利用互联网、物联网、线上平台等技术和数据分析手段，将商务的流程、渠道、营销、运营等流程数字化、互联网化、平台化、智能化。数字商务是数字经济发展最迅速、创新最活跃、应用最丰富的重要组成部分，是数字经济在商务领域的实践，也商务领域数字化发展的实施路径。

随着数字技术的不断进步和应用，将进一步丰富数字商务形态，未来数字商务将更加注重数据的价值和作用，通过智能化和高效化的模式，推动商业的进一步发展和创新。

"数字商务"与"电子商务"这两个术语经常被交替使用，但实际上它们涵盖的范围和焦点略有不同。从定义范围看，数字商务是一个更广泛的概念，包括电子商务，同时也涵盖使用数字技术执行的所有商业活动，如移动支付、数字内容交易（如音乐、视频）、订阅服务、电子合同签订等。在应用领域上：电子商务多聚焦于在线销售平台和零售交易；数字商务则更广泛，包括数字营销、客户关系管理、供应链管理等多个业务领域，甚至涵盖通过社交媒体和其他数字平台进行的商业活动。在业务模式上：电子商务模型通常围绕商品的在线展示、选择、购买和配送；数字商务不仅涉及物理商品的交易，还可能包括虚拟产品的销售、在线服务的提供以及基于技术的解决方案（如云服务）。

总的来说，虽然电子商务与数字商务在许多方面相似，都是现代商业活动的重要组成部分，但数字商务提供了更广泛的视角，强调数字技术在各种商业实践中的应用和影响。所以，既不能把数字商务与电子商务简单地等同，也不能把两者完全混同。

作者明确指出：数字商务是一国或一经济体商务事务全面数字化的总和，是以数据为关键生产要素，以数字技术为关键支撑，以现代信息网络作为重要载体，充分释放数字技术和数据对商务领域赋能效应，全面提升商务领域数字化水平和现代化水平的商务发展新形态。

作者进一步阐述，商务领域具备推进数字化进程的发展基础，并有其自身特点和独特价值。强调商务领域的数字化可以影响产业链上数字化进程。数字商务与数字农业、数字工业和其他数字服务业一样，均是产业数字化发展的重要组成部分。

各国数字商务发展形式多样，美国是数字商务的先驱，拥有成熟的在线服务零售市场和创新技术优势；英国拥有高度发展的物流和配送系统；德国以其强大的技术基础设施和消费者对安全性的高需求而著称；日本注重技术和用户体验，拥有高度发达的电子支付系统和先进的物流服务。中国的数字商务市场是全球最大的，受益于庞大的互联网用户基数和移动支付的普及。

我赞同作者展示的我国数字商务发展前景：我国数字商务发展基础坚实，应用场景丰富，赋能生产消费潜力无限。随着数字技术应用不断扩展，数据要素作用更好发挥，数字化场景不断丰富，数字商务间流量互导增强，数字商务模式不断创新，数字商务呈现大发展趋势。

为此，我们更加需要加强对数字商务的理论研究和实践探索，不断拓宽数字商务市场、丰富数字商务体系。

中共中央政策研究室经济局原副局长、巡视员

2024 年 10 月 18 日于北京

序二　推动数字商务创新发展

数字化浪潮正以前所未有的速度席卷全球，深刻地影响着人类发展进程，数字经济正在成为重组全球要素资源、重塑全球经济结构、改变全球竞争格局的关键力量，深刻地改变着我们的生产和生活方式，也为全球经济增长注入源源不断的动力，其重要性不言而喻。

数字商务作为数字经济的重要组成部分，在数字经济发展进程中占据重要地位。数字商务一头连接生产，推动生产更加精准、高效地响应市场需求；另一头连接消费，帮助消费者实现更加多元、更加个性化的消费体验。数字商务的蓬勃发展对于促进数字经济发展、推动建设现代化经济体系、构建国家经济竞争新优势具有重要意义。

杜昕然博士的新著《数字商务的理论研究与实践探索——以粤港澳大湾区为例》着手从理论与实践两个维度对数字商务进行研究和阐述。不仅涉及了内涵界定、概念辨析、主要功能、统计分类、理论价值、发展方位等基础理论问题，而且论述了数字商务在实践中的战略方向、实践路径、典型案例和机制建议。既有理论深度，又有实践价值，是一种兼顾理论与实践的论述范式。

在数字商务的研究领域中，概念辨析是深入理解其本质的基石。数字商务与数字经济、电子商务、数字贸易等概念既相互关联又存在差异。数字商务是数字经济在商务领域的具体体现，同时，相较于电子商务，数字商务内涵更为丰富，强调数据要素的深度应用，涵盖了商流、物流、信息流、资金流的全面数字化与智能化。与数字贸易相比，数字商务的范畴更为广泛，不仅包含贸易活动的数字化，还涉及商务政务治理行为的数字化等多个方面。

同时，数字商务的理论内涵十分丰富，数字商务的发展将优化社会交换结构和流通程序，形成以数据为驱动的交换模式，借助数字技术与商务活动的深度融合，将极大地提升交易效率，对社会再生产循环理论将产生深远影响。

本书对数字商务理论与实践的系统研究，有助于构建合理的数字商务研究体系，书中从概念界定到理论价值挖掘，从实践路径探索到发展机制建议等多个层面展开论述，有助于深入理解数字商务在数字经济中的角色与作用，有助于构建数字商务的理论体系，有助于政产学研用多方合力共同推动数字商务高质量发展。

书中通过对粤港澳大湾区数字商务发展实践的基础、现状、特征、路径等的论述，可以以点带面地总结经验、发现问题，为其他地区数字商务的发展提供宝贵借鉴。这不仅有助于推动数字商务在全国范围内的广泛应用与创新发展，还能为政策制定者、企业经营者等提供决策参考，助力全国数字商务在实践中不断完善与壮大。

数字商务的研究与实践正处于快速发展的关键时期，本书系统探讨了数字商务的各个方面，为读者呈现数字商务领域的全景画卷，希望能激发更多的思考与探索，共同推动数字商务蓬勃发展。

北京工商大学数字经济研究院执行院长，教授、博士生导师

2024 年 11 月 6 日

前　言

　　数字商务既是一个宏观问题，也是一个微观问题，既是一个理论问题，又是一个实践问题。归根结底，研究数字商务问题要把握好数字商务与数字化、数字经济的关系。数字化是继工业化、信息化之后人类社会发展进步又一重要方向，数字经济是以数据作为重要驱动要素、推动全要素生产率提升的新经济形态。数字商务是数字时代商务活动的重要特征，也是数字经济的重要内容。基于此，本书从理论思考出发，兼顾实践发展的观察与总结，试图对数字商务理论中的内涵、异同、统计分类、主要功能等基本问题进行阐述，同时又对其理论价值、发展方位、对数字经济发展的赋能作用等宏观问题进行归纳。在实践方面，本书以粤港澳大湾区为例，对数字商务在粤港澳大湾区发展的基础、特征、优势、路径、机制等进行分析，同时又对粤港澳大湾区数字商务发展中的代表性案例进行归纳，试图涵盖数字商务发展中的新模式、新场景、新业态，并以点带面，为中国数字商务的发展提供启示和经验。

　　在框架搭建中，本书涵盖三个部分，共九章。

　　第一部分主要阐述数字商务的若干理论问题，如数字商务与数字经济的关系、数字商务的定义、理论内涵、理论价值与发展方向等。其中，第一章主要阐述数字经济在经济发展中的重要地位，以及数字商务在数字经济发展中的重要地位，并通过对数据要素特征的论述，阐述数据在数字商务和数字经济发展中的关键作用。第二章主要就数字商务的概念界定和理论内涵、统计分类、理论价值和发展方位等问题进行阐述。第三章主要根据给出的数字商务的框架，梳理了数字商务的发展态势，基于此分析数字商务发展面临的机遇与挑战，同时指出数字商务发展方向。

第二部分主要阐述了粤港澳大湾区在世界湾区经济发展以及中国区域经济发展中的重要地位。第四章主要阐述了世界湾区经济发展的历程，总结了世界湾区经济发展的主要逻辑，分析了世界湾区经济发展未来的主要趋势。第五章主要回顾了粤港澳大湾区发展历程，阐述了粤港澳大湾区发展的现状与特征。第六章主要对粤港澳大湾区经济发展进行总体概述，并对粤港澳大湾区数字经济发展进行阐述，在全面描绘粤港澳大湾区发展现状的同时，为下一步论述粤港澳大湾区数字商务发展奠定基础。

第三部分主要阐述了粤港澳大湾区数字商务发展的主要问题，涵盖了粤港澳大湾区数字商务发展的基础、实施的路径以及推动其发展的机制建议。第七章主要阐述了粤港澳大湾区数字商务的发展现状、存在问题以及推动数字商务发展的对策思路。第八章按照数字商务可以优化商务、引导生产和扩大消费的脉络详细论述了粤港澳大湾区数字商务发展的实施路径。第九章在前述基础、方向与问题的基础上，提出了推动粤港澳大湾区数字商务发展的机制安排与推进策略。

通过本书三个部分、九章的阐释，主要得到三个结论。

一是给出数字商务的包容性的概念理解框架。指出数字商务是一国或一经济体商业事务全面数字化的总和，涵盖商务企业经营活动数字化、商务政务治理行为数字化、商务数据要素价值化等三个方面。

二是通过对世界湾区经济发展的历史回顾，梳理并形成湾区经济发展遵循的三大逻辑："贸易湾区—工业湾区—服务湾区—创新湾区"的演进过程，"单产业集聚到多产业集聚、低端产业集聚到高端产业集聚、单要素集聚到多要素集聚"的集聚过程，"港城互动—区域一体—带动本国—引领世界"的辐射过程。同时，通过对粤港澳大湾区数字商务发展基础的梳理和总结，指出其具备率先发展的基础。

三是构建了粤港澳大湾区数字商务发展的实施路径，并针对发展中存在的问题以及实施过程中面临的挑战，提出推动粤港澳大湾区数字商务发展的机制安排与策略建议。

由于作者理论水平有限，书中定有诸多偏颇与不妥之处，恳请业界专家同仁批评指正。

作　者

2024 年 11 月 18 日

目　录

第一篇　数字商务：数字经济发展主战场

第二篇　粤港澳大湾区：区域经济发展的排头兵

第三篇　粤港澳大湾区数字商务：基础、路径与机制

第一篇

数字商务：数字经济发展主战场

第一章　数字商务与数字经济

第一节　数字经济在经济发展中的地位

一、数字经济概念的提出

20 世纪 90 年代，"数字经济"概念逐步走进大众视野，首次出现在美国学者唐·泰普斯科特（Don Tapscott）1996 年所著的《数字经济：网络智能时代的前景与风险》中，但"数字经济"在学术界并没有形成统一的定义。1998 年、1999 年、2000 年美国商务部先后出版了《浮现中的数字经济》（Ⅰ，Ⅱ）和《数字经济》等相关研究报告，对数字经济的特征进行描述。自此之后，诸多学者和机构从不同角度对数字经济内涵进行进一步探讨。在国内学者的研究中，马建堂（2018）认为，数字经济的核心是最大限度减少经济活动不确定性，具备大数据、智能化和平台型经济等三个重要特征。裴长洪等（2018）认为，数字经济强调的是数据信息及其传送是一种决定生产率的技术手段，是先进生产力的代表，并且在规模经济、范围经济、长尾效应等方面具备显著特征。荆文君等（2019）将数字经济的内涵理解为通过广泛应用互联网技术，进而产生一系列的经济活动，是经济发展的新趋势。2016 年 G20 杭州峰会对数字经济的内涵进行了界定，认为数字经济是以使用数字化的知识和信息作为关键生产要素、以现代信息网络作为重要载体、以信息通信技术的有效使用作为效率提升和经济结构优化的重要推动力的一系列经济活动。

此后，在此基础上诸多研究机构及政府部门发布多项报告或文件对数字经济的内涵进一步规范和明确。2017 年，中国信息通信研究院发布《中国数字经济发展白皮书（2017 年）》认为，数字经济是以数字化的知识和信息为关键生产要素，以数字技术创新为核心驱动力，以现代信息网络为重要载体，通过数字技术与实体经济深度融合，不断提高传统产业数字化、智能化水平，加速重构经济发展与政府治理模式的新型经济形态。提出了数字经济包括数字产业化和产业数字化的"两化"框架，此后在连续数年的《中国数字经济发展白皮书》中，数字经济的概念框架从"两化"演变为"三化""四化"框架。2019 年，中国信息通信研究院发布《中国数字经济发展与就业白皮书（2019 年）》，对数字经济的内涵增加了"数字化治理"相关内容，认为数字经济蓬勃发展，不仅推动了经济发展的质量变革、效率变革、动力变革，更带来了政府、组织、企业等治理模式的深刻变化，体现了生产力与生产关系的辩证统一。2020 年，在其发布的《中国数字经济发展白皮书（2020 年）》中，数字经济内涵增加了"数据价值化"相关内容，形成了对数字经济内涵认识的"四化"框架，该报告认为当前以数据驱动为特征的数字化、网络化、智能化深入推进，数据化的知识和信息作为关键生产要素在推动生产力发展和生产关系变革中的作用更加凸显，经济社会实现从生产要素到生产力，再到生产关系的全面系统变革。

2021 年 5 月，国家统计局发布《数字经济及其核心产业统计分类（2021）》，认为数字经济是指以数据资源作为关键生产要素、以现代信息网络作为重要载体、以信息通信技术的有效使用作为效率提升和经济结构优化的重要推动力的一系列经济活动。同时，提出了将数字经济产业范围确定为数字产品制造业、数字产品服务业、数字技术应用业、数字要素驱动业、数字化效率提升业等 5 大类。同年 12 月，国务院印发《"十四五"

数字经济发展规划》，指出数字经济是继农业经济、工业经济之后的主要经济形态，是以数据资源为关键要素，以现代信息网络为主要载体，以信息通信技术融合应用、全要素数字化转型为重要推动力，促进公平与效率更加统一的新经济形态。数字经济的内涵在演进过程中更加清晰和明确。

二、数字化成为世界经济社会发展新进程

数字化是继工业化、信息化后人类发展的新进程。回顾近代以来世界经济社会发展历程，历次工业革命对世界经济社会发展进程影响尤为深远。18世纪60年代，第一次工业革命在英国爆发，以瓦特制成的改良型蒸汽机为标志，蒸汽动力的广泛使用推动了社会生产力的大幅提高，人类由此步入蒸汽时代。19世纪60年代后期，第二次工业革命爆发，以爱迪生发明电灯为标志，电力的发明和广泛应用推动了生产力的巨大提高，人类由此步入电气时代。20世纪40年代左右，第三次工业革命开始酝酿，电子计算机的发明和进步带来了算力的巨大提升，人类社会开始步入电子化时代。随着电子计算机的广泛应用以及互联网等通信技术的飞速发展，电子计算机和智能手机广泛互联互通推动了互联网经济的繁荣发展。第三次工业革命在推动经济繁荣发展的同时，也奠定了第四次工业革命不断突破向前的基础。目前，第四次工业革命在多个方向孕育发力，主要集中在数字技术、新材料、生物科技、新能源、量子科学等五个方面，然而，包括大数据、云计算、人工智能、区块链等技术在内的数字技术的深度发展和广泛应用最有可能成为第四次工业革命的一个突破口。

从生产要素的维度来看，生产要素的演变历程从土地、人口"二要素论"到土地、人口、资本"三要素论"乃至土地、人口、资本、技术等"四要素论"逐步扩展，当前，数据在生产要素中的作用越来越重要，日益成为推动生产力发展的关键要素。数字技术的发展和广泛应用推动了数据要素的规模扩张和深入利用，是通过数据要素的价值发挥推动生产力发展进而推动经济发展的重要力量。

当前国际环境日趋复杂，不稳定性和不确定性明显增加，世界经济进入低迷期，经济全球化遭遇逆流，全球能源供需版图深刻变革，新一轮科技革命和产业变革正在重塑全球经济结构。我国发展仍然处于重要的战略机遇期。经过多年发展，我国已是世界第二大经济体、第一大工业国、第一大货物贸易国、第二大科研经费投入国和第二大全球消费市场。2023 年我国 GDP 为 126.06 万亿元，比 2022 年增长 5.2%，城镇化率达到 66.2%，第二产业增加值占 GDP 的比重达到 38.3%。据有关资料显示，我国是全世界唯一拥有联合国产业分类中所列全部工业门类 41 个工业大类、207 个工业中类、666 个工业小类的国家。但是，我国同时面临经济增速低位运行、产业结构调整、经济新动能培育等多重问题，顺应和把握数字化发展趋势，推动数字经济加快发展，成为推动我国经济持续发展的重要途径。

三、中国政府高度重视数字经济发展

党的十八大以来，党中央高度重视发展数字经济，将其上升为国家战略。习近平总书记多次指出，"发展数字经济意义重大，是把握新一轮科技革命和产业变革新机遇的战略选择""我们要站在统筹中华民族伟大复兴战略全局和世界百年未有之大变局的高度，统筹国内国际两个大局、发展安全两件大事，充分发挥海量数据和丰富应用场景优势，促进数字技术和实体经济深度融合，赋能传统产业转型升级，催生新产业新业态新模式，不断做强做优做大我国数字经济"。

近年来，党中央、国务院对数字经济发展做出一系列部署（见表 1-1）。2015 年 10 月，党的十八届五中全会提出，实施网络强国战略和国家大数据战略，拓展网络经济空间，促进互联网和经济社会融合发展，支持基于互联网的各类创新。2017 年 10 月，党的十九大提出，推动互联网、大数据、人工智能和实体经济深度融合，建设数字中国、智慧社会。2019 年 10 月，党的十九届四中全会发布《中共中央关于坚持和完善中国特色社会主义制度　推进国家治理体系和治理能力现代化若干重大问题的决定》，首次将数据列为生产要素。2020 年 10 月，党的十九届五中全会提出，发展数字经济，推进数字产业化和产业数字化，推动数字经济和实体经济深度融合，打造具有国际竞争力的数字产业集群。2021 年 12 月，国务院印发《"十四五"数字经济发展规划》，提出强化高质量数据要素供给、加快数据要素市场化流通、创新数据要素开发利用机制等重点任务举措。

2022 年 10 月，党的二十大报告指出，加快发展数字经济，促进数字经济和实体经济深度融合，打造具有国际竞争力的数字产业集群。2022 年 12 月，《中共中央　国务院关于构建数据基础制度更好发挥数据要素作用的意见》（以下简称"数据二十条"）对外发布，其对数据产权、流通交易、收益分配、安全治理基础制度进行战略擘画和科学构建，奠定了构建数据基础制度体系的坚实基础。2023 年 2 月，《数字中国建设整体布局规划》发布，推动数字中国建设按照"2522"的整体框架进行布局，即夯实数字基础设施和数据资源体系"两大基础"，推进数字技术与经济、政治、文化、社会、生态文明建设"五位一体"深度融合，强化数字技术创新体系和数字安全屏障"两大能力"，优化数字化发展国内国际"两个环境"。2023 年 8 月，财政部印发《企业数据资源相关会计处理暂行规定》，为规范企业数据资源相关会计处理、强化相关会计信息披露、指引数据资源"入表"提供依据。2024 年 7 月，党的二十届三中全会强调，加快构建促进数字经济发展体制机制，完善促进数字产业化和产业数字化政策体系。

表 1-1　近年来党中央、国务院对数字经济发展做出的重要部署

时间	会议（文件）	数字经济相关内容
2015 年 10 月	党的十八届五中全会	实施网络强国战略和国家大数据战略，拓展网络经济空间，促进互联网和经济社会融合发展，支持基于互联网的各类创新
2017 年 10 月	党的十九大	推动互联网、大数据、人工智能和实体经济深度融合，建设数字中国、智慧社会
2019 年 10 月	党的十九届四中全会	首次将数据列为生产要素

时间	会议（文件）	数字经济相关内容
2020 年 10 月	党的十九届五中全会	发展数字经济，推进数字产业化和产业数字化，推动数字经济和实体经济深度融合，打造具有国际竞争力的数字产业集群
2021 年 12 月	《"十四五"数字经济发展规划》	强化高质量数据要素供给、加快数据要素市场化流通、创新数据要素开发利用机制等重点任务举措
2022 年 10 月	党的二十大	加快发展数字经济，促进数字经济和实体经济深度融合，打造具有国际竞争力的数字产业集群
2022 年 12 月	《中共中央 国务院关于构建数据基础制度更好发挥数据要素作用的意见》	对数据产权、流通交易、收益分配、安全治理基础制度进行战略擘画和科学构建，奠定了构建数据基础制度体系的坚实基础
2023 年 2 月	《数字中国建设整体布局规划》	夯实数字基础设施和数据资源体系"两大基础"，推进数字技术与经济、政治、文化、社会、生态文明建设"五位一体"深度融合，强化数字技术创新体系和数字安全屏障"两大能力"，优化数字化发展国内国际"两个环境"的"2522"整体布局
2023 年 8 月	《关于印发〈企业数据资源相关会计处理暂行规定〉的通知》	包含规定适用范围、数据资源会计处理适用的准则、列示和披露要求、附则等内容
2024 年 7 月	党的二十届三中全会	加快构建促进数字经济发展体制机制，完善促进数字产业化和产业数字化政策体系

第二节　数字商务在数字经济中的地位

一、充分认识产业数字化作为数实融合的载体地位和作用

（一）产业数字化在数字经济中的比重日益扩大

产业数字化是数字经济的重要组成部分，是数字技术与实体经济深度融合的主战场，是供给侧结构性改革的重要方面，也是构建新发展格局打造国际竞争新优势的重要举措。2017 年以来，中国将数字经济上升为国家战略，大力推动数字产业化和产业数字化。习近平总书记多次指出"要大力发展数字经济，推动数字产业化和产业数字化"，"推动产业数字化，利

用互联网新技术新应用对传统产业进行全方位、全角度、全链条的改造，提高全要素生产率，释放数字对经济发展的放大、叠加、倍增作用"。当前，我国产业数字化发展方兴未艾，呈现出一二三产同步推进，东中西部协同推进，大中小企业同步发展的局面。2020—2023年中国产业数字化规模从34.9万亿元增长到43.8万亿元，占数字经济比重从80.9%提高到81.3%，一二三产的数字化渗透率分别从8.9%、21.0%、40.7%调整到10.78%、25.03%、45.63%。大数据、云计算、人工智能、物联网、区块链等数字技术在农业、工业、服务业等各产业广泛应用，各地区产业数字化需求大、机会多、潜力足。

（二）产业数字化发展的战略逻辑应成为首要考量

产业数字化是当前各界关注的焦点，是政策制定、产业发展、金融投资的热点领域，产业数字化是具有广阔发展潜力的重要领域。但是，在推动产业数字化发展的过程中，面临市场逻辑不清、规模效应未显现、先后顺序不明等问题，在中国全力推进产业数字化转型的关键时期，首先应该深入分析和挖掘产业数字化发展的战略逻辑，看清战略发展方向，把握战略主动，打造符合产业数字化发展规律和特点的可行路径。整体来看，产业数字化应遵循如下三个"战略逻辑"。

1. 供需的逻辑

产业数字化不仅是供给侧的问题，更是供需两侧的问题，产业数字化的过程是优化生产力的过程，其核心不解决释放消费力的问题。产业数字化进程需要协同需求数字化升级进程，需求数字化是产业数字化的落脚点，产业数字化如果不依循需求数字化变动情况，将会落到供给大于需求的历史漩涡。

回顾前三次工业革命发展历程，可以发现生产力巨大飞跃的同时，也埋藏着一条供给与需求动态变化的主线。18世纪60年代第一次工业革命以瓦特改良蒸汽机为标志，人类社会步入蒸汽时代。英国棉布产量从1796

年的 2100 万码增长到 1830 年的 34700 万码，增长 15.5 倍；生铁产量从 1796 年的 12.5 万吨增长到 1840 年的 142 万吨，增长 10.3 倍；煤炭产量从 1700 年的 260 万吨增至 1840 年的 3600 万吨，增长 12.8 倍。19 世纪 60 年代第二次工业革命以电力的广泛应用为标志，人类从此进入电气时代。1914—1927 年美国在制造业中使用的电力由占电力总量的 39% 提高到 78%；1917 年，美国公用发电站数量为 4364 座，发电量 438 亿度；铁路干线里程从 1870 年的 5.3 万英里增长到 1915 年的 25.4 万英里；钢产量从 1874 年的 19.2 万吨增加到 1882 年的 169.6 万吨。20 世纪 40 年代以来以电子计算机的发明和使用为标志，人类进入算力时代。1969—1999 年美国经济规模从 9629.0 亿美元增长到 9.6 万亿美元，增长 9 倍，2018 年全球互联网用户数达到 38.96 亿人，普及率超过全球人口的一半，达到 51.4%。在此期间，世界发生过九次较大的经济危机，其中以 20 世纪 30 年代的经济危机对实业和理论界的影响最为深远。金融业的崩溃迅速波及实体经济，农场主为了销毁"过剩"的产品，用小麦、玉米替代煤炭做燃料，把牛奶倒进密西西比河。20 世纪 30 年代以前，萨伊"供给自动创造需求"的逻辑指导着资本主义世界生产，导致生产极度扩张，加之资本的贪婪，导致产能极度过剩。20 世纪 30 年代的世界经济危机导致凯恩斯主义盛行。"有效需求不足"被普遍认同，各国开始采取积极的国家干预，重视扩大需求以促进经济增长。自此，科技进步、工业革命与供给需求形成了不可忽略的紧密关系。由此可以得出，前三次工业革命应以 20 世纪 30 年代为分水岭，20 世纪 30 年代以前总供给小于总需求，生产力的极大飞跃需求自动适配，20 世纪 30 年代以后总供给大于总需求，生产力的极大扩张要以需求为导向。

因此，产业数字化要放到供需的大逻辑下来判断，先考虑产业数字化的需求侧落脚点，再来考虑产业数字化的手段与路径，一切没有需求支撑的数字化都是无效的数字化，不能为了数字化而数字化，产业数字化要强调与需求数字化升级的同步协同，形成产业数字化转型与需求数字化升级协调推进的有利局面。

2. 免费的逻辑

产业数字化投资大、成本高，回收期长，阻碍了产业数字化发展的步伐。产业数字化发展应以消费互联网发展为"镜子"，走符合互联网经济"基本逻辑"的发展道路。互联网时代的逻辑是免费，物联网时代的逻辑也应是免费。消费端互联网发展走免费路线，产业端互联网发展也应走免费路线。

回顾互联网的兴起与发展历程，大致经历了三次重大转变。第一次是从军用、科研向民用的转变。从 1969 年 ARPA 网上两台军用科研计算机间第一次实现联接到 1994 年万维网的推出，拉开普通民众走进互联网时代的大幕，互联网从小众人群走向大众人群、从应用于局部到应用于全球、从投资高昂到"触手可得"，互联网规模的扩大也让应用互联网的成本大幅降低。第二次是从"付费时代"向"免费时代"的转变。互联网经历了从web1.0 到 web4.0 的发展过程，也不断实践并证明着"免费"商业模式对"付费"商业模式的取代。从雅虎与 Google 的免费邮箱之争可以知道"免费即入口"，从淘宝与 ebay 的免费大战可以得出"免费即流量"，从 360 免费杀毒软件对传统杀毒软件行业的颠覆可以获知"免费即盈利"。当然，"免费"并非指一定完全免费，把利润的一部分让渡给用户也是免费思维的一种，如小米手机以近乎成本价的硬件在各类衍生服务中得到丰厚回报。第三次是从 PC 端向移动端的转变。随着 2007 年第一代苹果手机的出现，开启了智能手机的新时代。智能手机除了抢占诺基亚、摩托罗拉等传统手机市场规模外，也将互联网从 PC 互联网推向了移动互联网时代。硬件与软件的深度融合，以及各种"免费"App 争夺入口，让新的"免费"形成了对旧的"免费"的替代。总之，免费成为让全世界各地人们迅速互联、形成对传统商业模式的替代，以及不断争夺新的流量入口的"制胜法宝"。

因此，产业数字化要遵循"免费"的逻辑。这个免费不仅指免费的产品或服务，或完全免费的表现形式，而是指根植于内"免费"的思维和逻辑。用"免费"迅速壮大数字化企业的规模，用"免费"迅速建立产业内和产业间的数字化连接，用"免费"迅速形成丰富的数据资源和新的商业模式。通过数字化的快速覆盖，形成产业数字化升级的蓬勃动力。

3. 递进的逻辑

产业数字化是一个宏大的历史进程，不会一蹴而就，也不会千行百业齐头并进，推动产业数字化发展要从战略层面摒弃"一拥而上"的认识和"撒胡椒面"式的政策配套，需要因应人类产业变迁的历史规律，走出符合产业数字化升级递进逻辑的发展道路。

回顾产业变迁历史进程，蒸汽机的出现首先让纺织业率先飞速发展。英国自1771年建立第一个棉纺织厂，至1835年达到了1262家。随后蒸汽动力才在其他产业广泛应用，工业革命完成时，英国建立起了纺织业、冶金业、煤炭业、机器制造业和交通运输业等五大工业部门。电力的普及和应用首先在照明和通讯领域发生，1879年爱迪生发明了白炽灯，并于1882年在纽约建立一座火力发电站。1876年贝尔发明了电话，至1900年全美电话增加至1000多万台。随着电力系统的逐渐成熟，电力逐步取代蒸汽动力并在工业中占据了统治地位。电子计算机的广泛应用始于军事、科研、商业等领域，随后才在居民消费领域广泛普及。

由此可见，产业数字化也应循着由点及面、层层递进的规律展开，依据供需两端数字化基础、大小企业数字化基础和传统企业"内外"数字化基因基础等因素判断，一般而言，产业数字化可以有以下三个递进关系。一是从产业链下游数字化向产业链上游数字化传导。产业链下游接近消费者和发展成熟的消费互联网，是数字化基础较为雄厚的领域，可通过消费活动的率先数字化不断向供给侧的产业链上游传导，实现下游产业数字化向上游产业数字化演进的递进过程。二是从产业链上大企业数字化向小企业数字化传导。产业链上大企业具有坚实的数字化基础、雄厚的资本投入、强大的人才优势，是产业数字化"关键的少数"，同时对产业集群中的中小企业具有辐射带动效用，可通过产业链上大企业的数字化推动产业变革，通过对产业整体的数字化提升带动小企业的数字化变革。三是从外部数字化力量向产业内部数字化力量传导。专业数字技术公司是推动产业数字化发展的重要外部数字化力量，是形成跨界变革的重要因素，也是激发产业内部数字化力量的重要因素，可通过培育发展各产业领域的第三方专业化数字技术企业，形成"由外向内"的数字化传导过程。因此，产业数字化要把握发展方向，优化资源配置，明确发展时序，提高社会整体数字化效率。

（三）产业数字化的发展路径决定数实融合的效率

产业数字化是数字经济发展的必由之路，是继消费端数字化变革后数字化的主攻方向，是人类运用数字技术、思维和商业模式的一次伟大实践。在这个实践过程中，数字技术从"联人"到"联物""联企业"转变，商业模式从"联生活"到"联生产"转变。相较消费端的数字化转型，产业端、供给侧的数字化转型目前尚处在投资大、成本高、自身转型能力不足、专业服务供给不足阶段，由此，导致出现了掣肘产业数字化转型的"三对矛盾"。一是投资大成本高限制了企业数字化转型意愿，而企业数字化转型意愿降低限制了专业服务商规模壮大。二是示范效应不突出导致产业数字化生态建设缓慢，产业数字化生态建设缓慢导致示范效应很难突破。三是企业数量占比较大的中小企业数字化转型门槛更高难度更大，而中小企业数字化转型乏力导致数字化转型整体进程放缓。

当前，产业数字化的发展现状是以大企业为主导推动产业数字化向前发展，以大型数字技术服务商为主体为企业数字化转型提供专业服务，以"付费模式"为主体构成主要的商业模式。中小企业的数字化转型意愿不高、数字技术服务商生态不够健全，"付费模式"向"免费模式"转型较为缓慢。

2023年全国两会期间，多位政协委员针对产业数字化、中小企业数字化转型提出议案。全国政协委员、台盟中央常委陈玉玲指出，"中小企业不愿转、不敢转、不想转、不会转的问题和矛盾目前较为突出，直接影响数字化转型发展的成效"。陈玉玲鼓励专业服务商与中小企业以契约形式约定数字化转型目标，中小企业以转型后的收益支付专业服务商前期投入和合理利润，降低中小企业转型成本。全国政协委员、360集团创始人周鸿祎建议，"政府能够更大地推广SaaS服务平台，把SaaS模式作为推进中小微企业数字化转型的有力抓手"。中国财政科学研究院院长刘尚希也认为，"中小企业的数字化转型滞后不是政府不重视，而是SaaS市场未能得到充分的发展"。

基于此，SaaS服务这种具有共享性、生态性、免费性特征的数字化模式不仅适用于中小企业，也适合大型企业需求的战略目标。正如周鸿祎所言，"SaaS服务是中小微企业数字化转型最优解"，那么，从底层逻辑和战略判断而言，"SaaS服务不仅是中小微企业数字化转型的最优解，也是全部企业数字化转型的最终方案"。以此推动全体社会企业数字化转型成本大幅降低，实现产业数字化转型战略路径的三个转变。

一是实现以SaaS服务为代表的普惠型数字化转型模式迈向从"中小企业"—"大企业"—"全社会"的转变。中小企业是SaaS等普惠型数字化转型模式的切入点，也是试验场，在满足中小企业"部署门槛低、使用难度低、购买成本低"等诉求的基础上，能够不断壮大专业服务商队伍、提高专业服务商数字技术水平，为大企业数字化转型服务打下坚实基础。

二是推动服务模式从"定制型为主流、普惠型为辅助"—"定制型和普惠型并存"—"普惠型为主流、定制型为辅助"的转变。当前针对企业"一对一"定制型数字化转型服务模式虽然具有成本高、开发周期长、正外部性差等特点，但是具备一定的必要性，并且还将长期存在一段时间。因此普惠型的数字化转型模式不会一蹴而就，需要一个长期的历史过程。

三是实现商业模式从"一次付费＋后期运维投入"—"订阅模式＋按需付费"—"合作分润或上市回报"的转变。在现有主流的"一次付费＋

后期运维投入"商业模式基础上，不断推动中小企业 SaaS 服务供给的"订阅模式 + 按需付费"模式发展，进而逐步探索"入口端免费、应用端分润"的模式，以及依循消费端数字化进程中的资本市场退出模式。

二、充分认识数字商务在产业数字化中的重要功能和地位

数字商务与数字农业、数字工业和其他数字服务业一样均是产业数字化发展的重要组成部分。数字商务是产业数字化的先行者，鉴于商务领域是对外开放程度最高、市场化程度最高的领域之一，商务领域的发展在世界互联网浪潮中本就处于创新的领先地位，网络零售、网约车、快递外卖、旅游、支付等领域率先实现"互联网 +"发展进程，"互联网 +"全面应用落地，就是从需求侧与居民生活服务业及消费需求息息相关的领域开始的。电子商务突飞猛进发展之余，也快速融入到居民日常生活之中。因此，商务领域具备推进数字化进程的发展基础，当前，产业数字化发展在各产业、各领域加快推进，而商务领域的数字化发展具备自身特点和独特价值，在产业数字化发展中处于不可或缺的地位，具备诸多重要作用和功能。

（一）协同的功能

商务领域涵盖内贸、外贸、线上、线下、大宗、零售等领域，具备"点多面广、主体分散、城乡二元、内外兼备"的特点，处于数字化生产与数字化消费中间，与其他产业具有较强的合作和协同关系，商务领域的数字化可以影响产业链上下游产业推进数字化转型。第一，商务领域数字化过程中积淀了大量的消费者数据，这些数据具备让产业链上相关企业共享的价值，通过数据共享可以推进相关企业优化产品库存、改进产品设计、推进产品生产计划做到及时响应，进而推动相关企业数字化转型。第二，商务领域数字化过程中会产生海量场景，场景的扩展会增加与产业链相关产业的协同机会，通过场景的共享带来新的合作空间，数字化场景是

其中重要的组成部分，数字化场景的不断扩展推动了数字商务相关产业的数字化推进进程。第三，商务领域的数字化会拓展市场空间，推动消费市场规模的扩大和消费需求的增长，市场空间的扩大会吸引产业链相关企业纷纷推进数字化进程，提高数字化水平和能力，共享构建超大市场规模带来的市场红利。

（二）示范的功能

商务领域数字化具有良好的基础，在"互联网＋"时代因其市场化程度高、距离消费者近、开放程度高等因素率先实现互联网化，也由此积累了诸多数字化发展的条件。在产业数字化发展的新征程上，数字商务具有基础好、起步早、转型容易等许多先天优势，商务领域率先推动数字化发展能够为其他产业数字化发展起到示范作用。首先，电子商务发展的成功为产业链上下游产业加入互联网经济提供了示范。20 世纪 90 年代，互联网发展浪潮带动了中国互联网产业的发展，随着互联网基础设施的不断完善，互联网发展也步入"网商"2.0 时代。电子商务在中国发展风起云涌，涌现了腾讯、阿里巴巴、京东、拼多多等诸多电子商务龙头企业，也为引领旅游、教育、健康、金融保险等服务业转型以及生产企业转型发挥了巨大作用，对于推动整个互联网经济的发展起到了示范作用。其次，数字商务具有诸多率先发展的因素可以为产业链上下游产业数字化转型提供示范。数字商务接近消费端，在上一轮互联网经济发展浪潮中得到了充分的发展，在数字化转型中具有良好的硬件基础、人才基础、技术基础和资本基础。近年来，商务领域在数字化转型中率先发力，涌现出了直播电商、自动售货终端、无人机配送等数字技术与实体经济融合发展的新业态、新模式，引领了产业链上下游纷纷加入，为产业链上下游的转型发展起到了示范作用。

（三）赋能的功能

商务领域数字化可以促进消费者的消费行为数字化转型、消费内容数字化转型以及消费方式数字化转型，通过对消费者消费内容及方式的改变大大方便了消费者的消费活动，扩大了消费者的消费需求。第一，数字商务极大地挖掘了消费者的潜在消费需求，拓展消费者的消费空间，市场规模的扩大可以为产业链上游产业带来客户赋能。商务领域因其数字化转型集聚了更多的消费需求、挖掘了更多消费潜力、推动了消费升级和消费扩大，从而为上游生产企业带来了更多的订单，赋能生产企业的生产规模扩大。第二，数字商务在发展过程中积累了海量数据，包括消费者的消费行为数据、消费习惯数据、消费品类数据以及支付方式数据等，这些沉淀的数据经过清洗、加工、分析、预测等可以为产业链上游产业提供有价值的数据要素，推动产业进行生产安排、库存管理、研发设计、营销策划等活动，通过对数据要素的加工与共享，为产业链上游产业进行数据赋能。第三，数字商务发展过程中打造了众多数字化场景，通过场景对于线上线下的广泛覆盖以及通过人工智能、虚拟现实等数字技术的应用带来的场景创新，汇聚了庞大的消费者流量，庞大的流量对于竞争激烈的产业链上游产业而言具有巨大的赋能作用和商业价值。

三、充分认识数字商务在数字经济发展全局中的地位和作用

数字商务是数字经济的重要组成部分，是产业数字化发展的重要内容，数字商务一头联接数字化生产，一头联接数字化消费，是推动经济数字化的重要一环，是经济数字化水平的重要衡量指标，也是引领经济高质量发展、推动新质生产力发展的重要引擎。在数字经济发展过程中，数字商务与数字农业、数字工业等具备同等重要地位，并且在社会主义市场经济体制下具有自身重要价值。在实践发展过程中，要充分认识数字商务在数字经济中的重要地位，这是推动数字商务发展、强化数字商务研究、拓展数字商务实践的基础。

第一，在市场经济体制下，数字商务发展程度某种程度上决定着市场经济的数字化程度。黄国雄（1995）指出，市场经济的实质是交换经济，

商业是交换的主体。商务活动的本质就是联接生产与消费、撮合供给与需求，一般而言，市场经济发展的水平一方面体现在供给与需求的匹配程度，即能否达到经济学中的市场出清的状态，另一方面体现在资源优化配置程度，即生产要素的市场化流动水平，而这几方面恰恰是商务连接生产与消费、撮合供给与需求的职能所在，商务领域的数字化发展水平体现了在数字经济发展过程中连接生产与消费、撮合供给与需求的数字化水平，进而体现了市场经济的数字发展水平。因此，商务活动的现代化水平、效率和数字化水平某种程度上决定着市场机制的现代化水平、效率和数字化水平。

第二，数字商务领域具有海量数据和丰富场景，是数字经济发展的重要载体。数字商务领域具有海量数据和丰富场景，这一特点在当前的数字经济时代显得尤为重要。从数据的角度来看，数字商务涉及互联网、物联网、人工智能等多种技术手段，这些技术的应用使得商务流程、渠道、营销和运营等环节得以数字化、互联网化和智能化，在这一过程中沉淀了大量的商务数据，这些数据通过清洗、加工、分析等操作成为推动数字商务自身发展以及产业链上下游产业数字化发展的数据要素，为数字经济发展提供了巨大的数据要素价值。此外，商务领域涵盖内贸、外贸等诸多领域，涵盖面广、主体多元、与上下游产业关联度高，是市场竞争最充分的领域，也是"互联网＋"应用最广泛的领域，在多年的发展中积累了大量数据，并构建了多样化的应用场景，为数字经济发展提供了广阔空间。

第三，数字商务能够引导生产和扩大消费，是推动高质量发展的驱动力量。商务领域数据具备生产需求预测、消费者大数据画像等价值，可向生产端和消费端赋能。一方面，通过数字商务发展过程中积累的海量数据要素赋能生产端，推动生产的产品创新、生产的组织协同、生产的库存管理等优化调整，起到引导生产的作用；另一方面，通过数字商务发展过程中积累的海量数据对消费者进行全面立体分析，通过系统性的信息收集和精准分析算法，对消费者的品牌偏好、购物习惯、支付方式等进行识别、判断并预测其消费喜好与行为，有助于了解消费者消费动机并实现精准营销和提高用户体验，同时根据消费者动机设计研发新产品、优化产品设计和服务，最终达到提升市场竞争力的目的。在产业结构升级和扩大消费的背景下，对于推动产业数字化转型、促进生产端的组织变革与及时响应以及消费端的需求满足和需求创造都具备重大意义。

第三节　数据在数字商务和数字经济发展中的关键作用

一、数据要素与全要素生产率

世界经济发展的历程伴随着生产要素不断丰富、不断扩充的过程，从最初的土地、人力二要素，逐步发展到土地、人力、资本等三要素论，再发展到土地、人力、资本、技术等四要素论，直至当今数字技术的广泛应用和数字经济的深度发展，数据要素越来越成为推动经济发展的重要生产要素。

现代经济增长理论表明，经济增长主要来自两部分，即要素投入规模的扩大和要素使用效率（全要素生产率）的提升。并且，数据要素的投入和全要素生产率的提升越来越成为经济增长的重要因素。一方面，劳动、土地、资本、技术等要素对经济增长的贡献度呈现依次提高特征，如，2021 年中国人民银行调查统计司课题组的一份研究表明，1978—2020 年中国资本对经济增长贡献度从 37.6% 增至 67.2%，劳动对经济增长贡献度从 29.0% 降至 7.8%。另一方面，要素投入量贡献度在逐渐降低而全要素生产率的贡献度逐渐上升。例如，现有学者对 39 个国家的样本测算得出，随着人均收入从 140 美元增长至 5000 美元的历程，全要素生产率对经济增长贡献度从 11% 增长至 50%。

随着人类信息化进程加快，数据要素在经济增长中作用日益凸显。一般而言，数据要素投入从两个方面促进经济增长。一方面，数据要素投入有利于优化生产要素结构，调整生产函数，提高生产力。数据要素的投入通过消除信息不对称，对其他生产要素产生放大、叠加、倍增作用提高了经济发展水平。另一方面，数据要素投入有利于提高全要素生产率。陈维宣（2021）通过对 184 个国家 1998—2019 年的数据分析表明，数字技术整体上能促进全要素生产率的提高，应当成为今后提升全要素生产率的核心引擎。世界经济增长步入数据要素引领新时代。

二、数据要素市场发展历程

数据要素市场伴随着全球数字化浪潮和我国数字经济蓬勃发展而逐步成长。改革开放特别是党的十八大以来，国家高度重视信息化、数字化发展，2013 年将数字经济发展上升为国家战略。习近平总书记指出："发展数字经济意义重大，是把握新一轮科技革命和产业变革新机遇的战略选择。"数据是数字经济的关键生产要素，数据要素合理流通对于促进数字经济发展、推动数字中国建设具有重要作用。数据要素市场发展大致经历三个阶段。

一是孕育发展期（20 世纪 90 年代初至 2012 年），20 世纪 90 年代，互联网风靡全球，1994 年我国正式接入互联网。2000 年前后，中国互联网开始崛起。搜索引擎、社交通信、电子商务等功能逐步改变了中国人的生产生活方式。截至 2005 年，中国网民数量为 1.11 亿，占全国人口总量的 8.5%，占全球网民人数总量的 11.5%，位居世界第二。网民人数的快速增长为转变人民生产生活方式、海量数据的产生奠定了坚实基础。随着通信技术、终端设备、业态模式的飞速发展，2010 年中国步入移动互联网发展时代，为扩大网民规模、拓展数据容量提供发展新空间。

二是初步探索期（2013—2019 年），党的十八大以来，党中央准确把握世界科技动向和中国经济发展大势，着力推动数据要素市场发展。2014年，"大数据"被首次写入政府工作报告，2015 年 10 月，党的十八届五中全会提出实施网络强国战略和国家大数据战略，同年，全国首家大数据交易所——贵阳大数据交易所挂牌营业。2019 年 10 月，党的十九届四中全会首次将数据列为生产要素，从顶层设计上开启数据要素市场新历程。

三是快速推进期（2020 年至今），2020 年 4 月，党中央发布《关于构建更加完善的要素市场化配置体制机制的意见》，明确提出要加快培育数据要素市场，2021 年 5 月，国家统计局发布《数字经济及其核心产业统计分类》，对于贯彻党中央国务院决策部署、构建科学的政策体系和制度环境奠定了基础。2022 年 12 月，党中央、国务院发布"数据二十条"，对数据产权、流通交易、收益分配、安全治理等基础制度进行战略擘画和科学构建，搭建起具有中国特色的数据基础制度体系的"四梁八柱"，对于释放数据要素生产力和推动数据要素市场发展具有里程碑意义。2023 年 8 月，财政部印发《企业数据资源相关会计处理暂行规定》，为推动数据资产"入表"、数据要素市场化流通提供会计指引。2023 年 10 月，国家数据局挂牌成立，成为推动数字经济、数据管理与数字治理现代化的重要机构。2024 年 1 月，国家数据局会同有关部门印发《"数据要素×"三年行动计划（2024—2026 年)》，为充分发挥数据要素乘数效应，赋能数字经济发展提供了全面指导。"数据要素×"行动计划以推动数据要素高水平应用为主线，促进多场景应用，主要聚焦智能制造、智慧农业、商贸流通、交通运输、金融服务、科技创新、文化旅游、医疗健康、应急管理、气象服务、智慧城市和绿色低碳等 12 个领域的场景拓展和数字融合应用，推动在行业中发挥数据要素的乘数效应，释放数据要素价值，实现数字融合发展和经济规模效率扩大。

三、数据要素规模与增长潜力

当前世界经济增长长期低迷，复苏乏力。原有要素投入结构和全要素生产率拉动经济增长出现瓶颈，世界银行统计数据表明，2010—2019 年世界 GDP 增速从 4.3% 下降至 2.34%。2021 年全球数据资源产量达到 66.7ZB（1ZB 为 10 万亿亿字节），全球跨境数字服务贸易规模达到 3.86

万亿美元，在服务贸易中的占比达到 63.3%。数据要素更好开发利用蕴含着巨大增长潜力。作为新型生产要素，数据已经深刻融入生产、分配、流通、消费和社会服务管理等各环节，深刻改变着生产方式、生活方式和社会治理方式。

一是数据要素可开发利用容量巨大。数据要素与其他生产要素相比，具有可复制性、强流动性、非消耗、增长快、边际成本接近于零等特性，打破了自然资源有限供给对经济增长的制约，能够为经济转型提供不竭动力。据国家网信办《数字中国发展报告（2021）》的数据，2021 年中国数据产量达 6.6ZB，占全球的 9.9%，仅次于美国的 16ZB，排名全球第二。此外，2017—2021 年，中国数据产量从 2.3ZB 增长到 6.6ZB，电子商务交易额从 29 万亿元增长至 42 万亿元，数据和数据使用规模都呈现出高速增长态势。

二是数据要素开发利用尚处于较低水平。一方面，中国具备海量数据规模和丰富应用场景优势，党中央、国务院高度重视数据要素对经济增长的重要作用。2019 年 10 月，党的十九届四中全会提出的《中共中央关于坚持和完善中国特色社会主义制度　推进国家治理体系和治理能力现代化若干重大问题的决定》首次将数据列为生产要素。2020 年 4 月，中共中央发布《关于构建更加完善的要素市场化配置体制机制的意见》明确提出要加快培育数据要素市场，北京和上海先后发布成立国家级大数据交易所。2021 年 12 月，国务院印发《"十四五"数字经济发展规划》，提出强化高质量数据要素供给、加快数据要素市场化流通、创新数据要素开发利用机制等重点任务举措。2022 年印发的"数据二十条"为更好发挥数据要素作用、做强做优做大数字经济、构筑国家竞争新优势夯实了制度基础。但同时，贯彻落实好"数据二十条"、逐步完善数据基础制度体系、加强政策标准制定和基层实践探索仍需要持而不息地推进和落实。另一方面，从生命周期而言，数据的开发利用率尚处于较低水平。数据从零次数据（收集）到一次数据（清洗）、二次数据（分析）、三次数据（预测）的应用过程中仍存在巨大开发利用潜力。麦肯锡的一份报告指出，许多企业对自己所拥有数据的利用率还不足5%，另有学者指出，现有的数据库利用率不超过40%，数据从散见的无价值数据到有价值的数据要素仍然具有巨大的开发利用空间。

三是世界数字化进程中蕴含着巨大增长潜力。据《数字2022年10月全球统计报告》数据显示，截至2022年10月，全球80亿人口中互联网普及率达63.5%，移动通信设备普及率达到68.6%，社交媒体用户占比达到59.3%，中国网民规模达到10.51亿，网民规模居世界首位，互联网普及率达74.4%，移动电话用户达到16.61亿户，5G移动电话用户达4.75亿，约占全球的60%。高普及率将产生大规模数据资源，随着普及率的提高和数据的进一步有效开发利用，数据从信息维度拓展了世界边界，提升了世界的量级，可以形象地说"世界变大了"，世界数据规模的扩展必然会扩大经济增长的空间。同时，从数字经济与实体经济融合的层面来看，各产业的数字化渗透率仍有一定空间，以中国为例，截至2021年底，一二三产业数字化渗透率分别为10%、22%和43%，仍有广阔的增长空间。

四、数据要素在推动经济发展中将发挥重要作用

习近平总书记高度重视数据基础制度建设，强调数据基础制度建设事关国家发展和安全大局，要统筹推进数据产权、流通交易、收益分配、安全治理，加快构建数据基础制度体系。2022年12月，"数据二十条"的发布历史性地奠定了构建数据基础制度体系的坚实基础，为激活数据要素潜能、增强经济发展新动能、推动"向数据要素要增长"转变提供强大支撑。

同时"数据二十条"的发布创新性地构建了中国特色数据基础制度架构，战略性地布局了数据基础制度体系的"四梁八柱"，历史性地奠定了数据要素发展的坚实基础。重点对数据产权、流通交易、收益分配、安全治理基础制度进行战略擘画和科学构建，体现出兼具科学性与实践性、战略性与指导性、本土性与国际性以及发展性与包容性的鲜明特征。在建立

数据产权制度方面，探索建立公共数据、企业数据、个人数据的分类分级确权授权制度，创建数据资源持有权、数据要素加工权、数据产品经营权等分置的产权运行机制，健全数据要素权益保护制度；在建立数据流通和交易制度方面，完善和规范数据流通规则，构建场内外相结合的数据交易体系，培育数据要素流通和交易服务生态，构建安全合规有序的数据跨境流通机制；在建立数据收益分配制度方面，完善数据要素市场化配置机制，完善数据要素收益的再分配调节机制，让全体人民更好地共享数字经济发展成果；在建立数据要素治理制度方面，构建政府、企业、社会多方协同的治理模式，创新政府治理方式，明确各方主体责任和义务，形成有效市场和有为政府相结合的数据要素治理格局。

围绕更好地发挥数据要素作用和促进数字经济加快发展，国家陆续出台了一系列法律法规、统计标准等，如《网络安全法》《数据安全法》《个人信息保护法》《电子商务法》，以及《数字经济及其核心产业统计分类(2021)》等，为保障数据安全和促进数据开发利用，做优做大做强数字经济，增强经济发展新动能不断夯基垒台，持续构建数据基础制度体系。

中国在全球数字化发展进程中表现出数据要素驱动经济增长的诸多优势。一是超大规模市场优势为数据要素开发利用提供广阔土壤。中国拥有14亿多人口、7亿多劳动力、4亿多中等收入群体、超1.6亿户市场主体，产业体系完整，需求层次丰富，规模优势显著。二是完备的数字基础设施为数据高效流通提供支撑。截至2022年6月，中国光缆线路总长度达到5791万公里，光纤接入端口达9.85亿个，移动基站总数为1035万个，其中5G基站达185万个，占全球总数的60%以上。三是庞大数字经济规模为数据发挥作用提供坚实基础。2021年中国数字经济规模达45.5万亿元，占GDP比重达39.8%，其中数字产业化和产业数字化规模分别为8.3万亿元和37.2万亿元，数字经济规模已连续多年稳居世界第二，数字产业化基础更加坚实，产业数字化步伐不断加快。多元优势支撑数据要素驱动经济增长全面实现。

第二章 数字商务理论探讨

数字商务是数字经济的重要组成部分，是商务领域新质生产力的重要驱动因素，是联接数字化生产和数字化消费的必然环节。党的十八大以来，党中央高度重视发展数字经济，将其上升为国家战略，"十四五"规划对"打造数字经济新优势"这部分内容独立成章重点部署，《"十四五"数字经济发展规划》明确提出，"大力发展数字商务，全面加快商贸、物流、金融等服务业数字化转型，优化管理体系和服务模式，提高服务业的品质与效益"。各级政府部门积极出台政策支持数字商务发展。2021 年 1 月，商务部办公厅发布《关于加快数字商务建设服务构建新发展格局的通知》，着力推动商务领域数字化、网络化、智能化发展，充分释放数字技术和数据资源对商务领域的赋能效应。2021 年 5 月，上海市发布《全面推进上海数字商务高质量发展实施意见》，提出推动上海市商务领域数字化转型的务实举措。2024 年 4 月，商务部印发《数字商务三年行动计划（2024—2026 年）》，提出"到 2026 年底，商务各领域数字化、网络化、智能化、融合化水平显著提升，数字商务规模效益稳步增长，产业生态更加完善，应用场景不断丰富，国际合作持续拓展，支撑体系日益健全"的目标要求。当前我国数字商务发展方兴未艾，各级数字商务政策频出，各地数字商务创新实践活动接踵而至。但是，数字商务理论研究尚显不足，一方面对数字商务理论内涵尚未形成统一认识，另一方面对数字商务实践活动缺乏系统的总结。为此，本书从概念梳理出发，试图对数字商务的理论内涵辨析、实践发展态势、面临的问题和对策建议进行探讨研究。

第一节　数字商务的概念界定与理论内涵

目前，学术界对数字商务的研究较少，李俊等（2021）从数字贸易的角度建立了包容性的数字贸易概念与分类理论框架，并分析了全球数字贸易发展态势及中国所处方位，提出了中国促进数字贸易发展的思路建议。曲维玺等（2021）从跨境电子商务的角度提出了中国跨境电子商务的创新发展策略。谢莉娟等（2020）从流通产业数字化的角度解析了数字化驱动零售创新具备的洞察消费需要、促进供需匹配和联动再生产资源配置的机制。但是，从一国数字商务整体发展而言展开研究的文献还较少，虽然现有文献中对数字商务内涵有不同程度的涉及，但更多的是从自身研究领域的角度进行相关性研究，如曾可昕等（2021）从产业集聚的角度阐述了数字商务与集群经济之间的协同互动可以拓宽马歇尔外部经济来源，促进产业集群向数字化、智能化方向转型升级；徐朝威（2021）从税收治理的角度提出了从规则构建、高位统筹、数字赋能、平台支撑四方面推动数字商务税收治理优化，以防范税收风险、维护税收公平、提升税收效率；雷津津（2022）从东盟国家数字商务就绪度的角度建立了衡量东盟国家数字商务发展准备程度的指标体系。也有一些学者或机构对数字商务的概念进行界定，如马彦华（2018）认为，数字商务是数字经济的集中体现，也是新一轮国家竞争的制高点，数字商务涵盖电子商务、共享经济、网络教育、网络生活服务、网络医疗、数字贸易等诸多领域；汪向东（2021）认为，数字商务是指以数字技术应用为驱动，以网络互联为支撑，以产业集成为主线，以商务转型为本质，以高质量高效益为目标的创新实现的商务变革，他提出数字商务应关注数据、互联网、集成、转型、创新五个关键词；中国国际电子商务中心（2021）指出，数字商务是数字经济在商务领域的体现，其中电子商务是数字产业化在商务领域的体现，传统商务数字转型是产业数字化在商务领域的体现。但是，对数字商务的内涵界定和理论探讨或多或少具有局限性，缺乏系统性和时代性，本书试图提出一个包容性的概念理解框架，并对数字商务与数字经济、电子商务、数字贸易之间的差异进行辨析，对数字商务的统计分类明确、理论价值与贡献、发展方位等问题进行论述。

笔者认为，要想把握好数字商务的概念，首先要把握好"商务"的概念。商务的界定可以拆分为"商"和"务"，"商"者，联系生产和消费、从事撮合供与需的活动，"务"，致力于做某事之解。所以，商务为致力于连接生产与消费、撮合供与需的活动的总和。

此外，数字商务的概念不是无源之水、无本之木。数字商务的概念要依据对数字经济概念的全面理解，中国信通院（2020）将数字经济划分为数字产业化、产业数字化、数字化治理和数据价值化，涵盖了生产力、生产关系、生产要素等多个维度，是较为主流的、涵盖全面的概念界定，鉴于数字商务是数字经济的重要组成部分，数字商务的概念界定应该与数字经济的概念相一致。

因此笔者认为，数字商务是一国或一经济体商业事务全面数字化的总和，是以数据为关键生产要素，以数字技术为关键支撑，以现代信息网络为重要载体，充分释放数字技术和数据资源对商务领域的赋能效应，全面提升商务领域数字化水平和现代化水平的商务发展新形态。包括商务企业经营活动数字化、商务政务治理行为数字化、商务数据要素价值化等三方面，具体而言，不仅包括电子商务、数字贸易、智慧物流、网络生活服务等商务经营活动的数字化，还包括商务主管部门相关的监管、治理、服务、决策等行为的数字化，以及商务数据要素驱动商务经营活动和商务治理活动发展的价值变现过程（见图2-1）。

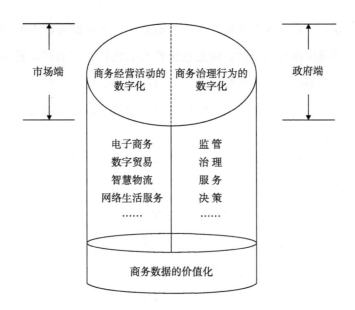

图 2-1　数字商务内容界定图

第二节　数字商务与数字经济、电子商务、
数字贸易的区别

　　数字商务与数字经济的区别主要体现在数字商务是数字经济的一个有机组成部分。分开来看，商务企业经营活动数字化是数字经济中的产业数字化的组成部分，商务政务治理行为数字化是数字化治理的组成部分，商务数据的价值化运用也是数据价值化运用的一部分，因此，数字商务和数字农业、数字工业一样，都是数字经济的某个组成部分。

　　数字商务与电子商务的区别前人有所界定，汪向东（2023）指出："电子商务按《电子商务法》的定义是'通过互联网等信息网络销售商品或者提供服务的经营活动'，它强调的是基于网络；而数字商务是由更新颖的数字技术，特别是将大数据广泛应用于商务各环节、各方面形成的经营活动，它强调的是基于数据。"这里需要补充两点，一是数字商务的内涵比电子商务更丰富，电子商务只解决商流的线上化的问题，而数字商务除了解决撮合交易的商流问题，还解决了物流的智慧化和人工智能化、资金流的精确化和个性化，以及信息流的均等化和共享化等问题。二是数字商务还包括商务领域主管部门监管、治理、服务、决策等政务行为的数字化，正如前文数字商务定义所言，商务政务治理行为的数字化也是数字商务的重要组成部分。

数字商务与数字贸易的区别主要集中在两点：一是数字商务的内涵比数字贸易更广泛，数字贸易是数字商务的一个组成部分，更多地强调在国际贸易过程中的数字货物贸易、数字服务贸易和跨境数据要素贸易，而国内商务活动中的数字商业、数字流通却不体现在其中；二是数字贸易更多地体现了贸易经济活动的数字化，而相关活动的政务治理行为数字化却不体现在其中。因此，这也是数字商务全面性、系统性、整体性所在，也是需要厘清数字商务与数字经济、电子商务、数字贸易的区别的意义所在（见图2-2）。

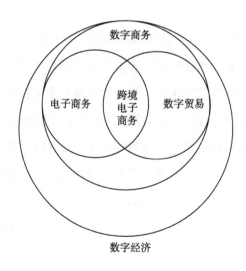

图2-2 数字经济、数字商务、电子商务与数字贸易四者概念的示意图

第三节　数字商务统计分类的梳理与明确

数字商务的统计分类是更清晰地把握数字商务内容的重要途径，也是核算数字商务发展规模、结构、速度，满足政产学研各界对数字商务统计需求的重要一环。2021 年 5 月国家统计局发布了《数字经济及其核心产业统计分类（2021）》（简称《数字经济分类》），为数字经济及其核心产业核算提供了重要的统计标准、口径和范围，对加快我国经济社会各领域数字化转型步伐，满足各界对数字经济的统计需求，形成与数字经济发展相适应的政策体系和制度环境，具有十分重要的意义。数字商务是数字经济的重要组成部分，在《数字经济分类》发布的背景下，详细梳理并确定数字商务统计分类，有利于把握数字商务全貌，明确数字商务产业范围，科学制定数字商务发展政策，推动数字商务高效发展，对数字商务的发展意义重大。

《数字经济分类》将数字经济划分为数字产品制造业、数字产品服务业、数字技术应用业、数字要素驱动业、数字化效率提升业等 5 大类、32中类和 156 小类。数字商务在其中有哪些体现？本书根据商务部《关于加快数字商务建设服务构建新发展格局的通知》《数字商务三年行动计划(2024—2026 年)》《数字商务企业发展指引（试行）》等文件对数字商务的界定，梳理数字经济统计分类中商务活动相关内容，将数字商务划分为3 大类、11 中类、28 小类，具体而言，其中第二大类数字产品服务业全部为数字商务内容，第五大类数字化效率提升业涵盖数字商务内容最多，达14 个小类（见表 2 - 1）。

表 2-1　数字商务及其核心产业统计分类

代码			名称	说明	国民经济行业代码及名称（2017）
大类	中类	小类			
★02			数字产品服务业		
	0201		数字产品批发		
		020101	计算机、软件及辅助设备批发	指各类计算机、软件及辅助设备的批发和进出口活动	5176 计算机、软件及辅助设备批发
		020102	通讯设备批发	指各类电信设备的批发和进出口活动	5177 通讯设备批发
		020103	广播影视设备批发	指各类广播影视设备的批发和进出口活动	5178 广播影视设备批发
	0202		数字产品零售		
		020201	计算机、软件及辅助设备零售	指各类计算机、软件及辅助设备的零售活动	5273 计算机、软件及辅助设备零售
		020202	通信设备零售	指各类电信设备的零售活动	5274 通信设备零售
		020203	音像制品、电子和数字出版物零售	指各类音像制品及电子出版物的零售活动	5244 音像制品、电子和数字出版物零售
	0203		数字产品租赁		
		020301	计算机及通讯设备经营租赁	指各类计算机、通讯设备的租赁活动	7114 计算机及通讯设备经营租赁
		020302	音像制品出租	指各种音像制品的出租活动	7125 音像制品出租
	0204		数字产品维修		
		020401	计算机和辅助设备修理	指各类计算机和辅助设备的修理活动	8121 计算机和辅助设备修理
		020402	通讯设备修理	指电话机、传真机和手机等通讯设备的修理活动	8122 通讯设备修理
	0205	020500	其他数字产品服务业	指其他未列明数字产品服务业	

代码			名称	说明	国民经济行业代码及名称（2017）
大类	中类	小类			
★ 04				数字要素驱动业	
				互联网批发零售	
	0402	040201	互联网批发	指批发商主要通过互联网电子商务平台开展的商品批发活动	5193 互联网批发
		040202	互联网零售	指零售商通过电子商务平台开展的零售活动。不包括仅提供网络支付的活动，以及仅建立或提供网络交易平台和接入的活动	5292 互联网零售
				其他数字要素驱动业	
	0407	040701	供应链管理服务	指基于现代信息技术对供应链中的物流、商流、信息流和资金流进行设计、规划、控制和优化，将单一、分散的订单管理、采购执行、报关退税、物流管理、资金融通、数据管理、贸易商务、结算等一体化整合的服务	7224 供应链管理服务
05				数字化效率提升业	
				智能交通	
	0503	050301	智能铁路运输	指借助数字化技术和互联网平台进行的铁路安全管理、调度指挥、行车组织、客运组织、货运组织，以及机车车辆、线桥隧涵、牵引供电、通信信号、信息系统的运用及维修养护等活动	53＊铁路运输业
		050302	智能道路运输	指借助数字化技术和互联网平台进行的道路运输、经营及运输维护活动，包括公路智能管理、交通信号联动、公交优先通行控制、智慧停车场等	54＊道路运输业
		050303	智能水上运输	指借助数字化技术和互联网平台进行的水上旅客运输、水上货物运输和水上运输辅助活动，包括智慧港口、数字航道等	55＊水上运输业

代码			名称	说明	国民经济行业代码及名称（2017）
大类	中类	小类			
		0503 04	智能航空运输	指借助数字化技术和互联网平台进行的航空客货运输、通用航空服务和航空运输辅助活动，包括智慧民航等	56＊航空运输业
	0503	0503 05	其他智能交通	指借助数字化技术和互联网平台进行的海底管道运输和陆地管道运输活动，以及由两种及以上的交通工具相互衔接、转运而共同完成的货物复合运输活动，以及与运输有关的代理及服务活动	57＊管道运输业 58＊多式联运和运输代理业
			智慧物流		
	0504	0504 01	智慧仓储	指以信息化技术为依托的装卸搬运、仓储服务	59＊装卸搬运和仓储业
		0504 02	智慧配送	指利用信息化技术开展的邮政、快递服务	60＊邮政业
05			数字商贸		
		0506 01	数字化批发	指在商品流通环节中有数字化技术适度参与的批发活动，不包括主要通过互联网电子商务平台开展的商品批发活动	51＊批发业
		0506 02	数字化零售	指在商品流通环节中有数字化技术适度参与的零售活动，包括无人店铺零售、新零售等，不包括主要通过互联网电子商务平台开展的商品零售活动	52＊零售业
	0506	0506 03	数字化住宿	指利用信息化技术开展的高效、精准、便捷的现代住宿活动	61＊住宿业
		0506 04	数字化餐饮	指利用信息化技术开展的高效、精准、便捷的现代餐饮活动	62＊餐饮业
		0506 05	数字化租赁	指利用信息化技术开展的租赁活动，不包括计算机及通讯设备经营租赁、音像制品出租	71＊租赁业

代码			名称	说明	国民经济行业代码及名称（2017）
大类	中类	小类			
05	0506	0506 06	数字化商务服务	指利用信息化技术开展的商务咨询与调查、票务代理服务、旅游、人力资源服务、会议展览及相关服务等活动，不包括资源与产权交易服务、供应链管理服务、互联网广告服务、安全系统监控服务	72＊商务服务业
			其他数字化效率提升业		
	0509	0509 07	互联网居民生活服务	指利用信息化技术，通过互联网联络、承接业务、签单、付款等业务，提供家庭服务、托儿所服务、洗染服务、理发及美容服务、洗浴和保健养生服务、摄影扩印服务、婚姻服务、殡葬服务、代购服务、代驾服务、机动车和日用品修理服务、清洁服务等居民服务业，不包括计算机和辅助设备修理、通讯设备修理	O＊居民服务、修理和其他服务业

注：根据国家统计局《数字经济及其核心产业统计分类（2021）》整理分析而得，"★"为数字经济核心产业标识。

第四节　数字商务的理论贡献

数字商务的出现大大丰富了商业经济的理论内涵，拓展了理论研究的边界。数字商务的出现对传统的商业经济理论会产生冲击，大大丰富了商业经济的理论内涵，拓展了理论研究的边界。数字商务的出现，使商业经济理论的研究范围扩大、商业经济理论研究内涵丰富，研究的边界得以拓展，主要表现为三个方面。

一是优化交易。经济学家康芒斯（1981）指出，交易为人类活动的基本单位，是制度经济学的最小单位；黄国雄（1995）指出，市场经济的实质是交换经济，商业是交换的主体。交易也是商业经济学中最基础的概念之一。数字商务对于推动交易的效率更高、成本更低、服务体验更佳上可以发挥巨大作用，主要可对信息不对称、产销不衔接、资源配置不合理等问题进行优化，具体而言可对商流、物流、信息流、资金流等环节进行优化。优化商流是指弥合商业信息不对称问题，丰富商业业态类型，延展商业"时空"维度，提高商业运行效率及降低商业运营成本；优化物流是指可以优化物流线路、优化库存管理、优化网络布局等；优化信息流是指对商务活动中的信息流进行挖掘、存储、分析、计算、展示等；优化资金流是指在大数据指导下的金融科技、供应链金融解决方案、数字信用抵押贷款等。

二是拓展分工。数字技术的进步及在商务领域的运用可引起分工的进一步发展。马克思和恩格斯指出："一个民族的生产力发展的水平最明显地表现于该民族分工的发展程度。任何新的生产力，只要它不是迄今已知的生产力单纯的量的扩大（例如开垦土地），都会引起分工的进一步发展。"① 具体而言，数字商务将推进分工从人拓展到机器。目前智能售货终端、无人机配送、AGV 智能仓储运输车等在商贸领域应用逐渐增多，商务活动中已经出现分工拓展到机器的范例，随着人工智能技术的成熟和应用，这种分工的广度和深度将会更进一步，会极大地拓展分工的边界。分工会呈现出从之前人与人、国与国之间的分工拓展到人与机器、机器与机器之间的分工，这对分工理论具有重大意义，提出了诸如就业与劳动者权益，工资与社会第一次分配等新的理论问题。这种分工不仅完善了分工的功能，而且某种程度上改变了分工的属性。

三是增加需求。人类科技革命的发展历程，伴随着生产力跃升和消费需求的巨大增加。18 世纪 60 年代发端于英国的第一次工业革命，使人类生产从人力发展到蒸汽动力时代，英国的棉布产量从 1796 年的 2100 万码

---

① 高中华，徐岩. 马克思主义分工理论的现实启示 [J]. 马克思主义与现实，2006（05）：154－156.

增加到 1830 年的 34700 万码，增长了 15.5 倍①。19 世纪 70 年代发端于美国的第二次工业革命，使人类生产从蒸汽动力发展到电气动力时代，1898 年美国发电厂增至 2774 个，1902 年白炽灯使用数量达到 1800 万个，1910 年电话使用数量全美达到 700 多万台②。20 世纪 40 年代发端于美国的第三次工业革命，使人类生产从电气动力发展到信息算力时代，计算机和互联网在人们生产和生活中被广泛使用，到 1994 年美国共 3200 万个家庭拥有计算机，约占美国家庭的三分之一，年销售额达到 70 亿美元③。由此可见，科技革命在巨大促进生产力发展的同时，也推动了人类需求的逐步增加，创造更多之前没有的新需求，推动人类消费需求上升到新水平，也进一步创造了新的商务需求。此外，数字商务改变了既往"消费者发动需求—寻找商家—完成交易"的过程，演进成为消费者的"个性化需求建议—定制化消费路径选择—智慧化资金解决方案—完成交易"，数据要素的充分挖掘和利用可以做到比消费者自身更加了解"需求是什么"，在提高消费效率、提升消费体验的同时，进一步地刺激了潜在消费需求的释放，从整体上扩大了需求规模。

第五节 数字商务推动商务活动步入商务 4.0 时代

商务活动自古有之，清代经济学者郑观应曾指出，"商理极深、商务极博、商道极密、商情极幻"④。应该说自从交易和分工出现，商务活动便萌芽并逐步演化发展，商务活动从最初简单的以物易物、小范围的交换、小规模的交换逐步发展成为以货币为一般等价物的交换、跨地区跨部门的

---

① 庄解忧. 世界上第一次工业革命的经济社会影响［J］. 厦门大学学报：哲学社会科学版，1985（04）：54.

② 龚淑林. 美国第二次工业革命及其影响［J］. 南昌大学学报：哲学社会科学版，1988（01）：68.

③ 李. 迅速发展的美国家庭电脑市场［J］. 电子产品世界，1994（06）：5.

④ 黄国雄. 现代商学概论［M］. 北京：高等教育出版社，2008.

交换和大规模的交换等。交换职能也从生产职能中分离出来，成为独立的专业的分工部门——商业。商业的出现使得社会化大生产更进一步，也使交换和分工更加细化、专业和复杂。自此，商务活动开启了发展繁荣的进程。回顾人类商业活动的发展历程，就是一部商业规模、范围不断扩大，效率不断提高的进化史，也出现了几次推动商务大变革、大发展、大飞跃的重大进程，依此可将人类的商务活动划分为四个时代。

1. **商务1.0时代**：货币化。人类经过漫长的以物易物的摸索逐渐形成了可以作为一般等价物使用的货币。货币的出现，大大提高了商品交换的效率，也为分工的演化和商务的发展奠定了坚实的基础。伴随着人类商品交换的历史进程，货币的演化也经历了漫长的历史过程，其间货币的演化也经历了从贝类、铸币到纸币的不同阶段。其大致的历史阶段为公元前1600年至公元1492年，可以将这个过程称为货币化。因此，货币的出现不仅是劳动人民参与社会化大分工劳动的智慧的结晶，也是推动商品交换、商品交易、商品流通和贸易的重要基础之一，很显然，以商品贸易和商业分工的出现为雏形的商务活动在货币出现以后得到了巨大的发展。

2. **商务2.0时代**：全球化。1492年哥伦布发现美洲大陆后人类社会开启了全球化发展的新征程。从此以后，经济全球化逐步发展，生产厂商开始在全球范围内配置资源、寻找市场，国际贸易由此盛行，商务活动也逐步从本土拓展到全球范围，国际贸易的极大发展不仅带来了巨量的生产资料、更大范围内的资源优化配置和巨大的市场空间，而且大大发展了海洋运输、国际商务、国际贸易、国际金融等更大范围的商务活动，在人类商务活动发展进程中具有重大意义，可以将这个过程称为全球化。

3. **商务3.0时代**：电子化。第三次工业革命以来，计算机的普及和广泛利用，推动了经济信息化进程，到20世纪90年代，互联网在全球兴起并蓬勃发展，推动了电子商务的快速发展。最初，电子商务在美国率先兴起，eBay、亚马逊等电子商务企业领先发展并迅速抢占全球市场，随后，中国电子商务凭借基础设施快速发展、经济高速增长和超大规模市场等优势迅速崛起，以阿里巴巴、腾讯、京东、唯品会、拼多多、美团等一众电子商务公司为代表的中国电子商务企业取得巨大成功，推动中国电子商务在模式、场景、规模、效益等方面走到世界前列。同时，也推动商务活动从线下走向线上，进而走向线上线下一体化，推动商务活动电子化，并涵盖零售、餐饮、会展、旅游、贸易、支付等多个领域，从此，线上开辟了商务活动的新空间，这个过程被称为电子化。

4. **商务 4.0 时代：数字化**。数字技术的深入发展和广泛应用，使得数字经济日益成为推动经济增长的新引擎，随着经济发展的新方向和产业深度变革的新趋势不断发展，商务数字化成为商务活动升级发展的新方向。数字商务以数据作为关键生产要素，统筹利用土地、资本、人才、技术等其他要素更好使用，提升全要素生产率，推动商务活动从产生数据、存留数据到发掘数据、利用数据转变，从提升要素利用水平到提高全要素生产率转变，构建基于数据的商务活动新模式、新场景、新方式、新业态，推动商务活动数字化、网络化、智能化水平持续提升，促进商务领域的经济发展、政务治理、数据利用等水平全面提升，商务发展步入数字商务时代。

第三章　数字商务发展态势

数字商务是数字经济发展的重要组成部分，是全球产业变革的重要方面，在互联网经济时代，电子商务的发展引领了互联网经济发展，在新一轮技术革命和产业变革的背景下，数字商务依然是引领数字技术应用、推动产业变革、促进经济发展的重要载体。我国数字商务发展基础坚实，应用场景丰富，赋能生产与消费潜力无限。商务领域企业数字化转型依托海量数据优势快速推进，政务治理数字化政策体系、服务能力等持续构建，商务数据价值化的规模优势、制度优势和场景优势不断发挥。

第一节　数字商务发展基本态势

一、商务经营活动数字化转型快速推进

电子商务向高质量发展迈进。电子商务高质量发展和商务各领域数字化转型，对做强做优做大数字经济具有重要意义。2023 年我国网上零售额达到 15.42 万亿元，连续 11 年成为全球第一大网络零售市场。产业电商平台交易功能进一步强化，商务部重点监测平台交易额增幅达到 30%，"数商兴农"取得显著成效，2023 年农村和农产品网络零售额分别达 2.49 万亿元和 0.59 万亿元，在线旅游、在线文娱和在线餐饮销售额合计对网上零

售额增长贡献率23.5%，拉动2.6个百分点。①

数字贸易稳步有序发展。2023年底召开的中央经济工作会议将发展数字贸易作为我国扩大高水平对外开放，培育外贸新动能的重要抓手。据海关测算，2023年我国跨境电商进出口总额2.38万亿元，增长15.6%。商务部数据显示我国跨境电商主体已超12万家，跨境电商产业园区超1000个，建设海外仓超2500个，面积超3000万平方米，已经成为跨境电商产业链最为完善的国家之一。网络游戏、在线教育、远程医疗等新型消费业态和应用场景不断丰富，2022年中国自主研发网络游戏的海外市场销售收入达到173.5亿美元。②

智慧物流体系更加健全。智慧物流基础平台不断健全，智能铁路、智慧公路、智慧航道、智慧民航、智慧邮政等建设步伐加快，已经建成和在建的自动化集装箱码头规模均居世界前列。③ 智慧物流技术深入应用，物联网、大数据、人工智能、数字孪生等数字技术深入赋能物流业发展，2023年全国数字物流项目渗透率达到49.5%。智慧物流企业主体数量不断增加，截至2023年经营范围涉及数字物流的企业（包括在业、存续）达到2.2万余家，其中2023年新成立的企业数量达0.6万家，占总数的26.37%。④ 智慧物流市场规模不断扩大，2023年中国智慧物流行业市场规模约为7903亿元，较上年增长12.98%，⑤ 智慧物流对现代物流高质量发展的引领作用更加突出。

网络生活服务更加完善。数字化场景覆盖更广，近年线上购物、网约

---

① 商务部新闻办公室.商务部电子商务司负责人介绍2023年我国电子商务发展情况［EB/OL］.（2024－01－19）［2024－07－14］.http：//www.mofcom.gov.cn/article/xwfb/xwsjfzr/202401/20240103467547.shtml.

② 中华人民共和国商务部.中国数字贸易总体规模不断扩大［EB/OL］.（2023－10－30）［2024－07－14］.http：//www.mofcom.gov.cn/article/tj/tjqt/202310/20231003449953.shtml.

③ 国新网.国新办举行交通运输高质量发展服务中国式现代化新闻发布会［EB/OL］.（2024－02－28）［2024－07－14］.http：//www.scio.gov.cn/live/2024/33374/index.html.

④ 中国物流与采购联合会《2023中国数字物流发展报告》，2024年4月.

⑤ 中商产业研究院《2024—2029年中国智慧物流市场调查与行业前景预测专题研究报告》，2024年4月.

车、在线教育、远程医疗等生活性服务业数字化新模式不断涌现，2023年我国网络购物用户规模达9.15亿人，互联网医疗用户规模达4.14亿人。数字化平台支撑能力更强，平台经济日益成为覆盖消费者衣食住行等生活服务需求的主流模式，随着数字技术的深入应用和平台集中度的不断提升，由平台体系构建的服务生态对居民生活服务消费需求的支撑能力更强。市场主体数量更多，截至2023年网络零售平台店铺数量为2500多万家，其中实物商品店铺数约1358.2万家，占比54.2%。除了平台企业数量增多，直播带货、代驾、网约车、外卖骑手等灵活就业从业人员数量也不断增加。

二、商务治理行为数字化进程稳步推进

数字商务法律法规体系逐步完善。2017年6月《中华人民共和国网络安全法》施行，奠定了中国数字领域法律体系的基础。2019年1月《中华人民共和国电子商务法》实施，为促进电商发展、规范电商运营、保护消费者和经营者合法权益提供法律支撑。2021年6月《中华人民共和国数据安全法》出台，首次较为系统地明确对数据处理、使用、流动的规制要求，提出建立国家数据分类分级保护制度，制定重要数据目录。2021年8月《中华人民共和国个人信息保护法》出台，建立了权责明确、保护有效、利用规范的个人信息制度。2022年5月，《数据出境安全评估办法》出台，对数据出境的评估适用情形、评估事项、评估程序、过渡期等作出明确规定。2022年12月，中共中央、国务院印发《关于构建数据基础制度更好发挥数据要素作用的意见》，从数据产权、流通交易、收益分配、安全治理等方面构建数据基础制度。2023年2月，《个人信息出境标准合同办法》出台，对个人信息出境活动进行规范。[①] 此外，《中华人民共和国对外贸易法》《中华人民共和国著作权法》《中华人民共和国未成年人保护法》等多部涉及"互联网+"、数字经济和数字产业发展的法律相继修订

---

① 商务部《中国数字贸易发展报告（2022）》。

生效，数字商务相关法规政策不断完善。

数字化政务服务能力进一步增强。国家电子政务外网实现地市、县级全覆盖，乡镇覆盖率达 96.1%。党中央、国务院关于加快推进全国一体化政务服务平台建设的决策部署实施以来，全国一体化政务服务平台实名注册用户超过 10 亿人，实现 1 万多项高频应用的标准化服务，全国一体化政务数据共享枢纽发布各类数据资源 1.5 万类，累计支撑共享调用超过 5000 亿次。我国已有 208 个省级和城市的地方政府上线政府数据开放平台。① 商务部业务系统统一平台是商务部全业务办理的一体化政务服务平台，为企业提供一站式办事服务。商务部职能涉及的各类业务办理系统及其功能，均已纳入统一平台体系。通过统一平台，用户可办理国内贸易、对外贸易、外商投资、经济合作、综合业务等领域的业务。企业、各级商务管理部门和其他机构用户，可使用统一平台账号登录统一平台，办理该账号权限范围内的各项业务事项。② 此外，地方商务主管部门办事服务网站相应搭建，北京、上海等商务部门服务网站已集成到省市统一服务平台体系，"一网通办"能力显著增强，服务效能不断提升。

商务办公电子化水平稳步提高。商务大数据平台扎实构建。目前商务部已开放 132 个数据目录，其中统计数据 69 项、名单名录 33 项、业务工具数据 19 项、分析报告 11 项。大数据应用水平显著提升，目前涵盖对外贸易、国内贸易、利用外资、对外投资合作、服务贸易等数据的目录文件 1538 个，下载次数达 946656 次。央地协同能力进一步增强，各地监测平台与商务大数据平台协同性提升，现有数据接口数为 48 个，为开展数据共享和构建全口径监测评价体系提供有力支撑。此外，据《数字商务三年行动计划（2024—2026 年）》部署要求，将进一步建立完善数字商务标准体系，用好数字商务行业标准化技术委员会，出台数字商务行业标准化工作指引，加快商务数字化重点领域标准建设，推动标准实施应用，提升行业

---

① 中央网信办《数字中国发展报告（2022 年）》。
② 商务部网站：http://www.mofcom.gov.cn/mofcom/typt.shtml。

管理和服务质量。加强商务信用体系和品牌建设，促进数字商务质量提升，编制电子商务企业合规指南，引导企业依法合规经营，促进行业规范健康发展。同时加强创新主体建设，培育一批商务领域数据服务商，多场景释放数据要素价值。

三、商务数据价值化进程方兴未艾

商务数据总量稳步扩大。2022 年，中国数据产量达 8.1ZB，同比增长 22.7%，全球占比达 10.5%，位列全球第二。截至 2022 年底，中国数据存储量达 724.5EB（艾字节），同比增长 21.1%，全球占比达 14.4%。[①] 工业和信息化部数据显示，中国新增建设 5 个国家级互联网骨干直联点，建成 4 个新型交换中心，全方位、多层次、立体化网络互联架构加速形成。随着电子商务在全球广泛发展，社交媒体数据容量增加，中国数据跨境流动规模和数据贸易快速增长，数字贸易发展空间不断拓展，2023 年中国数字服务出口 2089.1 亿美元，同比增长 7.2%，占世界的 5.1%。[②]

商务企业数据利用水平明显提升。企业主体数据利用水平的明显提升已经成为推动企业发展的重要动力，2023 年我国登记在册经营主体达 1.84 亿户，其中个体工商户达到 1.24 亿户，商务企业在市场主体中占有较高比重。商务企业市场主体具有点多面广、多元分散、市场化程度高等特点，在商务电子化时代处于创新发展的领先地位，线上与线下协同发展的深度与广度都进一步增强。商务企业在电子化的过程中积累了大量的有价值数据，为数据的进一步筛选、加工、使用奠定了坚实基础。目前、京东、天猫、美团等电商企业都投入巨资增强自身的数据驱动能力，如京东集团将大数据中心分布于华北、华东和华南三个地区，构建自身的大数据中心网络，此外，其还斥巨资打造言犀大模型，融合 70% 的通用数据与 30% 的数智供应链原生数据，服务数十万商家和近 6 亿消费者。目前，京东数智供

① 商务部《中国数字贸易发展报告（2022）》。
② 国务院发展研究中心和中国信息通信研究院联合发布《数字贸易发展与合作报告 2023》。

应链服务超千万自营商品 SKU①、5000 万工业品 SKU、800 多万家活跃企业客户（其中世界 500 强企业超 90%、全国"专精特新"中小企业近 70%）和全国 2000 多条产业带。

数据交易基础制度持续构建。2022 年 12 月"数据二十条"的发布奠定了数据基础制度体系的"四梁八柱"，重点对数据产权、流通交易、收益分配、安全治理基础制度进行战略擘画和科学构建，对释放数据要素生产力和推动数据要素市场发展具有里程碑意义。2023 年 8 月，财政部印发《企业数据资源相关会计处理暂行规定》，为推动数据资产"入表"、数据要素市场化流通提供会计指引。2023 年 10 月，国家数据局挂牌成立，成为推动数字经济发展、数据管理与数字治理现代化的重要机构。此外，贵阳、北京和上海先后成立国家级大数据交易所。贵阳大数据交易所作为全国首家大数据交易所，截至 2024 年 1 月，累计数据交易金额为 25.14 亿元。2021 年揭牌的上海数据交易所，2023 年交易额超 11 亿元，最近在设计自贸区数据跨境流动制度，与一些伙伴展开跨境流动合作。2022 年 7 月揭牌的福建大数据交易所，截至 2024 年 6 月累计交易金额突破 10 亿元。海南省数据产品超市运营约两年半时间，数据产品交易额为 8 亿元，这也是海南与中国电信打造的全国首个政府加市场双轮驱动的全栈式数据交易平台。②

第二节　数字商务发展面临的机遇与挑战

一、数字商务发展面临机遇

（一）新一轮技术创新和产业变革趋势不可阻挡

当前，正处在第四次工业革命孕育爆发的关键时期，数字技术、量子

---

① SKU 是库存量单位（Stock Keeping Unit）的缩写，是库存进出计量的基本单元，可以是以件、盒、托盘等为单位。

② 澎湃新闻：https://www.thepaper.cn/newsDetail_forward_27644460。

科学、生物技术、新材料、新能源等前沿科技加速创新，技术创新带来的产业变革呼之欲出。在历次工业革命孕育爆发时期都推动了经济社会的巨大发展，为经济发展提供了强劲的内驱动力和庞大的发展潜力。以大数据、人工智能、云计算、区块链等为代表的数字技术的创新发展为数字技术在各产业间的应用提供重大支撑，同时，也为数字技术在商务领域的全方位应用并且推动商务领域模式创新提供了技术基础。在此历史阶段，数字商务发展面临着不可多得的历史机遇，加上商务领域国际化、市场化、法治化水平均处于各产业的前沿，市场活力足、覆盖范围广、市场主体多元多样，为推动数字商务率先发展奠定良好基础。

（二）我国数字经济正处于高速发展期

推动数字经济发展已经上升为我国的国家战略，经过多年发展，我国数字基础设施水平较为雄厚，光纤网络、5G 基站、大数据中心、云计算能力等处于前沿领先水平，同时我国的网民数量、智能手机出货量、网络销售额等均处于世界领先地位。近年来数字经济得以高速增长，数字经济总量从 2012 年的 11.2 万亿元增长到 2023 年的 53.9 万亿元，11 年间规模扩张了 3.8 倍，2023 年数字经济的同比名义增长和占 GDP 的比重分别达到了 7.39% 和 42.8%，均呈现出了较强的发展势头。在此背景下，数字商务发展空间无限，一方面数字商务可以乘数字经济发展东风加速发展，另一方面，其也可以加快提升自身核心竞争力迅速进行国际化布局，推动我国数字经济在更高水平上做大做强。

（三）数字商务发展具有良好基础

商务领域是在互联网经济发展时代率先开展创新转型的领域，促进了电子商务、智慧物流、网络生活服务等方面的创新发展，商务领域吸引了大量的创投资本、产业资本投入，也吸引了大量高水平科技人才资本争相加入这一领域推动产业变革，涌现了如阿里巴巴、美团、京东、拼多多等大量优秀企业，并带动了百货、超市、便利店、餐饮、物流等传统商务向"互联网＋"模式发展。在此发展过程中，商务领域各企业的发展理念、资源配置、人才结构、组织架构等均发生了质的变化，同时，商务领域的数字化应用水平得到了显著提升，商务领域数据沉淀规模、消费者黏性程度、场景拓展能力等获得了巨大发展，为商务企业数字化发展奠定了一定的基础。

二、数字商务发展面临挑战

（一）数据要素利用水平仍然不高

数据要素日益成为驱动经济增长的核心要素，已经深刻融入数字商务各领域，尽管各领域在数据要素的开发和应用方面取得了一定进展，但对其的利用仍然存在不足。商务领域各大平台拥有海量数据资源，但数据交易业务的市场空间仍有待拓展，反映出数据挖掘和利用还不够充分。因此，商务企业中从散见的无价值数据到有价值的数据要素仍然具有巨大的开发利用空间。

（二）实践中不均衡问题比较突出

因数字商务领域涵盖内贸、外贸、线上、线下、大宗、零售等方面，其发展实践过程呈现出"点多面广、主体分散、内外兼备"等特征，发展水平也参差不齐，行业不均衡、企业不均衡、区域不均衡等问题较为突出。在行业数字化方面，零售业数字化发展较快，如京东、天猫、微商、抖音商城等 C 端电商平台公司发展迅速，而批发业因其大宗交易属性数字化进程较为缓慢，如新发地农产品批发市场、亳州中药材专业市场、佛山乐从家具批发市场等仍然以线下交割为主要方式。在企业数字化方面，具备互联网基因的平台型公司数字化发展较快，而传统商贸企业数字化转型的进程较慢，如拼多多、唯品会等电商平台具备先天数字化优势，数据规模、硬件基础和技术实力等都有较大优势，但苏宁易购、物美多点等传统企业数字化转型却收效欠佳。在区域数字化方面，京津冀、长三角、珠三角等数字经济基础雄厚的地区数字商务发展较为发达，而中西部等数字基础设施较薄弱的地区数字商务发展较为缓慢。诸多的不均衡会影响数字商务发展的整体进程。

（三）政产学研用系统合力发挥不足

当前，政产学研用各界在数字商务上发展水平不齐。政策、产业界发展率先发力、创新发展，数字经济发展已经上升为国家战略，商务主管部门和各地方出台一系列政策措施推动数字商务健康发展，产业界积极顺应数字经济发展潮流，以龙头企业为代表积极加大数字化转型投入、布局数字化应用场景，引领产业链上下游向数字化转型。当然，也存在政策体系持续深化完善、产业数字化水平仍然不高等问题，如货币、财政、产业政策的协同配合作用有待发挥，地方的落实配套政策有待进一步完善，中小型商务企业"不会转、不能转、不敢转"困难依然存在。而学术研究界和最终用户的关注和发展相对滞后，成为掣肘政产学研用系统合力发挥的重要因素。例如，当前学术理论成果总体偏少，理论对实践的指导作用较少体现，生产端和消费端的最终用户对数字商务技术、模式、应用场景的认识不够深入，对数据要素的收集、挖掘、交易等运用不足，各方协同、全社会共同推进的效果尚未形成。

第三节　数字商务发展的主要方向

一、数字技术应用不断走深走实

当前，大数据、云计算、人工智能、区块链、5G/6G、量子通信、大模型等数字技术发展迅猛，以华为、大疆、中兴等企业为代表的中国企业引领相应领域的前沿发展。同时，中国出台一系列法律法规促进相应领域发展，数字技术的应用范围、应用成本、应用程度都有全方位的进步，如在机场、高铁、地铁等公共空间里的无人售货机在许多城市广泛布局，消费者只需扫码支付便可以购买到所需的商品；全自动立体化仓库在众多物流企业加快布局，全自动的分拣设备和运输设备大大提高了物流运作效率；萝卜快跑等无人驾驶出租车出现在个别城市街头，给居民出行带来了别致的体验；餐饮企业中点餐和传菜机器人屡屡可见，大大提高了点餐的效率和用餐的体验。虽然相关数字技术在应用发展过程中还存在诸多不妥和问题，但是数字技术的深入应用是一种发展方向，应当加以正确引导和利用。

二、数据要素作用不断发挥

随着商务领域信息化程度的不断提高和数字技术的广泛应用，数据日益成为驱动商务领域创新发展的关键要素，商务领域业态众多、市场主体众多、与消费者业务往来众多，具有市场辐射宽度大、经营主体数量多、交易频率高、整体规模大等特征，加之其介于生产端与消费端中间的特殊地位，与上游生产企业与下游消费者都有广泛而紧密的接触，发展中积累了大量的数据，如上游生产企业的生产规模数据、产品结构数据、运输物流数据等，以及下游消费者的消费行为数据、消费习惯数据、支付方式数据、产品偏好数据等，这些都随着数据清洗、加工、分析等能力的提高而变得具备巨大价值。当前，国家从法律、法规、政策等层面加大支持数据要素作用的发挥，"数据二十条"的出台为数据要素确权、流通交易、价值分配、安全应用等方面发展确立了"四梁八柱"，国家也成立国家数据局全力推动数据要素功能的发挥，在可以预见的未来，数据要素在各生产要素中所起的关键作用将日益显现。

三、数字化场景不断丰富

数字技术在商务领域的广泛应用带来了商务场景的变革与发展。在传统的商务活动中，撮合供给与需求的功能主要通过线下交易来完成，相应的业态也均以坐商为主，如百货商场、超级市场、便利店、批发市场、餐馆、酒店等。随着数字技术的应用和生态体系的成熟与完善，数字化场景逐步增多，呈现出高速发展的态势，如电子商务多年来的高速发展推动了销售渠道的巨大变革，京东、天猫、拼多多等 B2C 的销售场景逐步成熟，小红书、抖音、快手等 C2C 的新场景也逐步崛起，同时，如小米之家、京东之家、华为体验馆等线上线下一体化的场景出现，随着数字技术在商务领域的广泛运用，场景创新的速度加快，数字化场景将成为数字商务发展一项重要指标，也将成为数字商务创新发展和经济加快发展的重要载体。

四、数字商务间流量互导增强

数字技术在商务领域的广泛应用推动了流量结构的日益变革。传统商务领域流量因受到空间、传播难度、传播成本的限制，呈现出多元分散、区域限制等特征，例如，在零售领域一个城市级商圈的辐射范围为 20～50 公里，一个区域级商圈的辐射范围为 10～20 公里，一个社区商业的辐射范围为 5～10 公里，一个邻里中心的辐射范围为 0～5 公里，辐射范围的限制影响了零售业流量获得的规模。但是，在数字商务深入发展的今天，线上获得流量的规模可以呈现出几何级数的扩展，如京东的注册用户数量截至 2022 年达到了 5.88 亿，拼多多的注册用户数量截至 2021 年 6 月达到 8 亿，同时，相较传统商务领域，以电子商务为代表的数字商务的用户获得成本也大幅降低。鉴于消费者对新消费渠道的黏性日益增强，数字商务各业态、各模式间的流量互导成为流量赋能的重要趋势。例如，京东的用户为其线下生鲜超市 7FRESH 的导流、美团为其共享单车业务的导流作用十分明显，同时，线下的流通也可以为线上流量赋能，形成流量互导的生态体系。

五、数字商务模式创新涌现

数字技术在商务领域的广泛应用推动了商务模式的加快变革。在传统的商务活动中，经营模式大多数是基于线下空间构建的，如超级市场的出现改变了柜台销售的旧有模式，购物中心的出现改变了百货空间利用的旧有格局，但是随着信息化、数字化的程度的不断提高，新的商务模式正在大量涌现。例如，以美团为代表的外卖业务推动了餐饮业态的模式改变，产生了外卖骑手这类新兴职业；滴滴出行的出现改变了旧有出租车行业的发展模式，在提高出行效率的同时也增加了行业总体规模；闪送的出现改变了过去邮政、快递的业务模式，满足了对时间要求高等个性化的客户需求；携程的出现改变了酒店、出行、旅游等业态的模式，为客户提供一站式数字化服务。随着数字技术在商务领域更加广泛的应用，商务领域的自动化水平、数据要素利用水平、场景丰富程度等都将得到显著的提高，业务模式的创新活力和潜力都将显著增强，将会有更多的新模式出现，推动行业的创新发展。

第二篇
粤港澳大湾区：区域经济发展的排头兵

第四章　湾区经济发展历史回溯

　　湾区经济在世界经济增长中作用日益重要。据世界银行数据显示，全球60%的社会财富、75%的大都市、70%的工业资本和人口都集中于入海口。回顾几百年湾区经济发展历史，形成了纽约湾区、旧金山湾区、东京湾区等对世界经济产生重要影响的湾区。回顾世界湾区发展历史有利于厘清湾区发展逻辑，把握其发展规律，确定当前历史方位，指导我国湾区发展。湾区及湾区经济的定义前人多有总结，刘艳霞（2014）、马忠新(2016)、张日新、古卓桐（2017）等均指出湾区是一国依托港口、海湾发展开放型经济、推动经济增长的重要区域。笔者认为，湾区是由一个或若干相连的海湾、港湾及其腹地共同组成的地理区域，是以港口为支撑，以中心城市为依托，以区域经济社会一体化为特征构成的经济地理区域。湾区经济是高度国际化、快速工业化、科学城镇化、迅速信息化的区域经济的高级形式。

第一节　湾区经济发展历史回顾

　　湾区经济发展与15世纪地理大发现、工业革命和世界经济一体化进程相伴演进。1492年哥伦布发现美洲大陆，开辟了西方殖民地扩张和世界贸易的新纪元。18世纪60年代的工业革命把人类带入蒸汽动力使用和现代工业时代，第二次工业革命开始，世界经济重心由英国转移到美国。从1817年李嘉图的"比较优势"理论到1995年1月1日世界贸易组织成立，世界贸易往来更加密切、世界经济一体化更加成熟。湾区成为近代以来世界经济发展的主要舞台。

一、纽约湾区：美洲大陆发现后形成的第一个经济湾区

纽约湾区位于纽约州东南哈德逊河口，濒临大西洋。1609 年英国航海家亨利·哈德逊发现这块 "群峰环绕的陆地"。1624 年荷兰人与当地印第安人交易，取得曼哈顿岛的所有权，将其开辟为贸易据点，并取名为 "新阿姆斯特丹"。1664 年英国舰队开到纽约打败了荷兰人，英国国王查理二世将这片土地赠给了其弟弟约克公爵，并将此地命名为纽约。1686 年纽约建市。

作为进入北美殖民地和加勒比海地区的唯一港口，纽约港最初由荷兰人兴建，后为英国人经营。北美独立战争胜利后，纽约港进行大规模建设，1800 年便成为美国最大港口。18 世纪末至 19 世纪初，纽约修筑了长达 4000 公里的公路网。1825 年伊利运河建成，使纽约港与五大湖区水路完全贯通，纽约成为美国境内东北部最重要的口岸和棉花贸易中心。1840 年纽约港货物进出口额占全美 1/2 以上，人口比 1815 年提高了 3 倍。[①]

19 世纪 60 年代，纽约湾区纺织业、服装业、印刷业等蓬勃发展，工业规模不断扩大。贸易繁荣使纽约获得充足的原材料、广阔的市场和廉价的劳动力。1860 年纽约成衣制造业产值占全国 1/3，印刷出版物占全国 30%，此外，纽约还有 4300 余家生产日用百货、小首饰的小企业。到 1880 年，纽约制造业就业人数占比达 37.6%，纽约逐步成为美国制造业中心。[①]

两次世界大战使纽约湾区获得发展良机。第一次世界大战令老牌强国英国、法国、意大利受到战争影响，经济严重受挫，美国取代英国成为头号经济强国。这一时期纽约的城市化进程加快发展，金融中心地位进一步

---

① 孙亮. 纽约港的发展研究（1815—1860）[D]. 上海：华东师范大学，2012.

巩固。第二次世界大战使美国的军工制造业再次振兴，国际订单大量增加使得美国的军工产业、制造业快速发展，纽约也成为反法西斯国重要的战略物资输出地。

第二次世界大战后，美国成为世界唯一的超级大国、世界最大的经济体，纽约也成为世界金融中心。世界银行数据显示，第二次世界大战后美国拥有世界 75% 以上的黄金储量。1944 年 7 月布雷顿森林体系确立了以美元为中心的国际货币体系。1947 年国际货币基金组织（IMF）和世界银行（WB）作为联合国常设机构常驻纽约。纽约证券交易所、纳斯达克、美交所以及高盛、摩根士丹利等 2900 家银行、证券、期货和保险等金融机构设置在纽约。至今，纽约仍然保持着世界金融中心的地位。美国经济分析局数据显示，以 2018 年为例，纽约金融、保险、地产和租赁产业产值达 7670.6 亿美元，占纽约大湾区经济总量的 30% 左右，纽约湾区也成为名副其实的"金融湾区"。

二、旧金山湾区：美国西海岸的年轻湾区

旧金山湾区发展起源于 19 世纪中叶的掘金浪潮。1848 年 1 月 24 日，詹姆斯·威尔逊·马歇尔在美利坚河发现了黄金，加利福尼亚州的掘金潮由此开始。1849 年，来自世界各地的人们为了发掘黄金来到这片土地并植根于此。1850 年，加利福尼亚正式成为美国第 31 个州。

掘金浪潮带来了采金、冶炼等工业的发展。工厂的建立使人口不断增长，1850—1870 年的两个十年间，人口分别增长了 97% 和 133%。[①] 这时期，港口、铁路、公路等基础设施不断完善。1864 年旧金山到圣何塞的铁路修通运营，1933 年旧金山—奥克兰海湾大桥和金门大桥工程开始施工，至 20 世纪 30 年代末湾区先后建成 7 座跨海大桥，这是旧金山湾区交通一体化发展的重要里程碑。

---

① 数据来源：http://www.bayareaeconomy.org/publications-list/。

第二次世界大战使旧金山湾区军工业快速发展。珍珠港事件后，湾区成为面对太平洋战场的重要军事区域。造船业、军工制造业、军事科研业得到前所未有的发展，造船厂最快四天可建造一艘船只，总共为第二次世界大战贡献了近千艘大型船只。战时期间及战后联邦政府在湾区共投入上百亿美元，极大地促进了湾区各领域建设。

湾区的真正发展来自第二次世界大战后军工科研与大学结合并走出了一条研产结合的道路。1951年，无线电专家、"硅谷"奠基人之一弗德里克·特曼推动成立斯坦福大学工业园区，这成为日后世界争相效仿的研产高度结合的高校工业区。20世纪30年代，特曼的学生戴维·帕卡德和威廉·休利特，在特曼提供的538美元的帮助下于一间车库内成立了惠普公司。"车库文化"影响了一代代湾区人。

适宜的气候、优美的环境、良好的创投环境以及开放的文化，吸引了学者、高等教育机构和创新企业在湾区内集聚成长。截至2019年，包括谷歌、苹果、英特尔、微软、Facebook、特斯拉、惠普、思科等在内的近50家世界500强企业扎根于此，闻名遐迩的"硅谷"也将旧金山湾区送上了"科技湾区"的宝座。

三、东京湾区：明治维新后日本经济和产业中心

东京在德川幕府时代称作江户，明治维新后成为日本学习欧美技术、发展现代工业的中心。1868年明治天皇废除幕府、迁都东京，建立君主立宪制度，开始现代化改革。1871年，明治政府派使节团出访欧美考察资本主义国家经济技术，随后在东京都地区建立一批军工、矿山、铁路、航运等国营企业。1872年，第一条铁路东京（新桥）至横滨（樱木町）铁路通车。1873年，成立内务省，将产业发展从重工业转移到轻重工业并重的道路。湾区内千住呢绒厂等一批"模范工厂"相继成立，纺织业率先完成资本主义工业化，也掀起了早期的工业革命浪潮。

1912年开始的大正时期是日本大规模工业化的开始。东京至横滨一带

发展出来 50 公里的工业带，造船业、制造业、采矿业、军工业集聚于此。第一次世界大战给东京湾区带来难得的发展机会，战争使世界范围内对物资的需求大量增加，有关参战国向日本订购了大量军需物品。湾区的海运异常繁荣、贸易出口激增，就全国整体而言，贸易出口额从 1914 年的 6.3 亿日元增长到 1918 年的 20.7 亿日元，增长了 2.3 倍。借此日本也实现了从农业国向工业国的转变，工业产值比重从战前的 44.5% 增长到 56.8%。[①]

第二次世界大战后的二十年东京湾区又迎来了高速发展阶段。1951—1974 年日本经济平均增速为 9.1%。第二次世界大战后，国际政治经济环境对日本极为有利，政治上，美国为对抗苏联采取扶日政策，经济上，国际原材料价格下降给资源匮乏的日本带来发展契机。东京湾区得到极大的发展，90% 环绕东京湾的海滨都被开发成人工海岸线。1960 年制造业产值达到 1.53 万亿日元，占湾区 GDP 总量的 36%。工作机会的增加使得人口大量汇集于此，1945—1960 年湾区平均每 5 年增长 200 万人。20 世纪 80 年代，随着重工业、机械工业向京滨、京叶两大工业区转移，东京产业也向服务业转移。1986 年东京离岸金融市场建立，日元开始走向国际化，东京从全国经济中心转变为国际金融中心。

当前，东京湾区汇聚了钢铁、有色冶金、炼油、石化、机械、电子、汽车、造船等主要工业部门，以及金融、商贸、物流等服务业部门，三菱、丰田、索尼、松下、NEC、东芝等 38 个世界 500 强企业云集于此。横滨港、东京港、千叶港、川崎港、木更津港、横须贺港 6 个港口分工鲜明，年吞吐量超过 5 亿吨。20% 的大学、30% 以上的教员、25% 以上的民间研究机构和 50% 以上的顶级技术型公司扎根于此，东京湾区发展成为世界级

---

① 王铭.“殖产兴业”与日本资本主义的发展 [J]. 辽宁大学学报（哲学社会科学版），1997（06）：85－88.

"产业湾区"。① 表 4 - 1 为三大湾区主要指标对比。

表 4 - 1　纽约湾区、旧金山湾区和东京湾区主要指标（2018 年）

	纽约湾区	旧金山湾区	东京湾区
陆地面积（万平方公里）	2. 15	1. 79	3. 68
常住人口（万人）	2268. 0	966. 6	3630. 4
人口密度（人/平方公里）	1055	550	987
GDP（亿美元）	20013. 53	10319. 23	49564. 00
人均 GDP（万美元）	8. 82	10. 68	4. 44
城市化水平	90% 以上	90% 以上	80% 以上
港口集装箱吞吐量（万 TEU/年）	718	255	814
世界 100 强大学数量（所）	16	11	22
世界 500 强企业总部（家）	22	11	39
主要产业	金融、房地产、传媒、娱乐	电子、互联网、生物	装备制造、钢铁、化工
代表公司	花旗、AIG、纽约时报	苹果、谷歌、英特尔、脸书、特斯拉	索尼、丰田、三菱

数据来源：美国经济分析局、日本政府统计综合窗口、世界银行。

第二节　湾区经济发展主要逻辑

世界几大湾区发展时代各不相同，但主要遵循三大基本逻辑。

一、"贸易湾区—工业湾区—服务湾区—创新湾区"的演进过程

湾区区别于 15 世纪以前经济城镇的主要特征是大航海时代开辟了海上联通世界的新通道。经济中心由内陆转移到沿海，经济范围由一国扩展到

---

① 何诚颖，张立超. 国际湾区经济建设的主要经验借鉴及横向比较 [J]. 特区经济，2017（09）：10 - 13.

世界。贸易成为联通世界、发展经济的重要方式，沿海地区成为贸易往来的枢纽。Hoyle & Pinder（1981）指出，港口作为多式联运的重要节点，往往发展成为一个主要工业集聚点。刘秉镰（2002）指出，港口贸易直接产生了港口产业（海运、仓储、集疏运等），引发了依存产业（钢铁、造船、加工等）和派生产业（有关港口的维修、通信、金融服务业等）。贸易繁荣促进了湾区工业的发展。19 世纪 20 年代纽约港最主要的工业雏形是面粉磨坊，主要将小麦磨成面粉运往欧洲，为欧洲人提供优质面包原材料。1825 年伊利运河修通后，每天有 56.2 万桶小麦从伊利湖区运往纽约，纽约从此成为美国最大的面粉贸易港。随着工业革命发展，到 19 世纪末纽约逐步发展成以纺织业、服装业、印刷业为主的制造业中心。

Simon Kuznets（1966）指出，从国民收入比重和劳动就业率两个方面看，服务业的比重上升高于农业、工业部门。工业体系的发展带来人口的集聚、技术应用需求的增加、资本的汇聚，推动金融、传媒、娱乐、零售、餐饮、住宿等服务业发展。第二次世界大战后，纽约产业结构出现制造业萎缩和服务业崛起的双重变化。1959—1969 年纺织等传统制造业就业下降 9%，金融、保险等服务业就业增长 22.8%，到 1990 年纽约服务业占 GDP 比重达到 56%。旧金山湾区风险投资业为"硅谷"的蓬勃发展发挥了不可替代的作用。1996—2015 年湾区内风险投资规模从 30 亿美元增长到 280 亿美元，占全美的 40%，每年投资约 1000 个项目。

创新是湾区经济发展抢占经济制高点、引领未来发展的必要途径。熊彼特（1947）指出，创新是经济发展的内生变量，企业家敢于冒险和创新是基于巨大的盈利预期，创新也是经济周期的根本原因。第二次世界大战后，旧金山湾区因其扎实的军事技术基础、众多的科研院校、良好的创投环境、多元的文化结构成为科技创新产业的热土。2018 年，旧金山湾区信息技术产业增加值达到 1486.8 亿美元，占湾区经济总量的 14.5%，而湾区经济总量达到 1.03 万亿美元，占全美比重 5%，人均 GDP 达到 10 万美元。"硅谷"云集了英特尔、苹果、谷歌、Facebook、特斯拉等众多科技企业，科技创新成为湾区发展的主要驱动力。

二、"单产业集聚到多产业集聚、低端产业集聚到高端产业集聚、单要素集聚到多要素集聚"的集聚过程

湾区因贸易而起、因产业而兴。产业从单一到集群、业务从简单到复杂。刘秉镰（2002）指出，港口因其自身优势对工业、贸易、金融和其他行业具有诱入（Induction）、产生（Generation）和凝聚（Agglomeration）的作用。纽约湾区发展之初主要从事面粉、棉花、牲畜和牛皮等贸易，后来，棉花贸易使纽约成为美国纺织业中心，牛皮贸易使纽约成为美国皮具制造业中心。随着海运贸易的蓬勃发展，船舶维修、造船、钢铁、仓储运输等逐步发展，人口的增加使房地产、餐饮、教育、医疗等服务业快速发展。这是湾区产业集聚的第一阶段。

第二阶段是从低端产业集聚到高端产业集聚。Gereffi（1999）指出，产业升级是产业从价值链低端走向价值链高端的过程。第一阶段解决产业从无到有、从小到大、从一到全的问题，第二阶段解决产业从有到精、从大到强、从全到优的问题。纽约湾区的高端产业集聚是从服装制造业等衰落开始的。第二次世界大战后，随着美国产业结构调整，纽约制造业步入衰退期。1950—1980 年，纽约服装制造业失业人数达到 20 万，占纽约制造业失业总数的 1/5。相反，1969—1989 年金融、教育、卫生等生产性服务业就业人数从 95 万增加到 114 万，占比从 25% 增至 31.6%。2001 年金融业增加值已占 GDP 比重已达到 16.8%。纽约已经从过去的制造业中心转为金融中心。

湾区产业集聚的第三个阶段是从单要素集聚到多要素集聚。湾区形成初期产业单一、初级，集聚要素也比较单一，主要为劳动力、土地、矿产等自然资源等。随着产业集聚和升级，要素需求逐渐增加，技术、资本、信息、数据、人力资源、生态环境要素等逐渐汇集并且日益重要。纽约湾区在两次世界大战中积累大量资本，实现了从制造业为主到服务业为主的

转型升级。截至 2023 年底，纽约证券交易所和纳斯达克证券交易规模排名世界前二，交易规模合计 45.5 万亿美元，共约 8000 家公司在此上市。华尔街集聚 2900 家银行、证券、期货等金融机构。哈佛大学、麻省理工学院、波士顿大学等为纽约湾区提供充足高素质人才。而东京湾区走了一条先污染后治理的生态环境道路。1955—1972 年，位于东京湾区京滨工业区的四日市因众多化工厂集聚而二氧化硫超标，不知节制的排放致使此期间日本全境患四日市哮喘病的患者达到 6376 人，后来出台多项严苛的法规才使生态环境得到改善，生态环境要素在湾区发展中日益重要。

三、"港城互动—区域一体—带动本国—引领世界"的辐射过程

湾区空间拓展从港城互动开始。纽约港务局 1978 年的研究报告《基于海运投入产出分析的港口产业对美国经济的影响》显示，港口产业发展对地区经济产生正向作用，约产生 1.6 倍的正效用。张梦颖（2017）将港城互动分为四个阶段，即港城的初始联系阶段、相互关联阶段、集聚效应阶段和城市自增长阶段。港和城长时间处于互相促进、共生发展的过程中。纽约湾区 19 世纪中叶成为美国面粉和棉花贸易中心后，人口达到 100 万人以上，成为仅次于伦敦和巴黎的世界第三大城市。东京湾区随着临港工业的发展，人口也大规模集聚，1950 年人口规模达到 628 万。

随着港口和城市集聚的要素日益增多，临港城市框架越来越大，对区域的辐射带动能力越来越强。区域内的产业发展参与到以港口为依托的国际贸易和经济交往中，区域内的产业分工越来越明确，产业链和价值链逐渐形成，区域内产业、交通、信息、文化、规划日益一致，区域一体化趋势明显增强。1968 年，东京湾区制订首都圈第二次整备规划，范围涵盖了"一都七县"（东京都和神奈川、千叶、埼玉、群马、栃木、茨城、山梨七县）的全部区域，其目标是避免恶性竞争，推动协同发展，逐步缩小地区差异，实现均衡发展。

湾区因其背陆向海迅速成为一国的经济支柱。林贡钦、徐广林（2017）指出，湾区在本国开放和经济发展中发挥了重要作用。1850 年纽约已成为美国贸易中心，到 1970 年纽约湾区经济总量已占美国的 13%。湾区内产业成熟、城市发达、人口集聚、腹地广阔、社会进步，对全国经济社会发展起到了带动作用。湾区成为产业向内陆辐射的中心，城市建设经验成为内陆城市学习的榜样。纽约湾区的纺织服装业在第二次世界大战后陆续转移到费城、巴尔的摩等地区。东京都的城市规划经验为大阪、京都等地提供借鉴。

16 世纪以来，沿海地区经济快速增长，湾区成为世界经济增长极。纽约湾区、旧金山湾区、东京湾区分别成为世界金融中心、科技创新中心和工业中心。湾区成为引领世界经济发展的高地，湾区汇聚了世界经济总量的 60%，汇聚了人才、技术、数据等高端要素，汇聚了著名企业、著名高校、国际组织、文化遗产等资源，对引领世界经济方向、促进世界经济升级、推动世界经济创新、带动世界经济增长具有十分重要的意义。

第三节　湾区经济发展的历史比较

纵观 15 世纪以来世界湾区经济发展进程，湾区经济在人均 GDP 规模、占本国经济中比重及人口集聚程度等方面均引领本国经济社会发展。鉴于历史数据可得性原因，本书对 1969 年至今纽约湾区、旧金山湾区和 1975 年至今东京湾区三大指标进行比较，试图验证湾区经济发展在全国的引领地位。

一、三大湾区人均 GDP 规模领先全国

据美国经济分析局数据计算得出，1969—2018 年，纽约湾区人均 GDP 从 0.64 万美元增长到 8.82 万美元，旧金山湾区人均 GDP 从 0.61 万美元增长到 10.68 万美元，美国人均 GDP 从 0.48 万美元增长到 6.29 万美元，

纽约湾区、旧金山湾区人均 GDP 水平均高于美国全国平均水平。从发展趋势来看，2008 年和 2009 年纽约湾区和旧金山湾区人均 GDP 分别经历一次下调，纽约湾区从 2007 年的 6.34 万美元下降到 2008 年的 6.29 万美元，旧金山湾区从 2008 年的 6.81 万美元下降到 6.49 万美元，此后，旧金山湾区人均 GDP 增速呈现高于纽约湾区趋势，2009—2018 年纽约湾区人均 GDP 增速为 3.4%，旧金山湾区人均 GDP 增速为 4.7%（见图 4-1）。

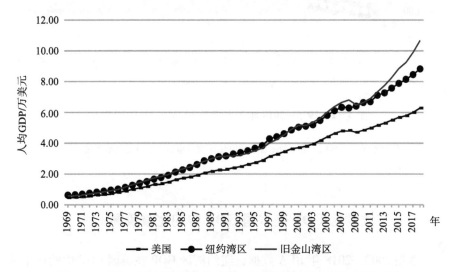

图 4-1　1969—2018 年纽约湾区、旧金山湾区及美国人均 GDP 对比

注：数据来源于美国经济分析局，湾区按加拿大标准协会统计口径获得。

根据世界银行和日本政府统计综合窗口数据计算得出，1975—2018 年，东京湾区人均 GDP 从 0.61 万美元增长到 4.44 万美元，日本人均 GDP 从 0.47 万美元增长到 3.93 万美元，东京湾区人均 GDP 水平均高于日本全国平均水平。从发展趋势来看，东京湾区和日本人均 GDP 水平波动一致，这与东京湾区在日本经济发展中占比较大不无关系。由此可见，同样的历史阶段下，纽约湾区、旧金山湾区、东京湾区与本国比较而言经济发展更活跃、水平更高、动力更强（见图 4-2）。

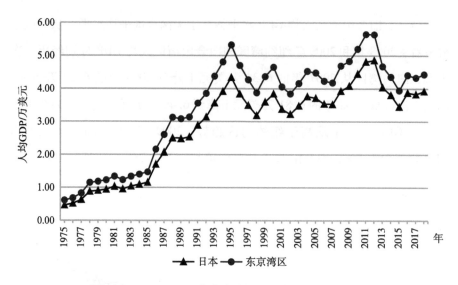

图 4 - 2　1975—2018 年东京湾区及日本人均 GDP 对比

注：数据来源于世界银行和 e-Stat 日本政府统计综合窗口，东京湾区数据按"一都三县"统计口径获得。

二、三大湾区 GDP 在本国 GDP 中的比重较高

根据 2000—2018 年 BEA 数据，纽约湾区 GDP 在美国 GDP 中的比重从 2000 年的 10.21% 降到 2018 年的 9.72%，旧金山湾区 GDP 在美国 GDP 中的比重从 2000 年的 4.00% 增长到 2018 年的 5.01%，东京湾区 GDP 在日本 GDP 中的比重从 2000 年的 31.81% 增长到 2018 年的 32.50%。整体来看，三大湾区 GDP 在本国 GDP 中的比重均较为稳定。从美国来看，纽约湾区 GDP 占比略有下降，旧金山湾区 GDP 占比略有上升，二者在美国的比重达到 15% 左右。从日本来看，东京湾区 GDP 略有上升，东京湾区在日本的比重约为 33%（见图 4-3）。

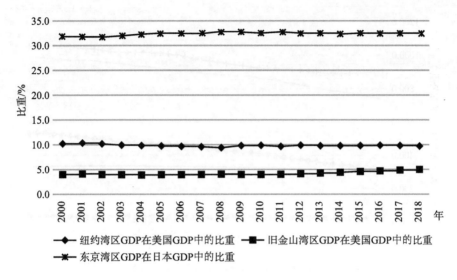

图 4 - 3　2000—2018 年纽约湾区、旧金山湾区和东京湾区 GDP 在本国 GDP 中的比重

注：根据 BEA、世界银行、e-Stat 数据整理获得。

三、三大湾区人口密度均高于本国

人口密度是反映人口集聚程度的最佳指标。根据 1975—2018 年 BEA 数据发现，1975—2018 年，纽约湾区人口密度从 907 人/平方公里增加到 1055 人/平方公里，旧金山湾区人口密度从 320 人/平方公里增加到 550 人/平方公里，而同期美国人口密度从 23 人/平方公里增加到 35 人/平方公里。同样地，1975—2018 年东京湾区人口密度从 735 人/平方公里增加到 987 人/平方公里，日本人口密度从 296 人/平方公里增加到 334 人/平方公里，三大湾区人口密度都大幅度高于本国人口密度（见图 4 - 4）。

通过对三大湾区人均 GDP 水平、在本国经济中所占比重及人口集聚程度等指标的分析发现，虽然湾区发展背景、阶段、历程、主要产业各不相同，但均呈现出湾区经济发展优于全国、带动全国、人口集聚快于全国的特征，这与湾区发展的基本逻辑吻合。

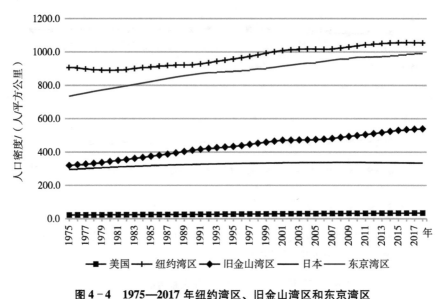

图 4-4　1975—2017 年纽约湾区、旧金山湾区和东京湾区
人口密度与本国人口密度对比

注：根据 BEA、世界银行、e-Stat 数据整理获得。

第四节　湾区经济发展的主要趋势

一、建设数字湾区：适应数字经济时代发展大势

第一，数字经济是湾区经济发展的必然选择。马化腾（2017）指出数字经济是工业经济后的新经济形态。数据成为驱动经济发展的关键生产要素。湾区经济发展要将数据作为新生产要素，形成数据、技术、资本、人力、土地新的要素排列组合，推动产业数字化转型和全域数字化改造，形成湾区经济发展的新生产力。

第二，数字湾区是应对数字贸易发展的战略载体。夏杰长（2018）认为，数字贸易是指基于互联网和互联网技术的国内商业和国际贸易活动。商务部国际贸易经济合作研究院 2018 年发布的《全球服务贸易发展指数报告（2018）》将数字贸易分为数字货物贸易、数字服务贸易和数据贸易

三类。数字贸易将引领以"数字"为媒介和对象的新的全球化。各国应加快数字自由贸易区（DFTZ）建设，提高数字贸易国际贸易规则的话语权，做好数字贸易港和数字湾区的发展布局。

第三，数字湾区应着力打造数字技术创新高地。从湾区发展历史来看，湾区是研发投入强度较高的区域，2018 年三大湾区科研投入强度均在2.4% 以上。从历次工业革命历程来看，第一次工业革命爆发于伦敦湾区（1776，瓦特，波罗姆菲尔德）、第二次工业革命爆发于纽约湾区（1879，爱迪生，纽约），第三次工业革命爆发于纽约湾区和旧金山湾区（1946，图灵等，宾州；1971，英特尔公司，硅谷）。湾区或将继续引领第四次工业革命率先发展。

二、打造生态湾区：平衡资源环境承载与可持续发展矛盾

第一，走生态可持续经济发展道路。生态可持续发展是充分考虑生态环境容量和资源承载力的发展模式，是转变经济发展方式的重要方向。湾区经济成败不仅取决于经济规模大小、经济水平高低、创新能力大小，还取决于生态变量约束松紧、生态成本高低。生态要素是湾区经济长期发展的基础，是世界湾区经济竞争的"底牌"。历史上发生在东京湾区的例子要引以为鉴。

第二，做全球生态保护的倡导者。抵御全球变暖是世界湾区的切实责任。据美国国家海洋和大气管理局（NOAA）分析判断，按照人类碳排放量不变计算，2100 年全球海平面可能至少上升 0.3 米。若排放量增加，到2100 年，海平面可能上升多达 2.5 米，2200 年上升近 10 米。另据研究发现，如果海平面上升 7 米，全球各个国家的沿海城市基本都会被海水淹没。湾区是全球变暖和海平面上升的直接利益攸关者，湾区应该作为抵御全球气候变暖的中坚力量，适时成立全球湾区生态保护联盟，共同抵御全球变暖。

三、发展人文湾区：塑造文化软实力

第一，做人类先进文化元素的汇集地。当前，世界几大湾区都是著名博物馆、艺术馆、图书馆、科技馆、高等学府和科研院所的所在地。纽约湾区云集了纽约大都会艺术博物馆、惠特尼美国艺术博物馆、古根海姆博物馆、哈佛大学、NASA 等文化、教育、科研机构，在全球高校前 100 名中有 16 所位于此。未来，湾区应加大文化机构、教育机构、科研机构投资建设力度，建立健全文化吸收、借鉴、传承、发扬、创造体系。

第二，构建湾区文化软实力。习近平总书记在 2013 年第十八届中央政治局第十二次集体学习时讲话指出："文化软实力集中体现了一个国家基于文化而具有的凝聚力和生命力。"自古以来，文化就是与经济、军事相伴随的强大力量。湾区经济发展要立足文化传承角度，建立文化软实力发展体系，加强国际文明借鉴，坚定文化自信，将文化"软实力"变成"硬拳头"。

第三，充分满足湾区居民文化需求。居民是湾区文化发展的受益者和传播者。湾区应推动文化供给体系的建立，满足居民多样化需求，建立世界人文、科学人才引进计划。推动湾区文化旅游发展，提高旅游服务贸易在经济发展中的比重。

四、锻造价值湾区：推动价值创造与价值传播

第一，树立领先的价值观念。湾区在追求经济发展、科技创新、文化进步的同时，在价值认知、价值创造、价值传播上力求处于全球领先地位。既追求经济价值，又追求社会价值，既追求人类价值，又追求生态价值，既追求当前价值，又追求未来价值。

第二，占据全球价值链上游。Kaplinsky（2000）指出，全球价值链是镶嵌在全球产业链中而存在的，全球产业链因创造价值不同而形成新的价值链。湾区经济发展应加强新兴产业集聚，加强基础研究成果转化，牢牢

占据全球价值链制高点。

第三，提高价值规则话语权。湾区要在价值规则倡议、制订、传播过程中提高自身话语权，加强价值规则规律研究，提高研究和实践科学性、统一性。

五、构建幸福湾区：构建幸福产业体系和生活体系

第一，提高湾区居民幸福指数。幸福指数是一个全球命题。联合国《2019 年全球幸福指数报告》中指出，"财富并非幸福的决定性因素，较幸福国家倾向较富裕，但收入与幸福并无必然关系"。该报告统计的全球156 个国家和地区人民幸福指数排名中，芬兰成为全球最幸福的国度，美国排名第 19 位。未来湾区应构建幸福指数体系，发布《湾区幸福指数报告》，做好居民幸福指数相关工作。

第二，打造湾区幸福产业体系。新经济发展使幸福产业体系逐步形成。杨乐渝（2018）指出，幸福产业是为人带来快乐、健康、智慧，为人创造幸福体验和幸福价值的产业，是融合一二三产、以人的美好生活需求为导向，实现产业共享、链接、协同、融合发展的流量产业集群发展模式。未来，湾区产业发展应打破产业边界，加强共生和融合发展，以第三产业为引擎，链接带动一二产业发展，将幸福产业作为新兴产业出台鼓励发展政策。

第三，构建湾区幸福生活体系。湾区要建设多层次居民消费体系，打造以国际消费中心为核心、区域消费中心为主体、城市消费中心为重点、社区消费中心为基础的幸福生活消费体系。建设网络化居民通勤体系，形成以航空、铁路为主干，以城市公交、地铁为网络，以私家车为载体，以共享交通工具为补充的幸福生活交通体系。湾区要建设多样化居民文化教育体系，构建以文化场馆为载体，以幼、小、中、高、大学为依托，以欣赏、教育、培训为内容的幸福生活文化体系。构建生活与生产配套统一的幸福湾区。

第五章 粤港澳大湾区发展
历程、现状与特征

第一节 粤港澳大湾区发展历程

粤港澳大湾区建设是引领中国高水平对外开放和创新发展的重要区域发展战略，也是推动"一国两制"事业发展的重要实践，是新时代推动形成全面开放新格局、推动构建以国内大循环为主体，国内国际双循环相互促进的新发展格局的重要举措。粤港澳大湾区建设依托广东珠江三角洲地区的广大腹地以及香港特别行政区、澳门特别行政区的重要特殊功能逐步发展并上升为国家战略。珠三角地区是我国最早对外开放的区域之一，逐步形成区域联动、开放包容、融合发展的历史沉淀与发展优势。

一、改革开放以来珠三角地区的开放发展

珠三角地区濒临南海，毗邻港澳，自古就是对外通商贸易的重埠。特别是改革开放以来，珠三角地区勇立改革潮头，乘改革之东风，以开放促改革、以改革促发展，创造了对外开放和对内改革的巨大优势，各项事业取得了举世瞩目的成就，珠三角地区成为推动中国经济腾飞、社会发展、对外交流、国际合作的重要区域。同时，珠三角地区与香港、澳门地缘相近、民俗相通、文脉相连、同根同源，为"一国两制"事业的发展发挥了

重要作用，也为粤港澳大湾区的建设与发展奠定了坚实基础。回顾改革开放以来珠三角地区经济社会发展，可以更好地总结珠三角地区在我国区域发展中的重要作用，可以更好地梳理粤港澳大湾区发展历程，其发展历程可以分为三个阶段。

第一阶段：先行先试，探索发展期（1978—1992 年）

1978 年，改革开放大幕徐徐拉开，以珠三角地区发展为主的广东把握住历史脉搏，勇立时代潮头，担负起先行先试的历史使命。1979 年，中共中央、国务院决定先在深圳、珠海划出部分地区试办出口特区，深圳蛇口创建了中国第一个出口加工区。以"三来一补"（来料加工、来样加工、来件装配和补偿贸易）为主的加工贸易逐步发展，以内地第一家"三来一补"企业——太平手袋厂的建设为起点，众多港商到太平手袋厂参观以后纷纷决定在此投资建厂，不久，太平手袋厂附近建起五金厂、拉链厂、印花厂等不少与手袋厂配套的"三来一补"企业，深圳、珠海等地同期也建设了众多类似的企业，"三来一补"企业在珠三角地区如雨后春笋一般不断出现。据不完全统计，1979 年至 1988 年，曾有超过一万家"三来一补"企业遍布珠三角地区，从业人员达百万，为以后珠三角经济的起步和跨越式发展奠定了坚实基础。1984 年封顶的深圳国际贸易中心大厦创造了"三天一层楼"的纪录，成为深圳速度的象征。1985 年，党中央、国务院决定在珠江三角洲、长江三角洲和厦漳泉三角地区开辟沿海经济开放区，珠三角地区迎来了发展新机遇。1978 年到 2023 年，广东地区生产总值由185.85 亿元增加到 13.57 万亿元，改革开放 40 多年来，广东有 28 年的经济增长速度达到两位数。

第二阶段：奋力争先，加速发展期（1992—2012 年）

1992 年，党的十四大确立了社会主义市场经济体制的改革目标，广东省不断解放思想，锐意改革，奋力争先，推动广东经济社会发展步入快速发展期。1993 年 12 月，广东省委通过《关于加快建立社会主义市场经济体制若干问题的实施意见》，进一步确立广东推动社会主义市场经济体制建设的务实举措。从 1992 年到 2012 年，广东地区生产总值增长 10.6 倍，年均增长 13.0%，从人均 GDP 的角度，1992 年广东人均地区生产总值 671 美元，只有当时"亚洲四小龙"中人均 GDP 最低的韩国的十分之一。2012 年，广东人均地区生产总值大幅攀升到 8698 美元，为韩国（24358 美元）的三分之一，早在 1996 年，广东省人均 GDP 就突破 1000 美元大关，提早实现了邓小平提出的"到本世纪末人均国民生产总值达到一千美元"的第二步发展战略目标，以珠三角为代表的广东地区成为全国经济发展的领头羊、改革开放的前沿阵地、融入世界经济发展格局的窗口。

第三阶段：勇于创新，引领发展期（2012 年至今）

2012 年，党的十八大召开，开启了中国特色社会主义新时代。同年 12 月，习近平总书记到广东考察工作，对广东工作提出"三个定位、两个率先"的要求，2014 年 12 月国务院批准设立中国（广东）自由贸易试验区，涵盖广州南沙新区片区、深圳前海蛇口片区、珠海横琴新区片区，全面深化对外开放合作，开放型经济发展水平不断提升，为珠三角地区的进一步深化改革、扩大开放提供制度支撑。2016 年，珠三角一般贸易进出口总额在全省所占比重达 41.9%，比 2012 年提高 9.6 个百分点，加工贸易企业转型升级步伐加快。2013 年珠三角地区 GDP 总量突破 5 万亿元，2016 年达 6.78 万亿元，占全省合计的 79.3%，在广东经济中占据"龙头"地位。同时，珠三角地区也是科技创新发展前沿阵地，研究与试验发展（R&D）经费支出在 GDP 中的比重从 2012 年的 2.43% 提升至 2023 年的 3.39%，创新驱动发展的动能强劲。

二、改革开放以来港澳融入国家发展大局历程

改革开放以来，港澳企业为我国对外开放事业进步发挥重要作用，港澳地区占我国引进外资的 54% 和对外投资的 60% 以上。改革开放以来，港澳地区在国家发展大局中的地位和作用经历了显著的转变和发展，这一历程不仅体现了"一国两制"政策的成功实践，也展示了港澳与内地优势互

补、共同发展的美好图景。

第一，改革开放初期，港澳作为开放窗口为国家推动开放发展、兴建经济特区、积极融入世界产业链供应链发挥了重要作用。一方面，大量资金通过香港到内地用于兴业办厂，内地第一家中外合资企业——北京航空食品有限公司、内地第一家五星级酒店——广州白天鹅宾馆等都是由香港华侨出资兴建，为我国加工贸易、制造业的发展和产业链的健全奠定了重要基础。另一方面，随着中国制造业的强大、对外贸易的发展，港澳地区成为中国对外贸易的桥梁和窗口，对于推动中国制造业融入世界产业链、中国商品进入世界市场发挥了重要作用。

第二，香港、澳门回归祖国后，港澳对于国家融入世界经济体系、参与全球产业分工发挥了重要作用。特别是 2003 年，内地与香港、澳门特别行政区政府分别签署了《关于建立更紧密经贸关系的安排》，是内地第一个全面实施的自由贸易协议，为港澳企业投资内地、推动内地与港澳贸易往来、发挥港澳连接世界的窗口作用奠定了坚实基础。

第三，粤港澳大湾区战略确立，港澳参与粤港澳大湾区建设，融入国家发展大局意义更加重大。在改革开放经过四十多年的发展之后，党中央、国务院统筹国内国外发展大局，2019 年 2 月明确了建设粤港澳大湾区的战略部署，为新时代推进"一国两制"事业取得新进展、助力港澳融入国家发展大局提供战略遵循。粤港澳大湾区战略实施五年来，内地 9 市与港澳间在基础设施连通、产业链深度合作、规则机制软联通、协同科技创新、生态环境保护合作等方面取得了巨大进步，港澳融入国家发展大局的作用和意义愈益突出。

未来，港澳将进一步发挥自身优势，在我国新一轮对外开放中发挥更大作用。

一是港澳融入国家开放战略、融入国家发展大局具有重要意义。首先，港澳融入国家开放战略是港澳自身发展的必然选择。当前，世界经济全球化形势受到单边主义和保护主义冲击，全球经济风险和不确定性大幅上升，而中国始终是世界经济的积极贡献者，2023年，中国经济对世界经济增长的贡献率超过30%，是世界经济增长的最大引擎。港澳只有融入国家发展大局，以祖国作为强大后盾，与内地优势互补、协同发展才能在世界经济持续低迷、摩擦加剧的环境下持续繁荣稳定。其次，港澳融入国家开放战略是国家开放发展的独特优势。"一国两制"是香港、澳门在国家开放格局中的最大优势，改革开放40年过程中，香港、澳门是国家最大的外商投资来源地、"双向开放"的桥头堡、先行先试的试验田、融入国际的借鉴者。截至2018年底，内地累计使用香港、澳门资金1.02万亿美元，在香港上市的内地企业已经占香港上市公司总数的近50%，占市值的70%。目前在我国新一轮对外开放进程中，我国对外开放领域更广、水平更高、"双向开放"特征更明显，香港、澳门不仅可以继续发挥双向投资、试点示范、引领借鉴的作用，还可以发挥拼船出海、融入国家发展大局、助力全面开放的作用。再次，港澳融入国家开放战略为世界开放发展实践提供了发展样本。当前，经济全球化遇到了前所未有的阻力，贸易保护主义和单边主义抬头。在经济全球化何去何从的十字路口上，中国是经济全球化的坚定支持者。习近平总书记在第二届中国国际进口博览会开幕式上的主旨演讲中强调："我们将坚持以开放促改革、促发展、促创新，持续推进更高水平的对外开放。"香港、澳门的进一步参与是我国新一轮开放发展实践的重要内容，党的十九届四中全会将"一国两制"作为我国国家制度和治理体系所具有的13个显著优势之一，是中国特色社会主义的一个伟大创举。港澳只要发挥好"一国两制"的优势，就能够助力我国高水平对外开放取得新进步，为世界开放发展实践提供发展样本。

二是港澳在我国全面对外开放格局中将发挥重要作用。首先，港澳是对接世界的中间者。港澳经过多年发展形成了市场化、专业化、国际化、自由化的发展特点，相较于内地其具有国际联系广泛、专业服务发达等优势，成为国家进一步"双向开放"的桥头堡。同时，港澳是先行先试的试验田，积累经验后再逐步推广，比如在金融领域，近年来推出的"沪港通""深港通""债券通"等都是内地资本市场开放的重要举措。未来，在金融、贸易、投资等领域应更好地发挥港澳桥梁纽带和先行先试的中间者作用。

其次，港澳是国家战略的重要参与者。新时期，我国推动共建"一带一路"、粤港澳大湾区建设，积极参与全球治理，香港、澳门是参与落实国家战略的不可或缺的一部分，也是香港、澳门把握时代要求、拓展发展空间、增添发展动力的客观需要。改革开放40多年的发展进程中，香港、澳门为改革开放发展事业提供了重要力量，全面开放发展进程中香港、澳门也将成为重要参与者。

再次，港澳是协同发展的合作者。经过40多年的改革开放发展历程，香港、澳门由开放发展的引领者转变为优势互补、协同发展的合作者。新的历史方位下，香港、澳门应将自身的市场优势、专业优势、人力资源优势等与内地的发展潜力优势、经济增长优势、产业体系优势、科技创新优势结合起来，优势互补、携手进步，共同推动国家全面开放事业取得巨大进步。

最后，港澳是民族复兴的贡献者。香港、澳门的长期繁荣稳定是我国实现中华民族伟大复兴不可或缺的一部分。保持香港、澳门长期繁荣稳定不仅有利于香港、澳门的长远发展，也有利于更好实现中华民族的伟大复兴。全面开放发展是民族复兴的必经过程和重要组成部分，香港、澳门对我国实现全面开放起到不可替代的作用，充分发挥"一国两制"优势，助力国家全面开放，香港、澳门必将对民族复兴作出巨大贡献。

三是更好地发挥港澳在我国对外开放中的重要作用。首先，要赋予港澳更多使命任务。发挥港澳独特优势，赋予港澳更多试点任务。更大程度上赋予港澳开放任务，在已经在港澳试点开放的贸易、产业、金融等领域进一步拓展加深，加快试点的节奏和步伐。同时，在更多领域赋予港澳开放试点任务，在未放开的领域或具有战略性的领域赋予试点职能。其次，要积极融入国家发展大局。把握国家发展历史机遇期，积极融入共建"一带一路"、粤港澳大湾区建设等国家战略，充分发挥自身优势，推动国家更高水平开放。要积极参与国家治理实践，在营商环境提升、开放水平提高、城市管理能力增强等方面多做贡献、多做工作。同时，要积极促进国际人文交流，传播中华优秀文化。再次，要推动港澳与内地间专业人才流动。充分利用港澳专业人才优势，构建港澳与内地间专业人才流动的机制，形成充分交流、充分合作的局面。要推动促进港澳与内地间专业人才流动的行业组织发展，在各领域、各层次建立促进人才流动的行业组织，为港澳人才来内地发展提供更多便利，如在住房、医疗、子女就学、就业、创业、税收等方面提供更多优惠政策。最后，要支持港澳青年到内地创业就业。青年强则国强，积极发挥港澳青年创新力量。支持各领域吸纳港澳青年到内地就业发展，鼓励国有、民营、混合所有制企业招聘港澳有志青年，支持鼓励港澳青年到内地创新创业，加强内地相关领域青年与港澳青年交流。

三、粤港澳大湾区战略的提出与发展演进

粤港澳大湾区是我国开放程度最高、经济活力最高、创新能力最强的区域之一，涵盖广东省广州市、深圳市、珠海市、佛山市、惠州市、东莞市、中山市、江门市、肇庆市 9 市和香港特别行政区、澳门特别行政区（"9＋2"布局），总面积约 5.6 万平方公里，相当于纽约湾区和旧金山湾区的总和，是东京湾区的 4 倍，人口约 8600 万人，具备"一个国家、两种制度、三个关税区、三种货币"的鲜明特色与独到优势。粤港澳大湾区拥有广阔的发展腹地、人口规模、创新能力和市场空间，在国家发展大局中具有重要战略地位。

回顾粤港澳大湾区的发展历程，最早关于粤港澳大湾区概念的理论探讨，可以追溯到 20 世纪 80 年代吴家玮先生提出的"香港湾区"设想，后来黄枝连教授又提出"伶仃洋—粤港澳发展湾区"设想，而粤港澳大湾区概念的提出，最早可以追溯到 2008 年《珠江三角洲地区改革发展规划纲

要（2008—2020年)》的出台，2008—2014年，"湾区"的设想仅停留在地方发展规划层面。2015年国家发展改革委、外交部、商务部联合发布了《推动共建丝绸之路经济带和21世纪海上丝绸之路的愿景与行动》（以下简称《愿景》)，从此粤港澳大湾区建设被提升至国家战略布局，此后在国家"十三五"规划和政府工作报告中被多次提及。2019年2月，《粤港澳大湾区发展规划纲要》（以下简称《纲要》）发布，粤港澳大湾区发展正式上升为国家战略。此后，《中共中央　国务院关于支持深圳建设中国特色社会主义先行示范区的意见》《横琴粤澳深度合作区建设总体方案》《全面深化前海深港现代服务业合作区改革开放方案》《广州南沙深化面向世界的粤港澳全面合作总体方案》等相继推出，为粤港澳大湾区的进一步发展构建了制度框架。当前，《粤港澳大湾区发展规划纲要》发布实施已经5个年头，5年来，粤港澳三地同心合力，乘风破浪，汇聚起强大的建设合力，在基础设施互联互通、经济高质量发展、产业深度合作、科技协同创新、营商环境提升、生态环境保护等方面都取得了长足进步（见图5-1)。

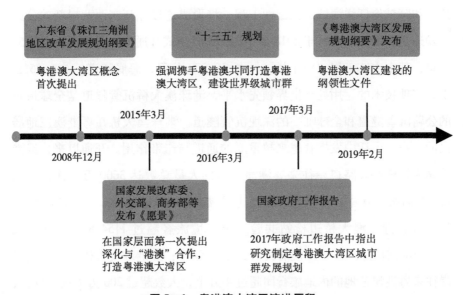

图5-1　粤港澳大湾区演进历程

第二节 粤港澳大湾区发展现状与特征

一、交通基础设施加速互联互通

交通基础设施的互联互通是粤港澳大湾区加速融合和联动发展的基础。经过近年来的快速发展，粤港澳大湾区公路、铁路、航空、港口等交通基础设施水平加快提高，粤港澳大湾区"1小时生活圈"的交通底座正在逐渐强化。

在公路交通基础设施方面，截至2023年底，粤港澳大湾区公路通车里程约6万公里，其中高速公路路网密度达每百平方公里9.7公里，与广西、湖南、江西、福建4个省（区）均有5条及以上高速公路通道连接，建成经粤东西北辐射泛珠地区的高速公路通道。

其中，港珠澳大桥是连接香港、珠海、澳门的超大型跨海通道，是世界最长的跨海大桥，是国家高速公路网规划中珠江三角洲地区环线的组成部分和跨越伶仃洋海域的关键性工程，将形成连接珠江东西两岸新的公路运输通道。港珠澳大桥于2018年10月23日正式开通，港珠澳大桥全长55公里，其中主体工程"海中桥隧"长35.578公里，海底隧道长约6.75公里，多项技术的运用处于世界领先水平，港珠澳大桥沉管隧道是全球最长的公路沉管隧道和全球唯一的深埋沉管隧道。港珠澳大桥在粤港澳三地居民的工作、生活中发挥着越来越重要的通道与纽带作用。开通以来，经港珠澳大桥珠海公路口岸往来粤港澳三地的人员总数达3600万人次，车辆750万辆次。其中，港澳居民出入境总数达1980万人次，占比达55%。2023年，港珠澳大桥边检站共验放出入境旅客超过1154.8万人次，较2019年同期增长6%，港澳居民占比超过60%；经港珠澳大桥珠海公路口岸往来粤港澳三地的内地旅行团超过4万个，人数超过200万人次，现在，港珠澳大桥已经成为全国对港方向最热闹的口岸之一。从通关便利化的提升方面，大桥口岸率先建成并实施全国首创的"合作查验，一次放行"通关查验新模式，旅客"只需排一次队、刷读一次证件、接受一次集中查验"就能完成过关，有效提升通关效率；从便利经贸往来方面，截至2023年10月，五年来，经港珠澳大桥珠海公路口岸进出口货物总值突破7000亿元。目前，珠海公路口岸进出口货物收发地实现对内地31个省、自治区、直辖市的覆盖，市场涉及国家（地区）由2018年的105个增加至239个。①

此外，深中通道作为珠三角"深莞惠"与"珠中江"两大城市群之间唯一公路直连通道，是广东自由贸易试验区（广州南沙、深圳前海和珠海横琴）、粤港澳大湾区之间的交通纽带，对完善国家高速公路网络和珠三角地区综合交通运输体系，推进珠江两岸产业互联互通以及各类要素高效配置，加快推动粤港澳大湾区城市群融合发展具有重要的战略意义。深中通道项目全长约24公里，主要由长6.8公里的特长海底钢壳混凝土沉管隧道、主跨1666米伶仃洋大桥、主跨580米中山大桥、长约13公里非通航孔桥、东西人工岛以及互通立交等关键构造物组成。项目建设的技术难度非常高，是世界综合交通基础设施最复杂的工程之一。深中通道已于2024年6月30日通车运营，深中通道设计时速100公里/小时，通车后由深圳到中山只需30分钟，深（圳）中（山）两地将同步进入"半小时生活交通圈"，促使粤港澳大湾区城市群在人文、物流、经济、文化等领域的快速发展及交通的互联互通。②

在轨道交通基础设施方面，"轨道上的大湾区"更加完善，日渐形成"国铁干线、城际铁路、城市轨道交通"三级网络，铁路运营里程超2700公里，城市轨道运营里程1373公里，居全国前列。同时，积极推进轨道交通"四网融合"试点落地，实现轨道交通设施互联、票制互通、安检互信、信息共享，打造轨道上的城市群都市圈。预计到2025年，粤港澳大湾

---

① 资料来源：http：//jtys. foshan. gov. cn/gkmlpt/content/5/5803/mpost_ 5803939. html#367。

② 资料来源：https：//www. cnbayarea. org. cn/news/special/LargeScaleProjects/Shenzhen-Zhong-shanBridge/zxjz/content/post_ 1250188. html。

区铁路运营及在建里程将超 4200 公里, 2035 年达到 5700 公里。

广深港高铁是中国华南地区连接广州市、东莞市、深圳市和香港特别行政区的高速铁路, 线路呈西北至东南走向; 为中国"八纵八横"高速铁路网京哈—京港澳通道的南端部分, 是京广高速铁路的延伸线, 联络广州铁路枢纽和深圳铁路枢纽。广深港高速铁路广深段于 2005 年 12 月 18 日动工建设, 2011 年 12 月 26 日通车运营; 香港段于 2010 年 1 月 27 日动工建设, 于 2018 年 9 月 23 日通车运营。广深港高铁是我国高速铁路网的重要组成部分, 全长 141 公里, 其中内地段 115 公里, 香港段 26 公里。广深段设计速度为 350 千米/小时, 香港段设计速度为 200 千米/小时, 广深段运营速度 300 千米/小时。广深港高铁全线贯通后, 可直达内地 44 个站点, 包括北京、上海、石家庄、郑州、武汉、长沙、杭州、南昌、福州、厦门、汕头、贵阳、桂林、昆明等城市。从香港西九龙站出发, 至深圳福田站最短运行时间为 14 分钟, 至广州南站最短运行时间为 47 分钟, 至北京西站最短运行时间为 8 小时 56 分钟。2024 年上半年, 广深港高铁累计发送跨境旅客 758.7 万人次, 同比增长 72.4%。

在港口和航空发展方面, 粤港澳大湾区世界级港口群、机场群正在加速建成。2023 年, 粤港澳大湾区有 6 个港口全年货物吞吐量超 1 亿吨, 预计 2025 年整个湾区港口货物年综合通过能力将达到 21 亿吨。以广州港、深圳港为核心的国际航运网络不断完善, 共开通国际集装箱班轮航线约 450 条, 通达全球 100 多个国家及地区的 300 多个港口。当前, 大湾区已建成广州白云、深圳宝安、珠海金湾、惠州平潭、佛山沙堤和香港机场、澳门机场共 7 个机场, 广州白云机场旅客吞吐量连续四年蝉联全国第一。粤港澳大湾区机场群旅客年吞吐能力超过 2.8 亿人次, 港口群集装箱年通过能力超 8500 万标箱。航线网络覆盖了全球主要城市和世界主要贸易港口 (见表 5 - 1)。

表 5 - 1 粤港澳大湾区交通基础设施发展概况

发展指标	发展水平
公路通车里程	约 6 万公里
高速公路路网密度	9.7 公里/百平方公里
铁路运营里程	≥2700 公里
城市轨道运营里程	1373 公里
开通国际集装箱班轮航线	450 条
货物吞吐量过亿吨港口数量	6 个
港口群集装箱年通过能力	≥8500 万标箱
拥有机场数量	7 个
机场群旅客年吞吐能力	2.8 亿人次

注：表中统计了截至 2023 年的数据，根据广东省交通运输厅数据整理所得。

二、经济高质量发展扎实推进

粤港澳大湾区经历了五年的飞速发展，经济综合实力和水平得到了大幅提升。粤港澳大湾区经济总量从 2018 年的 10.8 万亿元增长到 2023 年突破 14 万亿元，大湾区以不到全国 0.6% 的国土面积创造了全国 1/9 的经济总量。

从对外贸易发展来看，五年间粤港澳大湾区内地 9 市对外贸易总额突破 35 万亿元，2019—2023 年粤港澳大湾区内地 9 市进出口额达到 37.3 万亿元，其中出口 23.4 万亿元，进口 14.0 万亿元，2023 年粤港澳大湾区内地 9 市进出口额达到 7.95 万亿元，其中出口额 5.23 万亿元，增长 5.23%，进口额 2.71 万亿元，下降 4.3%。分开来看，广东是传统外贸大省，广东省的外贸依存度达到 64%，其中深圳达到 113%，东莞外贸依存度达到 124%，外贸外资在广东的发展中具有重要的地位。2023 年广东的外贸进出口额达到 8.3 万亿元，占全国外贸进出口额的 20%，其中跨境电商进出口额达 8433 亿元，增长了 25.2%，占全国 40% 左右。从地域来看，深圳市在粤港澳大湾区 9 市中对外贸易占有一定的比重，5 年间每年的对外贸易额占比均接近 50%，5 年总体占比为 46% 左右。从品类看，主要出口商

品为机电产品和劳动密集型产品，电动载人汽车、锂电池、太阳能电池等
"新三样"产品出口快速增加，其中出口锂电池 3444.8 亿元，出口电动载
人汽车 416.8 亿元，出口太阳能电池 185.5 亿元，成为推动粤港澳大湾区
对外贸易高质量发展的重要特点。① 此外，广东自贸试验区高水平对外开
放门户枢纽作用凸显，成为我国对接国际高标准、推进制度型开放的试点
区域。广东自贸试验区积极参与共建"一带一路"，2023 年中欧班列开行
数量增长 31.2%。2023 年时值广东自贸试验区成立第九个年头，九年间广
东自贸试验区外贸进出口由 2015 年的 1047 亿元增长到 2023 年的 5800 亿
元，年均增速 24%。带动横琴、前海、南沙三大平台的国内生产总值由
2015 年的 2244 亿元增长到 2023 年的 5260 亿元，增长超 1 倍。②

从产业发展来看，粤港澳大湾区立足实体经济高质量发展，在贯彻新
发展理念的过程中，充分发挥三地优势，牢牢夯实制造业发展基础，着力
推动产业结构转型升级和产业集群发展，大力推动现代服务业提升水平，
着力构建实体经济与虚拟经济融合发展、实体经济与数字技术深度融合的
现代化产业体系。2023 年，广东地区生产总值达到 13.57 万亿元、增长
4.8%，是全国首个突破 13 万亿元的省份，总量连续 35 年居全国首位，广
州经济总量突破 3 万亿元，社会消费品零售总额达 4.7 万亿元、增长
5.8%，深圳成为广东第二个万亿元消费城市；进出口顶住压力、逆势实
现正增长。规模以上工业增加值突破 4 万亿元，增长 4.4%，工业投资连
续 36 个月保持两位数增长，佛山成为广东第二个规模以上工业总产值突破
3 万亿元的城市。2023 年广东省经营主体突破 1800 万户，全年净增 172.8
万户，其中个体工商户突破 1000 万户，企业达 780 万户，占全国企业数的
1/7，呈现出韧性强、活力足的良好势头。③ 香港、澳门充分发挥自身优

---

① 资料来源：https：//news. southcn. com/node_ 5b58d24fa2/d6d40e6b38. shtml。

② 资料来源：https：//www. cnbayarea. org. cn/news/special/numbers/content/post_ 1254433. html。

③ 资料来源：http：//www. gd. gov. cn/gkmlpt/content/4/4341/post_ 4341257. html#45。

势，突出自身在粤港澳大湾区发展中的功能和定位，在国际金融、法律服务、国际贸易、科技创新、文化交流等方面积极融入粤港澳大湾区产业体系中，在服务国家发展大局的过程中推动自身更好发展。

三、科技创新发展突飞猛进

粤港澳大湾区国家技术创新中心"1＋9＋N"体系布局加快建设，2023 年在生物、纳米领域获批建设 2 家国家产业创新中心，广州、深圳入选成为首批国家知识产权保护示范区建设城市，据初步统计，广东企业享受研发费用税前加计扣除金额超 6800 亿元，技术合同认定登记金额超4400 亿元，约占全国的 10%。粤港澳大湾区综合性国家科学中心、高水平人才高地等建设全面推进，鹏城、广州实验室等"国之重器"相继布局。目前已经拥有 7.5 万家国家级高新技术企业，涌现出华为、腾讯、比亚迪、美的、格力等一批科技领军企业。广东全省发明专利有效量居全国首位，区域创新能力连续 7 年居全国第一，在世界知识产权组织发布的《2023 年全球创新指数》创新指数中，"深圳—香港—广州"科技集群已连续 4 年在前 100 创新集群中蝉联全球第二位，深圳 2023 年国家级高新技术企业数量新增 1000 家以上，达到了 2.4 万家。此外，粤港澳大湾区独角兽企业发展迅猛，2021 年，大湾区拥有超 50 家"独角兽"企业、1000 多个产业孵化与加速器和逾 1.5 万家投资机构，内地 9 城市高新技术企业总数达 5.7万家。在胡润研究院发布的《2023 全球独角兽榜》中，共有 63 家独角兽企业登榜，2017—2021 年粤港澳大湾区发明专利公开总量 176.90 万件，复合增长率 21.74%，位列四大湾区首位。①

四、营商环境显著优化

粤港澳大湾区国际化、市场化、法治化营商环境持续优化，成为吸引

---

① 根据相关资料整理所得，资料来源：https：//www.thepaper.cn/newsDetail_forward_27732183。

全球投资、企业发展的重要目的地。一方面，广东省营商环境改革取得显著效果。大湾区国际一流营商环境建设三年行动全面启动，根据全国工商联万家民营企业评营商环境报告，广东连续 4 年荣获营商环境最佳口碑省份荣誉。省级政府一体化政务服务能力连续五年全国领先，目前为止，全省的经营主体数量超过 1800 万户，其中企业 780 万户，占全国经营主体数量的 1/7。全省"一网通办""一件事一次办"，全省政务服务事项网上办理率已经达到 94.07%，"零跑动"率为 92.63%。① 另一方面，全面加强规则机制"软联通"，启动"数字湾区"建设，发布 110 项"湾区标准"，108 项高频政务服务事项实现粤港跨境通办，"港车北上"、"澳车北上"、"经珠港飞"、人才签注、利率"互换通"等落地实施，港澳律师大湾区内地执业试点期限获批延长三年，三地居民在大湾区工作生活更加便利。大力推进深圳先行示范区建设，综合改革试点 22 条创新举措和典型经验获全国推广。横琴粤澳深度合作区发展促进条例、南沙深化面向世界的粤港澳全面合作条例陆续出台，实施"横琴金融 30 条""前海金融 30 条"，将 266 项省级行政职权调整由几大平台实施。横琴放宽市场准入特别措施、鼓励类产业目录等顺利落地，产业项目加快导入，中医药省实验室正式揭牌，"分线管理"配套财税政策和海关监管办法出台实施，"二线"通道建成并通过验收，允许符合条件的澳门居民携带动植物产品进入合作区。前海累计引进全球头部服务商 152 家，港澳专业人士备案执业范围增至 22 类，全国首家"双牌照"境外银行正式落地。河套香港科学园深圳分园顺利开园，首批 16 家香港科创机构、企业及服务平台入驻。②

五、生态环境质量持续改善

粤港澳大湾区战略实施以来，大湾区生态环境质量得到持续改善，生态环境部等国家主管部门深入贯彻"绿水青山就是金山银山"的发展理

---

① 资料来源：http：//www.scio.gov.cn/live/2024/33604/tw/。
② 资料来源：http：//www.gd.gov.cn/gkmlpt/content/4/4341/post_ 4341257.html#45。

念，积极推进粤港澳三地建立完善的生态环境保护合作机制，大力推动生态环境同保共享，区域生态文明建设得到了空前发展。2021年，珠三角九市、香港、澳门等11个城市PM2.5年均浓度全部达到世界卫生组织第二阶段过渡标准，与2017年相比空气质量大幅提升。珠三角九市空气质量优良天数整体增长，其中深圳、珠海、肇庆、惠州2021年优良天数比例分别达到96.2%、95.1%、93.7%、94.5%。2021年，珠三角近岸海域海水水质年均优良面积比例为78.7%，较2018年上升15.2个百分点。① 广东省方面，广东紧盯源头打好蓝天、碧水、净土保卫战，PM2.5平均浓度为21微克/立方米，空气质量优良天数比率达94.8%，劣V类断面全面消除，新建城镇污水管网超8000公里，新增生活垃圾日处理能力4100吨，在国家污染防治攻坚成效考核中连续3年获优秀等次。广州、深圳和肇庆高新区成为国家首批碳达峰试点，全省碳排放配额累计成交额稳居全国区域碳市场首位，绿色贷款余额超过3万亿元、两年翻了一番。广东省严格落实"三区三线"，深入实施河湖长制、林长制，推进绿美广东生态建设"六大行动"，突出林分优化、林相改善，超额完成林分优化提升、森林抚育提升"两个200万亩"任务，新建成森林乡村104个、碧道1064公里，累计开放城市绿地5.4万亩，"城在林中、林在城中"的优美环境加快形成。广东省积极创建南岭国家公园、丹霞山国家公园，推进华南国家植物园和4个万亩级红树林示范区的建设，国际红树林中心正式落户深圳。广东国土空间规划获国务院批复，这是广东省首部"多规合一"的规划，处置批而未供土地近40万亩、闲置土地4.43万亩，节约集约用地水平位居全国前列。传统产业绿色转型步伐加快，国内首套百万吨级氢基竖炉项目在湛江宝钢点火投产，同等规模铁水产量每年可使二氧化碳排放减少50万吨以上，标志着钢铁行业绿色低碳发展取得新突破。广东省陆丰核电6号机组和肇庆浪江、惠州中洞抽水蓄能项目开工建设，惠州太平岭核电二期

---

① 资料来源：https://www.cnbayarea.org.cn/news/focus/content/post_1029720.html。

获批核准，全省清洁能源装机占比达 62.6%。南粤大地天更蓝、地更绿、水更清。此外，广东将以横琴、前海、南沙等重大合作平台为载体，率先探索试行与国际接轨的生态环境管理体系、标准体系和合作模式，开展碳标签互认机制研究与应用，探索建立区域内部产品碳足迹与低碳产品认证制度，推动三大平台深度参与全球环境治理和交流合作，强化绿色金融、绿色贸易、绿色能源等领域国际合作，实现高水平互利共赢。①

① 资料来源：http：//www. gd. gov. cn/gkmlpt/content/4/4341/post_ 4341257. html#45。

第六章 粤港澳大湾区经济与数字经济发展

第一节 粤港澳大湾区经济发展概述

粤港澳大湾区因乘改革之先风，一直处于我国经济发展的前列，因其"一个国家、两种制度、三个关税区、三种货币"的独到优势，在世界湾区经济发展中也具有较强的竞争力。

一、经济规模不断扩大，发展质量更优

粤港澳大湾区经济总量从 2018 年 10.8 万亿元增长到 2023 年突破 14 万亿元，2023 年粤港澳大湾区经济增速达到 6.4%，高于广东省同期 4.8% 的增速，大湾区以不到全国 0.6% 的国土面积创造了全国 1/9 的经济总量。

分开来看，广东近年来经济发展虽然受到外需不足、疫情冲击等影响，但是依然实现了较高的经济增长速度。2018 年广东地区生产总值为 9.7 万亿元，比上年增长 6.8%，2023 年广东地区生产总值为 13.6 万亿元，比上年增长 4.8%，2018—2023 年广东地区生产总值增加了 3.9 万亿元，扩大了 40%，其中，珠三角地区生产总值占全省比重从 80.2% 提高到了 81.24%，珠三角地区在广东全省经济发展中的比重持续超过 80% 并稳步提升。2018 年以来，广东人均 GDP 实现稳步增长，劳动生产率水平日益提高。2018—2023 年广东人均 GDP 从 8.55 万元/人提高到 10.70 万元/

人，提高了 25.1%，居民人均可支配收入从 3.58 万元提高到 4.93 万元，提升了 37%，经济发展的成效更多由人民共享。经济发展的同时，生态环境持续改善，21 个地级以上城市二氧化硫、细颗粒物浓度分别从 10 微克/立方米、31 微克/立方米下降到 7 微克/立方米、21 微克/立方米，绿水青山就是金山银山的发展理念得到深入贯彻，经济发展的"含金量"更高，"含绿度"更浓。香港特别行政区方面，同样因世界政治经济格局变化、经济全球化受到冲击以及新冠疫情的影响，香港经济经受巨大压力和挑战，但是香港因背靠祖国的巨大优势，经济发展依然韧劲十足。2018—2023 年香港地区生产总值从 3617 亿美元增加到 3835 亿美元，年均增速从 2.8% 提高到 3.2%，人均 GDP 从 4.8 万美元增长到 5.1 万美元。随着香港步入由治及兴新阶段和香港特区政府全力拼经济、谋发展、惠民生、添幸福，香港经济在建设粤港澳大湾区以及融入国家发展大局的过程中将会实现经济更大增长。澳门特别行政区方面，因受到疫情对博彩业的持续冲击和影响，2018—2023 年澳门地区生产总值从 551.9 亿美元下降到 470.6 亿美元，人均 GDP 从 8.5 万美元下滑到 6.9 万美元，加速产业转型升级和积极融入大湾区发展，是澳门经济持续发展的重要动能（见表 6-1）。

表 6-1　2018—2023 年粤港澳大湾区经济发展情况

地区	指标	年份	
		2018 年	2023 年
广东	GDP	9.7 万亿元	13.6 万亿元
	人均 GDP	8.55 万元	10.70 万元
香港	GDP	3617 亿美元	3835 亿美元
	人均 GDP	4.8 万美元	5.1 万美元
澳门	GDP	551.9 亿美元	470.6 亿美元
	人均 GDP	8.5 万美元	6.9 万美元

二、产业结构更合理，制造业实力持续增强

粤港澳大湾区产业规模庞大，产业链供应链体系健全，产业集群式发

展优势突出，现代化产业体系建设不断完善。在多年的发展中，粤港澳大湾区形成了现代制造业、现代服务业、未来新兴产业等多元化的发展格局，地区间产业协同发展优势明显，土地、资本、劳动力、技术等生产要素配置齐全，数字技术与实体经济的深度融合成效显著。珠三角9市在粤港澳大湾区实体经济和制造业发展中占有相当比重，是粤港澳大湾区实体经济发展和制造业结构优化的主战场。广东坚持以实体经济为本、制造业当家，产业结构不断调整升级。2018年，广东第一产业增加值为3831.44亿元，对地区生产总值增长的贡献率为2.5%，第二产业增加值为40695.15亿元，对地区生产总值增长的贡献率为38.6%，第三产业增加值为52751.18亿元，对地区生产总值增长的贡献率为58.9%。三次产业结构比重为4.0∶41.8∶54.2。随着广东着力构建现代化产业体系的成效日益显现，一二三产业协同发展格局更加凸显，产业发展的质效更优。2023年，广东第一产业增加值为5540.70亿元，对地区生产总值增长的贡献率为4.4%，第二产业增加值为54437.26亿元，对地区生产总值增长的贡献率为40.0%，第三产业增加值为75695.21亿元，对地区生产总值增长的贡献率为55.6%。三次产业结构比重为4.1∶40.1∶55.8。此外，制造业基础更加牢固，新产业新业态新模式较快成长。2018年高技术制造业增加值占规模以上工业增加值比重为31.5%，先进制造业增加值占规模以上工业增加值比重为56.4%，装备制造业占规模以上工业增加值的比重为45.7%，高技术制造业投资占固定资产投资的比重为5.7%。经过多年对新技术新业态新模式的推动和支持，广东制造业结构稳定改善。2023年高技术制造业增加值占规模以上工业增加值比重为29.4%，装备制造业增加值占规模以上工业增加值比重为45.0%，高技术制造业投资占规定资产投资比重为9.2%。

三、对外开放活力更足，国际竞争力持续增强

广东是我国的对外贸易大省，对外贸易规模、对外贸易结构和经济的

外贸依存度都处于全国领先水平。近年来，广东加大对外贸发展的创新力度，积极推动数字贸易、服务外包、文化贸易等新业态新模式发展，在扩大规模、提升质量、创新发展方面取得扎实成效。一方面，服务贸易总量稳步扩大。2022年，广东服务贸易总额1585亿美元，增长8.3%，占全国总额的17.8%；服务外包执行额322.4亿美元，占全国12.8%。各项指标居全国第二。另一方面，对外开放的创新水平不断提高。广东省依托中国（广东）自由贸易试验区平台开展多元化、深层次试验改革，以"对港澳开放"和"全面合作"为方向，在投资准入政策、货物贸易便利化措施、扩大服务业开放等方面先行先试，率先实现区内货物和服务贸易自由化。截至2024年上半年，围绕投资、贸易、金融、粤港澳合作等方面开展制度创新近700项，外贸进出口由2015年1047亿元增长到2023年5800亿元，高水平开放和高质量发展取得显著成效。同时，广东省大力推动广州、深圳全面深化服务贸易创新发展试点，高标准建设3个中国服务外包示范城市、8个国家特色服务出口基地，在扩大服务业开放、完善服务贸易政策体系、支持科技创新、发展特色金融、推进服务业与制造业融合发展等方面形成了一批改革创新成果，为创新服务贸易发展模式提供了有力支撑。广东省国际竞争力持续增强，2023年上半年，以电信、计算机和信息服务、知识产权使用费为代表的数字贸易达到457亿美元，相比去年同期增长10.89%，数字贸易占全国23%。服务外包年度离岸执行额超千万美元的企业达280多家，500多家企业获得国际资质认证2531个，11家企业入选中国互联网企业百强名单，34家企业入选2022年中国数字服务暨服务外包领军企业名单，51家企业入选国家文化出口重点企业名单，数字出版、动漫游戏产值居全国第一，金融服务进出口额占全国六分之一。①

---

① 资料来源：http：//www. scio. gov. cn/xwfb/dfxwfb/gssfbh/gd_ 13844/202311/t20231129_ 819984_ m. html。

四、科技创新实力雄厚，科技成果转化成效斐然

粤港澳大湾区科技创新要素集聚，拥有众多的科技创新企业、科研机构、高等学校、科技创新人才和科技金融资本，近年来广东以粤港澳大湾区国际科技创新中心建设为牵引，加快构建"基础研究＋技术攻关＋成果转化＋科技金融＋人才支撑"的创新发展链，经过多年的发展，广东科技创新实力日益突出，科技创新转化成果日渐丰富。2018年广东拥有规模以上工业企业研发机构2.1万个，国家工程实验室15家，国家工程（技术）研究中心23家，国家地方联合创新平台71家，县级以上国有研究与开发机构、科技情报和文献机构292个，科学研究与试验发展（R&D）人员达58万人年（折合全时当量），统计科技成果2461项，专利申请数量达到79.38万件，其中专利授权总量47.81万件，居全国首位。此外，广东高级技术企业超过4万家，高技术产品产值达7.4万亿元。截至2023年，广东高新技术企业超7.5万家，拥有全国重点实验室31家，国家工程技术研究中心23家，国家制造业创新中心5家，拥有国家认定企业技术中心138家。截至2023年底，广东发明专利有效量66.56万件，居全国首位。2023年，广东专利授权总量达70.37万件，居全国首位，PCT国际专利申请量2.377万件，居全国首位。经各级科技行政部门登记技术合同49604项，技术合同金额达4438.13亿元。

第二节 粤港澳大湾区数字经济发展现状与特征

一、数字经济发展基础雄厚

粤港澳大湾区是我国数字经济发展最早、规模最大、系统性最强的区域，珠三角9市在我国工业化和信息化融合发展的过程中就处于全国领先地位，特别是在互联网经济时代，珠三角9市抓住了经济发展趋势，培育了如腾讯、唯品会、顺丰等多个互联网经济、电子商务、物流巨头企业。

经过多年的发展，珠三角9市的数字经济起步最早、基础良好，发展规模在全国处于领先地位。香港是国际金融中心、贸易中心和航运中心，在互联网经济时代吸引了众多互联网企业在香港股票市场上市，并且在基础科技创新中具有显著优势。澳门一直致力于经济多元化发展，在智慧城市、集成电路等方面都持续投入并推动创新发展。粤港澳大湾区数字经济发展整体呈现"广东领先中国、香港联接世界、澳门多元发展"的格局。

广东方面，广东省数字经济规模连续6年领跑全国。信息通信产业名列前茅，2023年广东省电信业务总量为2028.2亿元，同比增长13.4%，占全国11.1%；电子信息制造业、软件和信息服务业规模多年位居全国第一，2022年广东电子信息制造业销售产值达到4.4万亿元，规模连续32年居全国第一[①]，华为、中兴生产的通信设备占全国75%以上的市场份额[②]。信息基础设施较为完备，2022年光缆线路长度为375万公里，光纤累计接入用户数达4330.3户，位居全国第一[③]。全省4G移动通信基站累计达54.3万座，5G基站23.2万个，约占全国1/10。广东省拥有广州、深圳两大国家级超算中心，以及国家三大互联网国际出口之一和四大海底光缆登陆站之一的汕头国际海缆登陆站，带宽约占全国的60%。同时，拥有一大批实力强劲的数字经济骨干企业。其中，华为、TCL、中兴通讯、比亚迪等企业入选2023年中国电子信息百强名单，大疆科技是全球消费级无人机领域的领军企业（见表6-2）。

表6-2　广东省数字经济发展主要指标及全国排名

序号	指标	总量	占全国比重	全国排名
1	数字经济规模（万亿元）	6.4	12.8%	第一
2	电子信息制造业销售产值（万亿）	4.4	28.6%	第一

---

① 数据来源：https：//baijiahao. baidu. com/s？id = 1774451144620181147&wfr = spider&for = pc。

② 广东省工信厅《广东省5G基站和数据中心总体布局规划（2021—2025年）》。

③ 广东省工信厅：http：//gdii. gd. gov. cn/jjyx3226/content/post_ 4089551. html。

续表

序号	指标	总量	占全国比重	全国排名
3	光纤累计接入户数（万户）	4330.3	9.0%	第一
4	4G 基站个数（万座）	54.3	9.0%	第一
5	5G 基站个数（万座）	23.2	10.0%	第一
6	物联网终端用户数（亿户）	3.35	18.2%	第一

数据来源：根据广东省工信厅、广东省统计局、国家统计局等数据整理所得。

从香港看，根据国际管理发展学院发布的《世界数码竞争力排名》，香港在科技方面的表现 2022 年位于世界第二，香港拥有五所全球一百强的大学，分别是香港大学、香港科技大学、香港中文大学、香港城市大学、香港理工大学，是全球高水平大学聚集程度最高的城市。香港在计算机科学、电机及电子工程、人工智能、生物技术等基础研究方面具有国际领先优势，其中计算机科学、电机及电子工程国际排名分别为第 14 位和第 23 位[①]（见表 6-3）。此外，国家"十四五"发展规划纲要中明确提出支持香港建设国际创新科技中心，并将深港河套科技创新合作区建设纳入粤港澳大湾区四个重大合作发展平台之一，香港特区政府也在积极推动位于落马洲河套地区的港深创新及科技园（港深创科园）建设，预计每年对香港经济贡献约 520 亿港元，创造约 52000 个本地职位。同时，2022 年香港家中有接驳互联网的住户比例为 96.1%，使用电脑及互联网的工商机构的比例分别是 88.7% 和 98.3%[②]。截至 2024 年 2 月，香港约有 15273 个地点设有超过 85847 个 Wi-Fi 热点，每平方公里就有 85 个免费 Wi-Fi 热点，2023 年光纤到户/到楼的住宅单位覆盖率达 91.8%，住户宽频渗透率达 98.2%[③]。

---

① 香港创新及科技局刊物《创新香港》：https：//www.itb.gov.hk/zh-hk/publications/。
② 香港政府统计处：https：//www.censtatd.gov.hk/sc/scode590.html。
③ 香港通讯事务管理办公室：https：//www.ofca.gov.hk/sc/news_ info/data_ statistics/key_ stat/index.html。

表6-3　香港数字经济发展主要指标

指标	全球排名/数量
全球科技基础建设排名	2
全球数码竞争力排名	5
全球大学Top100数量（所）	5
全球计算机科学研究排名	14
全球电机与电子工程研究排名	23

资料来源：香港创新及科技局刊物《创新香港》。

澳门以建设世界旅游休闲中心为目标，着力推动经济适度多元发展。2022年主要非博彩行业的收益合共为2998.9亿澳门元，金融业、会展产业、文化产业及中医药产业等四大新兴产业增加值合计368.6亿澳门元，与2019年比较合共上升了0.9%[①]。澳门科技实力不容小觑，拥有智慧城市物联网、仿真与混合信号超大规模集成电路、中药质量研究、月球与行星科学等4个国家重点实验室（见表6-4）。其中智慧城市物联网国家重点实验室主要开展物联网共性基础技术、智慧能源物联网、智能交通、城市公共安全监控等研究。近年来，澳门着力推进智慧城市建设，智慧出行、智慧购物、智慧医疗、智慧政务等方面均取得了卓越成就，完全可实现"一部手机游濠江"。携手珠海，推动横琴粤澳深度合作区建设是澳门促进经济适度多元发展的"新平台"，立足横琴粤澳深度合作区，粤澳两地将大力发展高新科技、特色金融、医疗健康、文旅会展、跨境商贸、专业服务等六大产业，为澳门数字产业化和产业数字化提供新空间，为澳门经济适度多元发展提供新机遇。

---

　　① 《澳门多元适度发展统计指标体系分析报告》：https：//www.dsec.gov.mo/zh-MO/Home/Publication/SIED。

表6-4　澳门4个国家重点实验室主要研究领域

类别	主要研究领域
智慧城市物联网	开展基础性和共性的理论、算法和系统研究，开发智能城市示范应用，主要针对智能传感与网络通信、城市大数据与智能技术、智能能源、智慧交通、城市公共安全与灾害防治五大方向开展研究
仿真与混合信号超大规模集成电路国家重点实验室	主要开展各种电子系统的尖端研究，聚焦模数转换器和低功耗射频芯片两个主要研究方向，同时积极发展电源管理和微流控芯片研究
中药质量研究	致力于中药质量评价的关键科学和技术问题，建设完整的中药质量研发平台，凝聚建设多学科交叉的学术团队，开展系统的转化型研究，为中药创新研发建立科学质量标准，发挥国际辐射交流作用
月球与行星科学	主要涉及行星物理学、行星地质学和行星化学等学科，研究方向包括行星内部结构、行星内部动力学、行星表面物理、行星地形地貌、行星磁场与重力场物理、行星陨石化学和行星形成与演化

资料来源：澳门大学、澳门科技大学官网。

二、数字经济发展平台体系完善

粤港澳大湾区数字经济发展具有日渐丰富的平台依托，为数字经济快速发展提供坚实支撑。粤港澳大湾区数字经济发展具有自身独特的优势，广东在多年对外开放和经济发展中奠定了坚实的实体经济发展和科技创新基础，构建了涵盖制造业、商贸服务业、金融服务业等多领域的平台，并形成了多层次的产业发展集群，同时，数字领域相关人才队伍也逐步培养壮大，吸引了全球顶尖人才在此集聚发展。香港是国际金融中心，同时也是国际高等教育和基础科学研发高地，众多数字技术企业在港交所上市融资，众多数字技术原始创新企业在香港培育壮大。澳门是现代服务业十分发达的城市，在《粤港澳大湾区发展规划纲要》中进一步明确了澳门"一中心、一平台、一基地"定位，即建设世界旅游休闲中心、中国与葡语国家商贸合作服务平台，打造以中华文化为主流、多元文化共存的交流合作基地，在推动粤港澳大湾区建设、融入国家发展战略中更好推动数字经济发展。此外，随着《粤港澳大湾区发展规划纲要》的深入推进，横琴、前海、南沙、河套作为粤港澳全面合作平台的作用更加凸显，如在前海开展

"数据海关"试点，积极探索深港跨境数据合作模式。下一步，将充分利用这些平台，加强跨境数据流通服务与分类管理。此外，广东数据要素市场发展平台也积极构建，目前在深圳落地了国内首个数据要素全生态产业园和汇聚数据交易合规师资源的"数据产业园公共法律服务中心"。深圳数据交易所携手珠海市香洲区创新推动全国首个跨区域"政所直连"公共数据产品于场内正式完成交易，并设立跨境数据专区，批量上市跨境数据产品服务，发布"首个公益性数据跨境安全咨询服务"，为企业提供一站式数据跨境服务，为粤港澳大湾区数据确权、流通交易、安全治理等方面发展提供有力支撑。

三、数字经济发展政策支持有力

数字经济发展是粤港澳大湾区发展的重要方面，也是粤港澳大湾区构建世界级湾区、推动经济持续创新发展的有力举措。在此背景下，粤港澳大湾区积极推动数字经济发展相关政策法规落地见效，积极推动多项措施保障数字经济稳步有序发展。2021年8月《广东省数字经济促进条例》（以下简称《条例》）出台，并于同年9月正式实施，这是国家"十四五"规划纲要和国家统计局明确数字经济统计分类之后，国内出台的首个数字经济地方性法规。《条例》立足广东实际，聚焦"数字产业化、产业数字化"两大核心，突出制造业数字化转型，做好数据资源开发利用保护和技术创新，加强粤港澳大湾区数字经济规则衔接、机制对接。《条例》将进一步推动广东数字技术与实体经济深度融合，打造具有国际竞争力的数字产业集群，全面建设数字经济强省。2022年7月，《广东省数字经济发展指引1.0》发布，为进一步落实《条例》工作，为构建推动数字经济发展的总体框架、提供各地市数字经济发展路径、明确各地各部门分工职责提供施工图。2023年11月，广东省印发《"数字湾区"建设三年行动方案》，着力将"数字湾区"建设作为数字广东战略的先手棋和粤港澳大湾区数字化发展的主战场，为加快带动粤港澳大湾区全面数字化发展，推进粤港澳三地数字化规则衔接与机制对接，推动高效联通的数字化新型基础设施网络建设提供基本遵循。充分依托横琴粤澳深度合作区、前海深港现代服务业合作区、南沙粤港澳全面合作示范区、河套深港科技创新合作区等合作平台先行先试，以数字化促进粤港澳三地经济发展、公共服务与社会治理深度融合。

第三篇

粤港澳大湾区数字商务：基础、路径与机制

第七章　粤港澳大湾区数字商务发展现状

粤港澳大湾区开展数字商务具有重要示范意义。数字商务发展需要较好数字基础设施条件、扎实的商务领域发展基础、便利的要素国际化流动环境和较高的技术创新能力，我国改革开放四十多年，总体经济实力、基础设施建设、开放水平和科技创新能力显著增强，为数字商务发展奠定了基础、创造了环境。从全国层面来看，发展较好的地区主要集中在京津冀、长三角、粤港澳大湾区等特大型城市群中，尤其是粤港澳大湾区涵盖了"9＋2"个城市、三个关税区、三种法域，是我国创新活力最足、开放程度最高、数字经济基础最强的地区之一。2022年广东省数字经济增加值达到6.4万亿元，占全国数字经济增加值比重达12.8%，总量连续6年居全国首位。根据中国国际电子商务中心发布的《中国商务领域数字化发展指数报告（2022）》显示，广东数字商务发展处于全国领跑梯队，港澳两地在基础科学研究、国际化营商环境和全球创新资本汇聚等方面具有独特优势，粤港澳大湾区具备数字商务发展先行先试条件，具有广阔的代表性，对全国数字商务发展具有很好的示范意义。

第一节　粤港澳大湾区数字商务发展概述

粤港澳大湾区数字经济走在中国前列，为数字商务发展提供良好的基础，创造巨大的市场需求，促使其数字商务发展成为全国最活跃的地区之一。粤港澳大湾区建设是国家重大区域战略，特别是在推动新质生产力发展、构建新发展格局背景下，粤港澳大湾区优势突出、特色鲜明、基础扎实，系统梳理并全面总结粤港澳大湾区数字商务发展的现状、问题与对策，对于全国数字商务高质量发展具有重要示范意义。

一、数字商务发展基础雄厚

粤港澳大湾区是中国商务发展历史最为悠久、商贸活动最为活跃、对外开放程度最高、数字经济率先创新发展的区域之一。粤港澳大湾区核心城市之一的广州自古就是经贸往来的重镇，素有"千年商都"的美誉，国际贸易频繁，商贸发展业态健全。香港是享誉中外的国际贸易中心、金融中心和航运中心，也是中外文化碰撞融合汇聚的城市，素有"东方明珠"之称，商贸业繁荣，服务业发达。深圳是改革开放的第一埠，是中国对外开放的窗口，国际贸易繁荣，同时也是科技创新的重镇，涌现了华为、中兴等众多科技创新巨头。粤港澳大湾区的其他城市在国际贸易蓬勃发展、中国改革开放阔步推进的过程中也得到了充分发展。以广州、深圳、香港、珠海等为代表的粤港澳大湾区在互联网经济高速发展的历史时期，率先推动了电子商务、智慧物流、移动支付、网络生活服务业等快速发展，为数字商务的发展奠定了坚实的基础。例如，以唯品会为代表的电子商务产业蓬勃发展，推动了商业模式的新变革，成为电商 B2C 产业中具有重要影响力的企业。又如，以顺丰速运为代表的智慧物流企业在获得高速成长的同时，积极推动无人机配送、智慧仓库等现代物流业的发展，成为在全球具有影响力的新一代物流集团。再如，腾讯在拥有海量用户的基础上，以微信为载体提供微信支付服务，成为消费者支付的重要方式之一。当前，粤港澳大湾区数字商务发展方兴未艾，众多数字技术、应用场景、商业模式加速应用和创新，具备较强的引领全国乃至全球数字商务创新、变革、发展的产业基础。

二、数字商务业态创新全面推进

粤港澳大湾区数字商务创新活跃、亮点纷呈，涵盖粤港澳三地的珠三角地区自古就有商业、贸易创新发展的传统，在内贸、外贸、吸引外资等方面都具备较强的创新力和竞争力。在国内贸易方面，自2004年我国商业全面对外资开放以来，内贸领域各业态一直处于创新、改革、发展的最前沿，随着中国互联网从"网民"时代步入"网商"时代，以电子商务为代表的线上渠道也改变了内贸产业的格局，广东的电子商务一直走在全国前列，网络零售额从2015年的0.89万亿元增长到2023年的4.6万亿元，年均增速达到26.0%[①]，多年处于全国第一，涌现出唯品会、广州致景（百布）等B2C、B2B电商企业。在内贸领域数字化转型规模扩大、效率提高、创新增加的同时，也存在互联网企业主导内贸业态转型、零售企业转型快于批发企业转型、渠道转换多于数字化重构等现象，比如，唯品会的创立不是基于传统的零售企业的线上化，而是基于"名牌折扣＋限时抢购＋正品保险"的典型的互联网模式。商务部公布的两批数字商务企业名单中，广东省入选企业数量最多，两批共12个。在对外贸易方面，广东省数字贸易发展迅猛，2017—2021年五年间，数字贸易进出口额从438亿美元增长至812亿美元，占全省服务贸易整体比重为56%，位居全国第二。五年间广东数字贸易进出口额年均增长率为17%，比服务贸易年均增速高出23个百分点，比货物贸易年均增速高出12个百分点。数字贸易中信息技术和文化创意产业融合的网络游戏、数字娱乐、远程教育、数字医疗等领域已形成较大规模的数字内容产业集群。广东省着力推动广州、深圳两个全面深化服务贸易创新发展试点建设，华为、腾讯、中兴、汇丰、广电运通等一批数字贸易龙头企业发展壮大，引领全省数字贸易发展。[②]跨境电子商务逐步发展成熟，但整体起步较晚，学界一般认为2013年为中国跨境

---

① 根据广东省统计信息网计算所得，http：//stats.gd.gov.cn/tjkx185/content/post_3768148.html。

② 资料来源：2022粤港澳大湾区服务贸易大会新闻发布会实录，https：//nflive.southcn.com/index？id=1477。

电子商务元年①。据国家海关总署广东分署统计，2015—2023 年广东省跨境电商零售进出口总值从 167.3 亿元增长到 8433.4 亿元，增长了 49 倍。在我国设立的 165 个跨境电子商务综合试验区中，广东省已经实现全覆盖，总数居全国第一。但是在跨境电商运作过程中运用大数据、云计算等数字技术进行贸易分析、供需预测、运营管理等能力还需要大幅提升，现在尚处于数字化发展的初级阶段。在吸收外资方面，中国一直是外商直接投资全球的主要目的地，中国正成为全球跨国投资的"稳定器"和"避风港"。数据显示，2023 年吸引外国直接投资达到创纪录的 1609 亿美元②。广东是中国利用外商直接投资大省，2023 年实际利用外资达到 1591.6 亿元，在全国占比 14.0%。各产业实际利用外资结构也在不断优化，据广东省统计年鉴数据显示，2023 年信息传输、软件和信息技术服务业投资同比增长 3.3%，高于固定资产投资额增速水平。图 7-1 为 2015—2023 年广东省内外贸数字化相关指标情况。

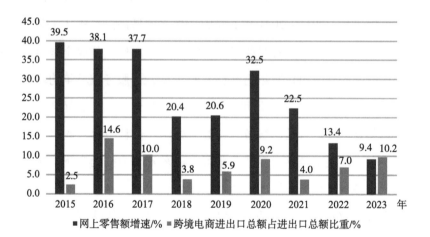

图 7-1　2015—2023 年广东省内外贸数字化相关指标情况

数据来源：广东省统计年鉴、华经产业研究院网站等。

---

① 郭立彬，黄永稳. 国际贸易新方式：跨境电子商务的最新研究 [J]. 东北财经大学学报，2014（02）：25.

② 中国新闻网：https://www.chinanews.com.cn/gn/2023/11-20/10114674.shtml。

三、数字商务技术发展有序推进

粤港澳大湾区数字商务技术应用广泛，但发展程度不同，大数据、云计算、人工智能、区块链等数字技术的应用程度和应用场景各有侧重。大数据方面，2014 年 2 月，广东省大数据管理局成立，成为我国最早成立大数据管理局的省份。截至 2022 年，广东已投产数据中心机柜超 30 万架，2023 年广东存储容量超过 110EB，排名全国第一，其中广州、深圳在用的数据中心数量占珠三角地区的 56%[①]。赛迪研究院 2023 年发布的《中国大数据区域发展水平评估报告》显示，广东持续在大数据产业规模上保持领先，多年来大数据产业发展指数排名第一，目前正在培育建设 6 个省级大数据综合试验区，大数据与电商直播、即时零售、无接触配送、文旅商业等应用场景加快融合，聚焦粤港澳大湾区建设，打造以广州、深圳、佛山为主体的数实融合产业集群。

云计算方面，近年来，广东省高度重视云计算发展，根据智研咨询发布的《2021—2027 年中国云服务行业市场运营格局及前景战略分析报告》显示，广东省云栖总指数为 65.48，低于排名第一的北京的数值 94.06。同时，广东省云计算力指数达到 60.86，占全国总值的比重为 18.19%，但仍低于北京的 27.85%，从云存储指数的角度来看，广东省云存储指数分值为 42.33，占全国比重为 15.8%，仍低于浙江的 16.89% 和北京的37.32%。截至 2024 年 3 月，广东省云计算企业有 6.5 万家，仅次于排名第一的北京的 11.6 万家。随着腾讯云、华为云、中兴云等企业云计算技术的不断成熟，广东已从技术构建阶段迈入产业蓬勃发展、应用迅速普及阶段，鉴于商务领域企业"主体多、规模小、分布散、集中度低"等特点，云计算在批发、零售、物流、贸易、投资等商务领域的应用仍处于起步阶段。一方面是云计算的应用须随着大数据规模的扩大而不断深入，另一方

---

① 广东省工信厅《广东省 5G 基站和数据中心总体布局规划（2021—2025 年）》第 5 页。

面是广东省商务企业上云率还较低。

人工智能方面，广东省人工智能核心产业及相关产业规模均居全国前列。广东省大模型发布数量全国领先，集中在深圳、广州。截至 2023 年 12 月底，广东共有人工智能大模型 33 个，大模型数量位居全国第二位，具体而言，目前拥有华为、腾讯、vivo、oppo、云天励飞等 9 个通用大模型，以及佳都、远光软件、金蝶、广电运通等 24 个垂直大模型。① 随着 2018 年 3 月中国民航华东地区管理局向顺丰颁发了国内首张无人机航空运营许可证，物流无人机正式进入商业化运营阶段。顺丰无人机目前已在大湾区、江西、四川等地区实现物流运输的常规化运营，运营场景包括乡村配送、特色经济、海岛运输、城际运输等。2024 年 2 月，深圳在全国首发低空经济产业促进法规，为无人机产业快速发展提供有力支撑。此外，华为指纹解锁技术、商汤科技人脸识别技术、腾讯"绝艺"、华为网络大脑等一大批技术广泛应用于商务领域实践阶段。

区块链方面，广东省区块链产业整体处于起步阶段。近年来，广东省从技术研发、底层平台、产业应用等方面出台了多项政策措施推动区块链产业同步发展。根据《广东省培育区块链战略性新兴产业集群行动计划（2023—2025 年）》显示，广东区块链信息服务备案项目 572 个，约占全国备案量的 15%，涌现出一批龙头企业及细分领域优势企业，但是，整体来看仍然存在技术成熟度不高、底层平台较为分散、"杀手锏"级应用还未显现、完整"闭环"应用体系不多等问题。尤其在商务领域的应用场景并不健全，以区块链技术推动物流及供应链端到端的数据透明度和数据追溯应用能力还不强，在产品追溯、商品防伪、食品安全等方面的应用还不完善（见图 7 - 2）。

---

① 广东省科学技术厅官网：http：//gdstc. gd. gov. cn/kjzx ＿ n/gdkj ＿ n/content/post ＿ 4337789. html。

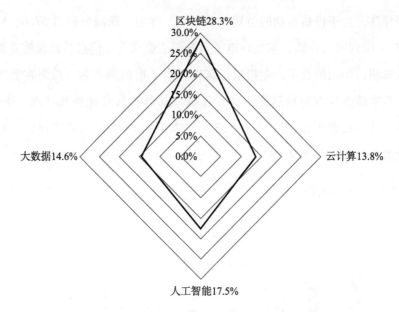

图7-2 广东省商务领域成立的大数据、云计算、
人工智能和区块链企业在全国所占比重

数据来源：根据企查查 App 2024 年 3 月 26 日数据整理计算所得。其中商务领域按批发和零售业、交通运输仓储和邮政业、住宿餐饮业、居民服务和其他服务业等四类可得数据统计结果。

四、数字商务发展呈现梯次结构特征

粤港澳大湾区数字商务发展存在区域差异，整体呈现"东强西弱、极核带动、梯队分布"的特征。由于各地经济基础、产业结构、数字经济规模、商务发展特点不同，粤港澳大湾区数字商务区域水平存在差异。数字商务与数字经济发展相伴随，因此数字商务水平与数字经济区域发展水平相一致。广东省数字经济呈现明显的东强西弱态势，深圳、广州数字经济规模连续多年突破万亿大关，比省内其他城市数字经济规模之和高出一倍。东部的东莞、佛山、惠州也均破千亿元大关，而珠江西部除珠海外其他城市均在千亿元以下。据21世纪经济研究院与阿里研究院发布的最新的《粤港澳数字大湾区融合创新发展报告》显示，珠三角9市数字经济发展指数也呈现明显的梯队分布。深圳、广州分别以 87.6 和 80.1 的高分位列第一梯队，处于极核带动的位置，而东莞、佛山、珠海分别以 57.6、51.7 和 50.4 位列第二梯队，东莞在电子信息制造业和电子信息基础设施方面的特点鲜明，佛山的数字产业指数排名珠三角 9 市的第三名，珠海在数字商业、数字政务等方面均列第三位，各城市都具有自身优势和特点。中山、惠州、江门和肇庆分别以 41.6、33.7、22.4 和 18.4 位列第三梯队，处于后发追赶阶段（见图 7-3）。

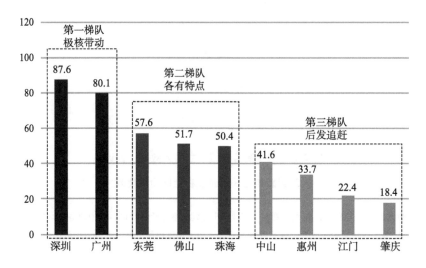

图 7-3　广东省珠三角九市数字经济发展指数情况

数据来源：21 世纪经济研究院与阿里研究院《粤港澳数字大湾区融合创新发展报告》。

第二节　粤港澳大湾区数字商务发展面临的问题

一、三地商务企业"不会转、不能转、不敢转"现象仍然存在

粤港澳大湾区商务领域是市场化、国际化、网络化程度最高的领域之一，近年来随着"互联网+"在商务领域的深化和应用，商务领域各行业、各企业、各场景不断加快线上线下一体化融合。当前，正处于传统企业电子化转型尚未完成而数字化转型已至的阶段，因此，粤港澳大湾区商务领域企业当前处于电子化与数字化叠加阶段。然而，大部分中小商贸企

业面临转型结果不确定、转型投入大等困难，"不会转、不能转、不敢转"现象仍然存在。一是数字技术能力不够导致"不会转"。在面临电子化阶段由互联网企业主导转型的特征下，传统商务企业依然处于跟随地位，知识储备、技术储备和人才储备均不充足，除广州友谊、广百百货等少数大型商贸企业可主动推进数字化转型外，大多数企业依然技术储备不足。二是资本不够导致"不能转"。虽然众多粤港澳大湾区商务企业意识到数字化转型的重要性，但是鉴于数字化转型投资高、回收期长，除香港利丰、广东万宁等少数大型商务企业拥有足够资金外，大部分中小微企业不具备数字化转型的资金实力。三是前景不明导致"不敢转"。粤港澳大湾区对数字商务虽经过多年探索，但是成功模式尚未清晰，千行百业数字化应用尚处在各自探索阶段，众多习惯传统发展模式的商务企业仍然处于观望阶段。

二、数字化转型"不协调、不系统、不广泛"问题依然存在

粤港澳大湾区积极探索数字商务创新发展，涌现出腾讯、网易等全国知名的平台型企业，唯品会、顺丰速运等知名流通企业，以及香港商汤科技、深圳大疆等数字化赋能企业，在全国数字商务发展中走在前列。但是，鉴于商务领域涵盖面广、主体分散、内外兼备、城乡二元等特征，其发展仍然面临不协调、不系统、不广泛等问题。一是数字商务发展不协调。地区之间、城乡之间、企业之间的数字化转型差异较大，有的地区、有的企业数字化转型快，有的地区、有的企业数字化转型慢，甚至有的企业还未数字化转型。例如，腾讯、唯品会、商汤科技等领先的数字化企业多出现于深圳、广州、香港等数字经济基础较为雄厚的粤东地区，而粤西的江门、肇庆等城市仍然具有较大的发展空间。二是产业链上下游数字化转型系统性较低。目前，粤港澳大湾区的商务领域数字化转型尚处在企业层面而未深入产业链层面，产业链上下游数字化水平发展不一，如 2C 端的零售型数字化平台企业较多，而 2B 端的批发型数字化平台较少。产业

链上下游之间存在数字鸿沟。三是场景覆盖不广泛。线上与线下、生产与生活、城市与乡村等多元场景覆盖能力还不够，如城乡之间，工业品下行场景构建较广，如"家电下乡""汽车下乡"等；但是农产品上行场景较为薄弱，虽然近年来借助抖音等自媒体平台诸多农产品上行渠道有所突破，但是距离大规模应用自媒体平台推动农产品上行仍然有较大差距。数字化转型后场景的"放大、叠加、倍增"作用仍待加强。

三、当前正处在点上突破向面上提升过渡阶段

粤港澳大湾区数字商务尚处于数字技术创新探索与数字商务融合应用同步推进阶段。新技术、新模式尚不成熟，新示范、新方法引领作用尚不明显，因此，数字商务发展也处在众多企业独自创新、独自探索阶段，这一阶段需要政府多向发力，针对共性技术、关键技术、通用模式集中攻关、引导支持。一是以点上创新为主。粤港澳大湾区数字商务尚处于单一企业、单一技术、单一业务的数字化创新发展阶段，主要对于具体需求上实现0到1的数字化革命，进而满足企业切实的数字化转型需求。二是面上创新尚须积累经验。数字商务的全面转型升级是一个长期过程，需要数字化过程经历从1到100的大样本积累过程，形成成熟经验和规模优势，进而为量变引起质变奠定基础。三是全面提升尚不成熟。目前，距离以成熟模式为引领，以领先企业为示范，推动数字商务全面发展，实现从100到无穷大的全面提升尚有一段差距。区域内有关数字商务的政策还存在较大差异，协同创新、共生发展的效用还不彰显，由于统计口径、数据流动标准不同等因素，各城市之间的资源整合进程较缓慢，先发地区、先发企业的引领、赋能、辐射作用还未更大程度地发挥。

第三节　粤港澳大湾区数字商务发展对策思路

粤港澳大湾区数字商务发展要提高站位，从第四次工业革命策源与发

展的历史纵深来审视粤港澳大湾区数字商务发展的历史逻辑，从世界百年未有之大变局和中华民族伟大复兴的战略全局角度来厘清粤港澳大湾区数字商务发展的历史方位，从数字经济发展趋势与粤港澳大湾区建设等国家战略角度来把握粤港澳大湾区数字商务发展的战略安排。

一是强化数字商务发展与数字经济发展战略的契合度。数字商务发展是数字经济发展的重要组成部分，在推动数字商务发展的过程中，要全面顺应世界数字经济发展的主要方向，全面契合国家数字经济发展战略的主要举措。例如，在全面加强大数据、云计算、人工智能、物联网等数字基础设施投入和应用的基础上，要着重推动 AIGC 大模型在商务领域的应用，加快商务领域 AIGC 大模型的应用布局，加速商务领域 AIGC 大模型的模式创新，引领数字商务处于数字经济创新发展的前沿领域。又如，要系统对接与国家数字经济发展有关的各项规划，在符合国家数字经济发展方向的同时，充分利用各级各系统支持政策更好促进粤港澳大湾区数字经济发展。

二是充分发挥粤港澳大湾区的区位优势与功能定位。粤港澳大湾区建设是国家区域发展的重大战略，是推动"一国两制"事业更好发展的重大举措，在推动数字商务发展的过程中，要紧紧依托粤港澳大湾区的独特区位优势，发挥粤港澳大湾区"一个国家、两种制度、三个关税区、三种货币"的独特优势，充分利用粤港澳大湾区对外贸易发达、产业集群丰富、创新活力充沛、要素资源配置齐全等优势，加大数字商务发展的创新力度和协同程度，推动数字商务在全国发挥更好的示范作用。同时，充分衔接粤港澳大湾区建设的各项战略措施，提高粤港澳大湾区数字商务发展的政策势能，系统推进粤港澳大湾区数字商务发展的政策制定，加强粤港澳大湾区各城市推动数字商务发展的政策协调，着力形成"9＋2＞11"和各城市数字商务发展各具特色又协同统一的局面。

三是充分发挥数字商务连接生产与消费的重要作用。数字商务一头连接数字化生产，一头连接数字化消费，具有独特的地位和重要的作用。数字商务是数字化生产与数字化消费见面的中间环节，是数字经济发展过程中撮合供给与需求的重要平台。推动粤港澳大湾区数字商务发展充分发挥区域的产业链完整、产业集群丰富、外向型经济特征明显等特点，利用数字商务的数据优势、场景优势和模式优势促进生产企业的数字化转型，形成各领域、产业链各环节数字化转型的协同合力。同时，要发挥粤港澳大湾区消费市场规模庞大、消费需求大、消费活力足、消费理念前沿等特点，利用数字商务对消费者的较好的服务和较高黏性，充分挖掘消费者在数字化消费领域的消费需求、消费特点和消费行为，通过数据的收集、筛选和分析传导给生产企业，再通过产品和服务的创新将优质产品和服务提供给消费者，满足消费者数字化、差异化、个性化的消费需求。

第八章 粤港澳大湾区数字商务实施路径

第一节 数字商务三大功能

数字商务的功能要放到数字经济发展的整体格局下来审视，数字商务不仅是简单的一国商务事业的数字化，而且是通过商务事业的数字化发展深化了商务活动在社会化大生产过程中促进经济进步的功能。因此，数字商务的功能为何呢？需要从商务活动本身以及与商务活动关联的上游生产活动和下游消费活动等方面研究和考察。

一、优化商务的功能

就商务活动自身而言，数字化的进程或数据要素的充分利用有利于商务活动模式、流程、载体、组织等的优化升级，其作用体现于商务活动的效率提高、成本降低和服务水平提高等方面。此外，数字商务带来了新的商务活动内容、形式、需求等，具有推动商务活动不断变革、不断更新、不断演进的历史作用（见图8-1）。

具体而言，从机制机理的角度数字商务优化商务服务可以体现在如下几个方面。

首先，数字商务是数字技术在商务活动领域的广泛应用。当前，大数据、云计算、人工智能、物联网、区块链、大模型等数字技术日新月异，实现了突飞猛进的发展，这些技术在商务活动中具有广泛的应用场景并且

图 8-1　优化商务的三大作用

使商务活动得到了优化。例如，人工智能在快递行业的应用大大提高了用户的效率和体验，自动驾驶的物流车辆可以在封闭场景内将快递包裹准确地进行点到点的运输，无人飞机可搭载小型包裹、外卖食品等实现快速、便捷的投递服务。又如，自动售货亭可以提供 24 小时售货服务，突破过去场景的约束。大量自动售货亭的出现可以将办公楼、写字楼、工厂等工作场景转化为销售场景，亦可以将地铁、公交站、火车站、飞机场等交通场景转化为销售场景，可以拓宽商业场景的范围，增加商业销售时间，在"时""空"两个维度上拓展了商业的边界，创新了商业销售新模式，提升了商业服务体验。随着数字技术在商务领域的广泛应用，AI 商业成为商业发展的一个新的模式和方向，通过对大数据、人工智能、虚拟现实等技术的应用，未来或许会呈现出"数字人 24h 直播带货＋无人售货机网络布局＋无人机精准配送＋电商平台 AI 比价推荐"的一种新格局，数字技术在商务领域形成了系统化、立体式的覆盖，某种程度上大大提高了人们获得商务服务的效率。

其次，数字商务是以数据为关键生产要素的商务活动。随着数据作为生产要素并日益发挥更为关键的作用，数据对于商务活动的影响越来越大。商务活动中产生并存在大量的数据，这其中涉及商家的进销存数据，消费者的消费行为、时空、偏好、支付等数据，如果加以很好地开发利用，将会对商业行为产生极大的促进作用。数据的利用可以产生几个方面的影响，一是数据可以帮助人们更好地掌握并分析商务活动的经营情况，有利于控制成本。二是数据可以帮助人们更好地分析并挖掘消费者的消费需求，有利于扩大产出、提高服务水平。三是数据可以作为一种数据资产，通过收集、整理、分析、加工进行资产增值和资产变现，实现商务数据的价值化。

最后，数字商务可以使商务活动实现数字化创新。数字商务无疑会通过改变商务形式、增加商务内容、改善交易体验等方式实现商务活动的模式创新、内容创新、场景创新、体验创新。例如，直播电商的出现改变了传统的零售渠道甚至电子商务渠道，对于线下实体商业和 B2C 电商的冲击非同小可。一些头部直播电商主播的直播间，几十人甚至几人的团队，在短短的时间内就可以产生传统商业渠道难以企及的商业销量（见图 8-2）。

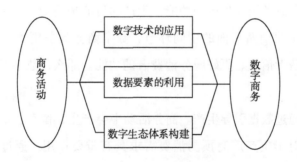

图 8-2　优化商务的机制与路径

二、引导生产的功能

交换是经济的基础，是社会化大生产中连接生产与消费的中间环节。商务活动是交换的高级形态。因此，商务活动天然处于生产与消费的中间位置。数字商务是商务数字化发展后的高级形态，是生产数字化与消费数字化的桥梁与纽带。

当前，数字化是继工业化、信息化之后人类社会发展的又一伟大进程。在信息化进程中，互联网革命兴起，对于人们的生产生活产生了巨大影响，在这一浪潮下，互联网经济率先在商务领域发起，商业、贸易、物流、文旅、金融等产业迅速互联网化，消费者通过网络进行购物、订票、支付、打车、快递等，商务领域相比于生产领域而言，是市场化、网络化、线上化整合程度最高的领域。有人预言，生产领域是下一个阶段互联网化或数字化发展潜力最大的地方。从事实角度而言确实如此，当前数字经济发展如火如荼，数字技术创新日新月异，产业数字化发展潜力无限，2022 年，中国数字经济规模达到 50.2 万亿元，占 GDP 比重达到 41.5%，其中数字产业化规模为 9.2 万亿元，产业数字化规模为 41 万亿元，规模上的二八比重仍然存在，产业数字化仍然是数字经济发展主阵地。因此，商务领域数字化过程中，不仅要在本领域推动数字化进程，而且要参与到数字经济发展的战略方向上去。

数字商务具备引导生产的功能。生产的目的是消费，数字商务是数字化生产和数字化消费见面的中间环节，数字商务具备更加了解消费者需求、掌握消费者信息、更好服务消费者的功能。那么，数字商务如何引导生产呢？

第一，通过数据引导生产。商务活动中会产生、留存、汇总大量的消费者数据，对于生产厂商预测消费需求具有重要作用。通过消费需求预测，生产厂商可以制订原材料采购计划、安排生产计划、做好库存规划，从而降低生产成本、库存成本和管理成本。此外，通过消费需求预测，生产厂商可以开展有针对性的产品研发、产品设计、服务优化，从而更好地满足消费者的个性化需求。通过消费需求规模预测，可以针对不同区域需求的动态变化部署敏捷型物流规划。当然，商务企业与生产厂商要建立数据共享型战略合作伙伴关系，商务企业要加大对数据的汇集、整理、清洗、分析、利用，提高数据要素的利用水平，更好地赋能生产端的产业数字化转型。

第二，通过场景引导生产。商务领域具有丰富场景，通过丰富场景连接消费者的消费活动。商务领域的场景也是供给侧生产厂商争相介入的地方。数字商务通过数字技术拓展了线上与线下、真实与虚拟、购买与体验等场景，数字场景相较于传统商务场景而言具有数量多、形式新、黏性高、可留痕、生态化等多种特点。例如，网络零售日益成为消费者消费的主流渠道，网络零售额快速增长，2023 年我国网上零售额达到 15.42 万亿元，连续 11 年成为全球第一大网络零售市场。一方面网络零售形式具有黏性高的特点，另一方面网络零售过程中大量消费者数据被留痕，在合理使用范围内具备加工利用的价值。此外，数字商务中蕴含的场景具备与生产场景共享的可能性。比如，在网络零售中厂家可以直接入住电商平台，并且在产品销售过程中加入产品需求反馈、工厂生产直播等场景，将商务场景和生产场景打通，让消费者近距离接触或者参与到生产过程之中。

第三，通过用户和渠道引导生产。数字商务发展过程中，会创新产生大量新模式、新业态、新渠道，如直播电商出现之后对于传统商业渠道产生较大冲击，生产厂商的铺货渠道随之发生结构性改变，直播电商因其销售规模大、速度快、成本低等优势迅速成为连接生产厂商与消费者之间的新型渠道。在转化存量客户的同时也会挖掘出新的增量客户，由此新的客户和新的渠道就会形成新的用户结构和渠道结构，进而会引导生产组织结构的转变（见图 8－3）。

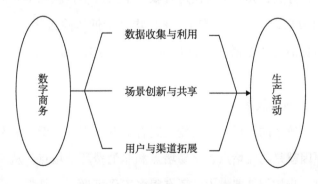

图 8－3　引导生产的机制与路径

三、扩大消费的功能

（一）扩大消费的四个主要方向

近十多年来我国社会消费品零售总额增速呈逐步回调的态势，从 2008 年的 21.6% 回落到 2018 年的 9.0%。虽然社会消费品零售总额增速保持着高于国内生产总值（GDP）的水平，但是进一步扩大消费需求、不断挖掘消费增长新潜能、增强消费对经济发展的基础性作用仍然是保持经济平稳健康发展的重要方面。未来，应在四个方面发力，不断挖掘消费增长潜力。

1. 信贷消费加杠杆

我国信贷消费自 20 世纪 90 年代兴起，至今还处于发展初级阶段，与西方发达国家相比还有很大发展空间。一是杠杆率低。2019 年 11 月 25 日中国人民银行发布的《中国金融稳定报告（2019）》显示，我国住户部门杠杆率为 60.4%，低于发达经济体同期 72.1% 的水平，单此一项可释放约 1.5 万亿元消费规模。二是规模小。截至 2018 年底，我国住户非住房贷款规模占社会贷款总规模比重为 14.9%，而西方国家普遍在 30% 左右，我国不足西方国家的一半。三是不良率低。我国住户部门贷款的不良率一直保持在较低水平，2018 年底个人贷款不良率为 1.5%，低于银行贷款整体不良率 0.5 个百分点，其中个人住房贷款、个人汽车贷款和个人信用卡贷款不良率分别为 0.3%、0.7% 和 1.6%，均处于低风险区间。综合三方面，我国居民信贷消费"挖潜"空间巨大，可成为未来扩大消费的重要方向之一。

2. 搞活流通增效率

商品流通效率的高低从供给侧决定着消费频率的高低。消费迟滞很重要的几个原因就是物流堵点、交易堵点和非消费环节堵点。从流通环节来看，若要进一步挖掘消费潜力，还有很多工作可做。一是提高全社会整体物流效率。2018 年中国社会物流总成本占 GDP 比重为 14.8%，与发达国家 10% 左右的水平相比仍有较大差距，物流成本居高不下一方面是因为社会资源的巨大浪费，另一方面是因为物流效率尚处于较低水平。二是提高零售业连锁经营率。2018 年我国零售企业连锁经营率为 30% 左右，同期美国零售企业连锁经营率为 50% 以上，连锁经营带来的商品流通效率的提高这一红利并没有充分释放。三是提高统一配送率。2018 年我国连锁零售企业商品统一配送率在 78% 左右，同期日本 7 - ELEVEN 便利店的统一配送率在 85% 左右，中国零售企业统一配送率与发达国家相比还有提升空间。

3. 创新产品优供给

消费升级对产品供给提出新要求。产品创新能拓展消费新空间，挖掘消费增长新潜力。一是提高产品升级换代速度。产品升级换代的速度决定着消费者消费更新换代的速度。近年来，汽车、手机等产品的更新速度不断加快。据统计，汽车平均更新换代的时间是 12 个月，而手机的更新周期为 8～10 个月，产品创新可加快旧产品的淘汰速度，刺激消费增加。二是创造新产品。随着生活水平的不断提高，一些新产品应运而生，为消费者创造了消费新"需求"。比如平衡车、可穿戴智能设备等日益被新世代消费者接受，日益走近居民日常生活。三是满足新需求。随着人口结构发生变化，老龄化催生新需求。比如，老旧小区加装电梯就是满足人口老龄化需求刺激消费的重要抓手，据统计，2020 年市场规模预计超过 4200 亿元。

4. 吸引外需扩规模

外需是内需的有效补充，是用好国内国际两个市场的重要组成部分。扩大外需"规模"可以从三方面入手。一是吸引境外游客来华旅游，刺激消费。2018 年来华旅游规模为 2.91 亿人次，收入为 8980 亿元，同比分别增长 1.2% 和 3.0%，未来应加大来华旅游鼓励力度。二是加大产品向非洲等地区出口。传音手机 2018 年在非洲的销售量为 1.2 亿部，占非洲手机市场总规模的 48.7%，是我国产品满足国外需求的良好例证。三是加强国内优质产品与国外市场的有效对接。我国产品应加快寻找国外细分市场，满足当地需求，不断挖掘适宜的国外市场。

（二）数字商务扩大消费的机理和路径

从数字商务扩大消费功能的角度而言，数字商务如何有效扩大消费需求、增强消费对经济发展的基础性作用呢？主要可以从以下几个方面考虑。

1. 分析数据、挖掘潜力

数字商务发展过程中存在大量的消费者数据，这些数据具有充分了解消费者消费行为、消费偏好、消费能力、消费周期、消费潜力等的基础，通过归集、整理、筛选、分析、利用、预测等工作可以精确地刻画出消费者画像，形成立体化的消费者分析报告，对于满足消费者周期性、个性化、前瞻性的消费需求具有重要作用。数字商务环节中掌握的消费者数据往往比消费者自身的认识更加深刻，通过利用数据要素不仅可以更好地满足消费者的存量需求，还能够捕捉、挖掘消费者的增量需求，使消费者的消费选择更多元、消费支出更便捷、消费服务更贴心，聚沙成塔，如果在每一个消费者的身上挖掘出 1 元的消费潜力，那么对于 14 亿消费人口的大国和近 90 亿人口的世界将是很大的体量，加之消费习惯的养成和消费频次的增加，通过数据推动消费潜力的扩大具有不可估量的前景。

2. 增加场景、提升服务

数字商务搭建了线上、线下、工作、生活、城市、乡村、单一、复合等多种多样的消费场景，相较于传统的百货、超市、便利店、商业街、购物中心等消费场景，以及电子商务产生后的 B2C、C2C、直播、短视频、微商等消费场景，仍然具有构建丰富消费场景的技术和模式的组合，如工作场景中的自动售货机、通勤场景中的自助鲜花店、旅游场景中的无人机配送、支付场景中的电子支付等。在构建成千上万的消费场景的过程中，消费的触达性、便利性和优质性提高了，消费场景变成了 24 小时环绕我们和所有活动空间的消费服务场景网络，使人们的消费变得不知不觉、随时随地、便捷高效，服务体验多种多样、有趣好玩，大大提升了消费的服务能力和服务水平。

3. 拓展渠道、便利消费

数字商务通过场景扩大、数据利用、业态创新无形中拓展了连接生产与消费的渠道，从流通经济学角度而言，流通渠道从过去线下的批发、零售、住宿、餐饮、便民生活服务业等渠道不断地扩展到线上的 B2B、B2C、C2C 等，数字商务的出现将线上和线下的渠道进行了融合、叠加、创新和改良，形成了线上线下一体化的新的渠道，如苏宁易购、盒马鲜生、7FRESH 等。创新之前不曾认为是渠道的新的渠道，如直播电商、微信社群商业、小红书形式的短视频带货、公域和私域流量等形式，将内容流量转化为消费渠道，大大地拓展了渠道数量和规模，一方面给消费者购买商品和服务提供了便利和多样化选择，另一方面从新的渠道方面创造了新的消费需求。此外，数字商务还有创造价值、革新消费的功能，数字商务时代消费具备了创造价值的可能，为消费带来了新的革命。

第二节　数字商务：优化商务

一、推动电子商务高质量发展

电子商务在"互联网＋"时代引领了商务活动的创新发展，是商务活动互联网化最全面、最深刻的领域之一，基于此，电子商务在向数字化方向升级转型发展中，具备良好的基础和优势。此外，粤港澳大湾区一直处于中国数字经济和电子商务发展的第一方阵、领先位置，粤港澳大湾区涌现了诸如唯品会、顺丰、腾讯、大疆、商汤科技等众多互联网和电子商务企业，这些企业都是电子商务向数字化转型的重要载体和重要抓手，必将推动粤港澳大湾区数字商务创新发展。

（一）网络销售

网络销售是以 B2C、B2B、C2C 等形式开展的线上销售活动，它是电子商务最初和最主要的业态创新之一。20 世纪 90 年代互联网浪潮影响到中国，中国开启了风起云涌的互联网革命，从最初的网易、新浪、搜狐等门户网站的发展到腾讯、百度、阿里巴巴等互联网新业态的发展，互联网的发展也从网民时代发展到网商时代，不仅网民规模迅速扩大，网民对互联网的需求也从浏览信息、社交发展到网络购物、网络购买服务等方面。

粤港澳大湾区是中国开埠最早、互联网起步最早、国际贸易最为繁盛、网民基础最广的地区之一，粤港澳大湾区在 B2C、B2B、C2C 等模式的发展中均取得较大成就。根据广东省统计局数据，2024 年上半年，广东省社会消费品零售总额 2.35 万亿元，同比增长 1.2%，其中限额以上单位通过公共网络实现商品零售同比增长 3.9%，增速比限额以上单位商品零售快 5.5 个百分点。从业态模式维度来看，广州唯品会以限时特卖制为创新模式开拓了 B2C 模式的新空间，2023 年唯品会商品交易总额突破 2000 亿元人民币，增速达到 18.7%，总市值达 105.9 亿美元，成为粤港澳大湾区电子商务发展的一个标杆企业。此外，微信电商以其独特的社群电商模式引领了微商发展的新浪潮。

从网络销售数字化升级的方向来看，充分把握数据、场景等关键维度是推动网络销售进一步数字化升级发展的关键。一是深刻挖掘数据要素价值，形成以数据为关键要素的生产力形态。数据作为新的关键生产要素已经成为各行业、各领域发展数字经济的共识，以网络销售为代表的电子商务如何更好发挥数据要素的放大、叠加、倍增作用是摆在业界的重要问题，网络销售过程中沉淀了大量的消费者行为、偏好、时间、空间、品类等数据，同时也沉淀着供应商的产品、价格、周期、资金等数据，如何让沉淀的数据发挥作用、产生价值是下一步网络零售发力的重点方向。二是持续丰富网络销售场景，形成销售场景的全覆盖。当前销售场景涵盖线上、线下以及线上线下一体化，下一步，一方面需要持续深化现有场景，做足做全做细各类场景，另一方面需要深入挖掘线上线下新场景，充分借鉴抖音、视频号等内容电商发展脉络开创直播电商新场景、新模式的经验，紧跟互联网、数字化发展趋势，积极探索和发展网络零售新场景。

案例一

广州：唯品会——B2C 电商创新模式的引领者

一、发展概况和发展历程

唯品会成立于 2008 年，总部位于中国广东省广州市。作为一家时尚特卖电子商务企业，唯品会专注于在线销售品牌折扣商品，涵盖名品服饰鞋包、美妆、母婴、居家等各大品类。自成立以来，唯品会在短短几年内迅速崛起，并于 2012 年 3 月在美国纽约证券交易所成功上市。唯品会的发展历程可以分为以下几个重要阶段：

（一）初创期（2008—2011 年）

2008 年 12 月，唯品会在广州正式启动运营。

2009 年 10 月，掌上唯品会上线，全年营收额达到 280 万美元。

2010 年 10 月，唯品会获得美国 2000 万美元的第一轮投资；全年营收额 3258.2 万美元。

2011 年 5 月，唯品会第二轮融资 5000 万美元，全年营收额达到 2.3 亿美元。

（二）成长期（2011—2015 年）

在这一时期，唯品会订单量和盈利能力显著增长。从 2009 年的 7.1 万件订单到 2011 年的 727 万件订单，公司毛利润从数百万元增长到接近 3 亿元，盈利能力增加一百倍。

2012 年 3 月，唯品会在美国纽约证券交易所上市，进一步扩大了其市场影响力。

（三）扩张期（2015 年至今）

唯品会继续深耕品牌特卖领域，通过多渠道布局和与京东、腾讯等平台合作，提升用户活跃度和订单量。公司持续优化服务和用户体验，推出超级爆款日栏目和新潮风格栏目等，以满足不同消费者的需求。

2023 年，唯品会实现净营收 1129 亿元人民币，同比增长 9.4%，净利润为 81.17 亿元，同比增长 28.86%。

二、唯品会的商业模式

唯品会的核心商业模式是"名牌折扣＋限时抢购＋正品保障"，这种模式不仅优化了消费者的购物流程，还提升了购物体验。具体来说：

（1）品牌特卖：唯品会每天早上 10 点和晚上 8 点准时上线 200 多个正品品牌特卖，以最低至 1 折的折扣实行 3 天限时抢购，为消费者带来"网上逛街"的愉悦购物体验。

（2）多渠道深耕：唯品会借助奥莱模式打造独特商业优势，知名品牌集合，商品优惠力度大，以其"多快好省"吸引更多消费者。同时，唯品会与京东、腾讯等平台合作，打通流量通道，提升用户活跃度和订单量。

（3）买手制触达品牌：唯品会采用买手制触达品牌，深化品牌定位，确保商品质量和价格优势。

（4）移动端扩张：唯品会开发了安卓和 iPhone 客户端，并通过口碑传播和互动平台吸引消费者。

三、唯品会的发展战略

唯品会的发展战略主要围绕以下几个方面展开：

（1）创新与多元化发展：唯品会不断探索新的业务模式，如品牌商家入驻自运营模式，尽管目前该模式正在调整，但其核心依然是深度运营会员和提升服务质量。

（2）供应链管理与物流优化：唯品会采取全程自营的模式，包括仓储和物流布局，以提高运营效率和客户体验。此外，唯品会在多个城市建立了仓储中心，并计划进一步扩大仓储面积。

（3）差异化市场定位：唯品会明确将自己定位为"线上奥特莱斯"，专注于服饰、美妆等品类的特卖，这使其在众多电商平台中脱颖而出。同时，唯品会还通过精准的市场策略和独特的商业模式（如限时抢购）来增强用户体验和品牌忠诚度。

（4）ESG 战略：唯品会制定了以"共创可持续新生活"为目标的 ESG 战略，围绕可持续新选择、幸福消费、活力共容、美好社会、唯筑信任等五个层面进行探索，以实现企业的长期可持续发展。

总体而言，唯品会通过明确的品牌特卖定位、多渠道合作、高效的供应链管理、差异化的市场策略以及持续的创新和多元化发展，构建了一个独特且具有竞争力的商业模式，从而在激烈的市场竞争中占据了一席之地。

四、唯品会的商业创新点

唯品会在商业模式和运营策略上进行了多项创新，一是精选与导购，唯品会依靠对商品的精选优化了消费者的购物流程，使消费者的购物行为变得轻松与快乐。二是智能技术应用，唯品会利用智能技术对供应链体系进行升级，并根据自身业务在广阔的市场中找寻新的业务增长点。三是场景化打造，唯品会以消费需求驱动场景化打造，通过视觉升级与内容创新，提升用户购物的沉浸式体验。四是资本模式，唯品会通过风投和上市等方式进行资本运作，进一步增强公司的资金实力和市场竞争力。

特别需要指出的是，唯品会通过数字化技术创新提升了用户体验和运营效率。

一是唯品会开发了自研的"朝彻"大模型，该模型通过广泛应用 AI 生成的高质量图文内容，助力品牌运营提效，从而提升用户购物体验。这种技术的应用不仅提高了内容的质量和相关性，还增强了用户的互动体验。二是唯品会持续优化移动端的购物体验，通过推进移动战略，使移动端销售占比显著提升至82%。这表明唯品会在移动端的用户体验上投入了大量的资源，以满足用户在移动设备上的购物需求。三是唯品会还通过自动化技术简化了从采购到送货的整个运营流程，从而提高了供应链效率并降低了整体运营成本。这种精益运营策略使唯品会在保持高效的同时，也能够更好地控制成本。四是唯品会还注重系统集成，其电商系统集成了多种运营管理工具，包括商品管理、订单管理和物流管理等，这些工具的使用显著提升了运营效率。五是唯品会每年举办"520客户零距离"活动，邀请用户与管理者面对面交流，并根据用户的真实感受与需求改进服务。这种直接的沟通方式有助于唯品会及时了解并解决用户的问题和诉求。

此外，唯品会在国际市场上的扩张策略主要集中在以下几个方面：

（1）与京东合作共享海外仓资源：唯品会与京东全球购开展战略合作，开放其12个海外仓资源，包括8个自营仓和4个共享仓，以提升物流供应链效率。这种合作不仅降低了成本，还提升了品牌影响力和用户体验。

（2）东南亚市场布局：唯品会在东南亚推出了跨境项目，并在新加坡设立了官方总部。通过线上线下相结合的方式，将美妆、居家、运动等品类带给当地消费者，同时招募本地人才进行运营。

（3）独立站投资与团队扩充：唯品会通过投资新独立站并高薪聘请运营专家来扩充团队，增强其在海外市场的实战经验及优势。

（4）收购与线下奥莱业务：唯品会通过收购杉杉商业集团有限公司，布局线下奥莱业务，并积极探索线上业务，进一步拓展其国际市场份额。

（5）社交电商尝试：唯品会推出了出海社交电商章鱼掌柜项目，尽管面临挑战，但这也显示了唯品会在不同领域的尝试和探索。

（6）全球招商计划与品牌合作：唯品会在消博会上首次发布V-Global全球招商计划，加强与国际品牌的合作，展示其"全球好物港"展馆的实力。

综合来看，唯品会与其他电商平台（如京东、腾讯）的合作模式及其对销售业绩的影响可以从以下几个方面进行详细分析：

（1）第三方合作模式

与京东的合作

跨境电商合作：唯品会与京东在 2018 年 5 月 11 日宣布达成战略合作，唯品会将为京东全球购提供海外仓储物流服务，开放 12 个海外仓资源，其中 8 个为自营仓。这种合作主要集中在供应链和仓储方面，通过共享资源来提升双方的运营效率和客户体验。

平台接入：唯品会入驻京东，并在京东 App 主界面和微信支付入口接入唯品会。这使唯品会在京东平台上获得了更多的曝光和流量，从而增加了交易额。

与腾讯的合作

微信钱包入口：腾讯在微信钱包界面给予唯品会入口，使唯品会能够直接触达微信用户群体。这种合作不仅增加了唯品会的潜在客户来源，还通过微信这一巨大的流量入口降低了营销成本并提高了获客率。

广告与营销合作：腾讯广告联合唯品会上线双 11 营销解决方案，制定激励政策，算法能力全面升级，推出覆盖全品类商家的组局活动和老客户维护策略。这种合作有助于唯品会在大型促销活动中吸引更多新客户和保持现有客户的活跃度。

（2）对销售业绩的影响

引流与客户增长。通过与京东和腾讯的战略合作，唯品会在这些平台上获得了大量新客户。例如，在某季度，来自京东旗舰店和微信钱包入口的新客户数占唯品会新客户总数的 24%。这表明合作有效地帮助唯品会扩大了其用户基础。

交易额提升。京东在其手机 App 主界面和微信购物一级入口接入唯品会后，帮助唯品会在京东渠道上达成了一定的交易额目标。这种渠道接入不仅提升了唯品会的销售额，还增强了其在电商领域的竞争力。

持续盈利。通过与京东和腾讯的合作，唯品会连续多个季度盈利。这种稳定的盈利模式表明合作不仅短期内使销售业绩提升了，而且从长远来看公司的财务健康状况也较为良好。

唯品会通过与京东和腾讯的战略合作，在供应链、平台接入、广告营销等多个方面取得了显著成效。

唯品会通过与品牌合作，采用限时特卖活动来提升销售业绩。这种模式不仅使公司的订单量和收入增加了，还提高了品牌的曝光度和流量资源。例如，唯品会选取短时间内销量大的品牌进行限时特卖活动，并为参与活动的品牌制定销售额目标并给予流量支持，从而实现销售收入的快速增长。

唯品会对用户群体进行了精准定位，通过增加 SVIP 用户数量，显著提升了用户的消费弹性、留存率和每用户平均收入（ARPU 值），这成为公司经济增加值（EVA）的重要来源。高价值用户群体的增长为唯品会的长期稳健发展提供了有力保障。

此外，唯品会在 2022 年进行了重大经营策略调整，通过砍预算、收缩经营规模，聚焦客单价值，以追求更确定的利润。这一策略使唯品会在市场中保持了较高的毛利率水平，稳定在 19.8% 左右。

从资本运作的角度来看，唯品会曾多次进行股票增发和回购以彰显管理层对公司的信心。例如，在 2013 年，唯品会宣布增发股票融资，并在 2024 年宣布在未来 24 个月内回购不超过 10 亿美元的美国存托股票或 A 类普通股。这些举措不仅增强了投资者对公司的信心，也提升了公司的市场形象和股价表现。

唯品会还通过整合美妆资源等资本运作手段，进一步优化其业务结构和盈利能力。这些策略使唯品会在多个市场周期中保持盈利和增长，尽管其市场份额仅占 2.5%，但依然成为垂直电商领域的佼佼者。

唯品会的资本运作策略包括与品牌合作、对用户进行精准定位、调整经营策略以及增发股票和回购等。

五、唯品会未来的发展方向

未来，唯品会将继续专注于品牌折扣零售商业模式，并采取以下策略：

①市场营销和拉新渠道。采取品牌折扣零售商业模式，并通过市场营销、与腾讯等平台合作、移动预装等方式获取更多的消费者。②技术创新和升级。唯品会将持续加大技术投入，推出更多用户运营工具和智能平台，提升运营效率和用户体验。③公益和社会责任。唯品会将持续深耕女性赋能、乡村振兴、绿色发展等（内容根据唯品会官网及相关报道内容整理所得）。

（二）智能售货终端

随着人工智能技术的发展和移动支付技术的普及，智能售货终端发展迅速，尤其是在粤港澳大湾区多个城市得到了广泛普及，日益成为商业创新、满足消费者需求的典型方式，值得加以研究并有效推广。比如，丰 e 足食、五个橙子、椰来啦、莱杯咖啡、1 号集市、在楼下生鲜等纷纷出现在粤港澳大湾区内多个城市的消费者的日常生活场景中，扫码支付只需几分钟就可以买到消费者想要的商品，这种智能售货终端逐步成为广大消费者广泛采用的一种购物形式。智能售货终端是随着移动支付手段的普及，在消费者各类高频活动空间分布的，以智能化、多样化、便利化、微型化为特点的智能售货网络系统。目前在全国各大城市已形成布局，特别是在粤港澳大湾区内发展迅速，当前应充分认识智能售货终端在零售业态创新中的革命性力量。

1. 智能售货终端是线上线下融合的最佳结合点

网络零售自 20 世纪 90 年代诞生以来因其巨大成本优势在全世界迅速普及，然而其购物体验差、真实感欠佳、无法即购即得等问题一度限制其发展。线下实体零售业因其网点发展不健全、购物时间成本高、商品价格高等问题很难与线上零售业竞争。从零售业态的角度讲，智能售货终端是将传统零售中的百货商店、便利店、购物中心切分成无数细小的单元，分布在消费者高频活动的空间，通过贴近消费者，形成良好的购物体验，比如在写字楼下的自动现磨咖啡机、在通勤线路上的饮料自动售卖机、在社区内的生鲜自动售卖机等。智能售货终端既解决了线下零售空间（场所）固定化的问题，又解决了电子商务虚拟化的问题，成为商家涉足、消费者青睐的新兴消费模式。

2. 智能售货终端零售模式将公共空间转变为商业空间

智能售货终端将引起一场零售业态的空间革命。传统零售业态须在一定的物业之内进行商业经营，与消费者之间存在一定的空间距离，这无疑是消费者与商家之间的隔阂。电子商务虽然不占用实体空间，与消费者无空间距离问题，但是商品到达消费者手中的物流过程具有一定的空间距离性。因此，将消费者与商家之间的空间距离缩短，才能更好地迎合消费者。可以这么说，智能售货终端是实体零售业态的最小单元，可以放置在任何公共活动空间，智能售货终端将地铁、公交站、社区等公共空间转变为了商业空间，从而无限地扩大了商业空间范围，产生了一种对公共空间"搭便车"的行为，这无疑是一场零售商业的"空间革命"。

3. 智能售货终端零售模式将非消费时间转变为消费时间

智能售货终端一般分布在写字楼、社区、通勤线路、学校、医院、旅游景点等非消费时间场合中，因其简单的购物形式、新颖的购物体验、多样的商品陈列吸引消费者驻足停留、选择购买，将非消费时间转化为消费时间，转移了消费者需要去超市、便利店、餐馆甚至在网上购物的消费时间和商品，培养了消费者通过智能购物终端购买商品的习惯，这无形中改变了消费者的消费方式，增加了消费者的消费总时间，形成了新兴业态对传统业态的"替代"和对非消费时间"搭便车"的效应，这对挖掘消费潜力、扩大消费需求具有一定的促进作用。智能零售终端在移动支付时代将推动零售商业产生巨大变革。当前，消费者的支付方式正在悄然发生变化。据统计，2019 年上半年，我国手机支付用户规模达到了 6.9 亿，交易规模达到166.1 万亿元，分别同比增长21.1%和24.2%，近70%的商家支持移动支付收款方式，在各类支付方式中占比最高。从支付的角度，中国大范围的移动支付普及或将成为中国继 1023 年出现世界上第一张纸币

"交子"后又一次世界货币史上的巨大飞跃。移动支付时代，智能零售终端将零售业态革新推向微型化、智能化、便捷化和共享化，这将引起零售业的"空间革命""时间革命"，或将成为零售业发展的又一次巨大变革。

▌案例二▐

深圳：丰e足食——中国优质无人零售直营品牌

一、丰e足食概况及发展历程

丰e足食成立于2017年，隶属于深圳市丰宜科技有限公司。2017年由顺丰集团孵化，主要从事国内自动售货机零售运营服务，是国内专业的数字科技无人零售运营商。2021年获得由软银亚洲领投的3亿元A轮融资，2023年9月获得由湖南省财信产业基金管理有限公司领投的数亿元级B轮融资。

丰e足食通过品牌直营模式，为广大企业客户提供高稳定、高质量的零售运营服务。通过自建物流仓配体系，借助大数据分析、人工智能、物联网等技术手段，率先实现了无人零售全流程数字化管理，从消费者需求洞察、商品陈列、商品补货、精准选品，再到运力调配、货存周转、效期管理、实时监测以及精准营销等多个维度，高效响应都市白领人群即时消费需求。

丰e足食服务场景已经覆盖园区工厂、物流中心、公园、CBD办公室、生活服务、众创空间、健身房等100多种细分消费场景需求。截至2023年10月，"丰e足食"服务网络覆盖50座核心一二线城市，全国业务团队超1500人+，服务企业客户超过8.5万家，为超过5000万消费者提供智慧零售服务，是中国企业无人零售服务的优质合作伙伴（见表8-1）。

表 8-1　丰 e 足食发展历程

序号	时间	重大事件
1	2017 年 10 月	顺丰集团孵化，第一台能量站投放在深圳软件产业基地试点
2	2018 年 05 月	服务网点迅速扩展至 28 个重点城市
3	2019 年 12 月	率先启用 AI 智能柜投放市场，完成店主＋前置仓运营模式搭建
4	2021 年 12 月	公司获得由软银亚洲领投的 3 亿 A 轮融资
5	2022 年 03 月	单月营业额突破亿元大关
6	2022 年 03 月	丰 e 智能运营系统 1.0 上线，实现无人零售全链路数字化运营
7	2023 年 08 月	智能设备终端突破 10 万＋台，服务网络覆盖全国 50 座城市
8	2023 年 10 月	获得由湖南省财信产业基金管理有限公司领投的数亿元 B 轮融资

二、丰 e 足食服务优势与保障

丰 e 足食经过多年发展和产品迭代，形成了具有自身特色的核心竞争力，具体而言具备八大服务优势。一是细分服务场景。场景覆盖面广，截至目前覆盖了园区工厂、CBD 办公室、生活服务等 100 多种细分消费场景。二是品牌直营模式。丰 e 足食采用品牌直营模式，进行全国直营模式管理，提供高稳定性、高品质零售服务。三是专业服务团队。丰 e 足食主要提供商品补货、定期上新品，一站式响应客户需求等专业的服务。四是无忧售后服务。丰 e 足食提供企业微信专属管家、400 客服热线、在线客服及时响应售后服务需求。五是高效运营。丰 e 足食采用全流程数字化管理，商品补货、设备维护高效响应。六是智能选品上新。根据人群消费偏好，定期智能选品上新，满足消费者差异化、个性化需求。七是品牌货源直供，在营商品种类超过 5000 款。八是企业福利定制。丰 e 足食提供企业客户个性化定制解决方案，根据客户属性提供个性化的产品、商品、服务模式，满足企业员工个性化需求。

同时，丰 e 足食提供六大服务保障。一是覆盖 50 座城市。服务网络覆盖全国一二线城市，为线下场景免费铺设无人零售终端。二是企业 0 成本 3 天入驻。企业在享受丰 e 足食铺货服务时无须押金、无服务费。达成进驻协议后 3 天内安装，及时激活使用。三是服务企业超过 90000 家。丰 e 足食聚焦职场，探索碎片化、场景化、及时消费服务模式，深耕 B 端市场。四是服务团队 11500 人。传承顺丰服务为先的优良基因，打造行业专业的用户体验服务标准。五是专职店主，每周补货。采用直营模式管理，智能柜绑定唯一的店主，每周一次以上补充优质商品。六是专属管家、无忧售后。丰 e 足食获得支付宝平台"无忧服务"项目认证，企业微管家、热线、在线客户持续提供畅通服务。

三、丰 e 足食的场景赋能

丰 e 足食零食自动零售机的出现，不仅改变了人们的购物方式，也为各个合作场景带来了诸多好处。对于公司办公室和写字楼来说，丰 e 足食智能柜为员工提供了便利的购物条件，让他们在工作间隙能够快速补充能量，提高工作效率。对于大型工厂和物流园来说，智能柜的存在方便了员工的日常生活，减少了他们因外出购物而浪费的时间和精力。对于医院和学校等公共服务机构来说，智能柜为患者和学生提供了更加贴心的服务，让他们感受到了更多的关怀。在商城、美食城等商业场所，丰 e 足食智能柜为消费者提供了额外的购物选择，提高了消费者的购物体验。在健身房、体育馆等运动场所，智能柜可及时为运动爱好者提供能量补充，让他们能够更好地享受运动的乐趣。在婚纱摄影、汉服馆等特色场所，智能柜的存在为顾客增添了一份独特的体验，让他们的回忆更加美好。在棋牌室、网咖、密室逃脱等娱乐场所，智能柜为玩家提供了零食和饮料，让他们能够更加投入地享受游戏的乐趣。总之，丰 e 足食智能柜为人们的生活带来了极大的便利和改变。在未来，丰 e 足食智能柜将在更多的场景中出现，为更多的人带来更好的服务和体验。

随着信息技术的发展和消费需求的升级，无人零售领域会出现一些值得关注的新发展趋势，以下是一些可能的发展方向：

全渠道融合：线上线下全渠道融合的趋势在无人零售领域逐渐显现。通过将线上平台与线下无人零售终端相结合，可实现商品信息、库存管理和营销活动的一体化，为人们提供更便捷的购物体验。

智能供应链和物流：利用物联网、大数据和人工智能等技术，实现智能供应链和物流管理。实时监控库存水平，优化配送路线，提高供应链的效率和透明度。

环保可持续发展：随着环保意识的增强，消费者对于可持续发展的关注度也在提高。无人零售可以通过减少包装浪费、优化能源利用和推广环保产品等方式，满足消费者对于环保的需求。

跨界合作与创新：不同行业之间的合作和创新将为无人零售带来新的发展机遇。例如，无人零售与餐饮、娱乐、健康等行业结合，打造出更具特色和多元化的无人零售场景。

数据驱动的营销和个性化服务：通过对消费者数据的分析，实现精准营销和个性化推荐。无人零售终端可以根据消费者的购买历史和偏好，提供个性化的商品推荐和促销活动。

安全和信任保障：随着无人零售的普及，消费者对于支付安全和个人信息保护的关注度也在增加。加强安全技术应用，建立消费者信任体系，将是无人零售发展的重要保障。

这些新趋势为无人零售行业带来了更多的发展机遇和挑战。在这个快速变化的领域，持续关注和适应市场变化将是取得成功的关键。饮料零食自动售货机品牌"丰e足食"凭借自身巨大的优势和多年的成功经验，在无人零售领域脱颖而出，企业0成本入驻，无须押金，免费安装设备，配备专属管家，享受无忧售后；拥有专职店主，根据人群消费偏好定期智能选品上新，满足个性化需求；100%直营运营，开辟全链路数字化管理，提供高标准星级服务，极致细分消费场景，这些优势也为全国铺设迷你版的"无人小超市"奠定了扎实的基础，无人零售饮料零食自动售货机的发展前景十分广阔。

四、丰 e 足食商业逻辑

顺丰集团孵化的中国十大自动售货机品牌"丰 e 足食"运用专业的数字科技，通过自建物流仓配体系，借助大数据分析、人工智能、物联网等技术手段，率先实现了无人零售全流程数字化管理，覆盖 70 多座城市，服务企业客户超过 9 万家，为超过 5000 万消费者提供智慧零售服务，具备领先的科技水平、服务水平和商业价值。

丰 e 足食自动售货机正以一种悄然无声的方式，逐渐展现出其强大的影响力。它不仅仅是一台简单的机器，更是科技与生活融合的典范，对我们的生活产生了深远的影响。自动售货机的出现改变了人们购买商品的方式。曾经，我们需要前往商店或超市，在拥挤的人群中挑选商品、排队结账。现在，只需在自动售货机前简单操作，就能迅速获得所需物品。这种便捷性极大地节省了人们的时间和精力，尤其在快节奏的都市生活中，为人们提供了一种更加高效的购物选择。无论是在办公楼宇、学校、医院还是公共场所，自动售货机都是人们随时可以依靠的购物伙伴。

丰 e 足食自动售货机在商业生态的塑造上具有较强影响力。它为商家提供了一种新的销售渠道，拓宽了市场的边界。商家可以通过自动售货机将商品投放到以往难以覆盖的区域，增加销售机会。同时，自动售货机的运营成本相对较低，这使更多的创业者和小型企业能够进入市场，激发了商业的创新活力。它打破了传统零售业的局限，促进了商业的多元化发展，为经济的增长注入了新的动力。

自动售货机还在一定程度上促使社会的数字化进程加快。它通常与移动支付等新技术紧密结合，使消费者能够更加便捷地完成支付。这不仅提高了交易的安全性和效率，也让人们更加适应数字化时代的生活方式。同时，自动售货机所产生的数据也为商家提供了宝贵的市场信息，能够帮助他们更好地了解消费者的需求和行为，从而进行精准的营销和产品调整。

从消费者的角度来看，丰e足食自动售货机也满足了人们多样化的需求。它不仅提供各种饮料、零食等日常消费品，还能提供一些特色商品和个性化服务。比如，一些自动售货机出售新鲜的水果、热食，甚至还有售卖化妆品、药品等的特殊机型。这种多样化的商品选择满足了不同人群的不同需求，让人们能够更加便捷地满足自己的消费欲望。此外，自动售货机的24小时不间断服务，也让消费者在任何时间都能享受到购物的便利，不受时间限制。

从城市景观的角度来看，丰e足食自动售货机成为一道独特的风景线。它们整齐地排列在街道旁、建筑物内，为城市增添了一份现代科技气息。一些设计精美的自动售货机更是成为城市的亮点，吸引着人们的目光。它们的存在不仅丰富了城市的视觉体验，也体现了城市的创新和活力。然而，自动售货机的影响力并不止于此，它还在潜移默化地影响着人们的消费观念和生活习惯，它让人们更加习惯于自助式的消费方式，培养了人们的独立意识和自主选择能力。同时，丰e足食自动售货机的普及也促使人们更加注重环保和资源节约，因为它减少了包装浪费和能源消耗。

总的来说，丰e足食自动售货机以其独特的方式，在我们的生活中发挥着不可忽视的影响力。它改变了人们的购物模式，推动了商业的发展，满足了人们的多样化需求，推进了社会的数字化进程，丰富了城市景观，影响着人们的消费观念和生活习惯。可以说，自动售货机已经成为现代生活中不可或缺的一部分，它的影响力将随着科技的不断进步而持续扩大。未来，我们有理由相信，自动售货机会继续以其独特的魅力，为我们的生活带来更多的惊喜和改变。（根据丰e足食官网整理所得）

| 案例三 |

广州：咪哒 K 歌——影音数智一体化
解决方案提供商

一、发展概况及发展历程

咪哒 K 歌是广州艾美网络科技有限公司（简称"艾美科技"）在迷你 K 歌领域的一款终端设备，在粤港澳大湾区乃至全国具有较高的网络覆盖度。艾美科技定位是一家影音数智一体化解决方案提供商，以"音乐＋"为核心，聚焦数字文娱和数字运动，建立了集创新研发、生产、销售、运营、商务合作、售后服务于一体的全产业链布局，是一家深耕数字文娱与数字运动产品研发、体验及平台生态发展的高新技术企业，被认定为"广东省专精特新中小企业""广东省创新型中小企业"。作为专业的影音数智一体化解决方案提供商，艾美科技基于软件、硬件、内容及平台研发能力，提供商用、家用等各种应用场景的 K 歌、影视、运动等标准化文娱产品解决方案；基于多年对音视频软硬件、物联网及 saas 平台的研发积累，提供定制化智能空间环境管理解决方案。深耕影音数字化技术研发超过 20 年，艾美科技曾推出 E 舞成名、咪哒 MINIK 等多款行业市场占有率第一的爆品，商业生态覆盖全国，产品覆盖度极高，享有很高的美誉度（见表 8-2）。

表 8-2　艾美科技发展历程

时间	重大事件
2007 年	推出国内首款跳舞机，转型做 KTV 系统研发，成为国内行业市场头部企业
2013 年	对音乐产业发展路线重新定位，向互联网方向迈进
2015 年	顺应新趋势，开启"互联网＋娱乐"新开发模式

时间	重大事件
2017 年	合作唱吧，打造乐方乐野 &KSHOW 比赛系统
2018 年	扩大经营空间，minishow 正式投放于咪哒音乐表现系商业空间；K 歌模式再升级，重磅推出咪哒 KSHOW 体验；同年咪哒 App 全新上线
2019 年	首次研发咪哒优唱，集中力量研发初代咪哒优唱设备
2020 年	第一代咪哒优唱上市，成功推出多场景适用、功能全面的第一代咪哒优唱
2021 年	E 舞家系列产品重磅上市，全力打造的 E 舞家盒子和 E 舞家音箱正式上市开售
2022 年	推出 E 舞家纪念版——商业空间内的智慧管理系统

二、发展优势与成就

聚焦时下的流行性休闲场所，年轻人热衷停驻的泛娱乐场所，环境舒适、氛围热烈的空间场景似乎成为大众消费者的刚需，而表达个性与施展才华渐渐成为多数人的内需，即时性娱乐需要更有力的个人展现平台来满足消费者的需求，咪哒 minishow 的设计理念正好击中消费者的价值心理，作为独一无二的单人表演系微舞台为爱唱歌爱表演的人群带来了高度的释放感，让人们能够自由随性地自我呈现。

咪哒 minishow 能够高度发展并获得年轻人的青睐，主要依靠以下四大优势。一是舞台全天候开放，无人监管、人人共享模式提升了消费吸引力，扫码下单即可体验灵活便捷的纯自助式服务，打造 24 小时在线的专属个人秀场。二是一体式声、光、电配套设施可实现独立空间闭环运转，利于后期运维管理，可塑造出更出色的舞台颜值与临场沉浸感，使表演更立体，场景更融合。三是台上表演者可与台下观众开展即时互动，交流形式人性化，肢体语言的外在交流与内心的连接感加强，使人能充分融入与享受表演气氛。四是独立机台能完美适配各种室内场景下的商业运营模式，全程营销皆可自主定义，组合式舞台可进行灵活的搭建与移动，运营成本低，资金回流快。

近年来，艾美科技累积申请国内外发明专利共 72 项、软件著作权 42

项、作品著作权 29 项、商标 351 项，在 2016 年至 2019 年连续斩获多项殊荣。2016 年在第八届省长杯工业设计大赛制造装备专项赛中拿下产业组金奖；2017 年成为"德勤广州明日之星"的荣誉企业、中国杰出体验式休闲娱乐品牌，并获得中国体验式商业地产领航奖；2018 年凭借实力入围"德勤高科技高成长中国"20 强，在北京文化创意大赛全国总决赛创业组中一举夺冠，同年获得"广东省创新型企业"光荣称号。

三、发展延伸

艾美科技不仅在 K 歌领域深耕，还将该种发展模式和发展理念向更多主题延伸，比如电子游戏、E 舞成名、军营读唱吧等。1972 年，电玩机型踏入第一世代，当时所谓的游戏机主要是用手柄控制电视屏幕上光点移动的装置，每部游戏机只能玩设定好的一种游戏；第二世代，游戏机能通过更换游戏卡带玩不同游戏，游戏开始变得多元化；第三世代之后游戏类型多样化、游戏机网络化、便携化，游戏开发专业化。直到第七世代电子游戏不管是在设备上，还是在游戏量上都发生了翻天覆地的变化。

进入 21 世纪，社会发展多元化趋势日显，国内电玩城数量开始增多。在近些年的发展中成为娱乐服务行业的重要角色，近年来电玩行业的发展日益壮大。随着互联网行业发展，电玩城借着互联网＋，结合线上小程序进行售币和门店管理，在行业管理方面甚至远超传统行业。但是，电玩城受到全国各地政策、经济发展水平、消费者观念等方面的影响，导致部分有意在这个行业发展的人才一直也在徘徊，电玩城如何让场地迅速火爆起来的方法成为众多经营者最头痛的问题。

E 舞成名升级版，为街机舞蹈爱好者打开了一片娱乐新天地，保留了经典彩色外观，软硬件升级，蜕变出超强内核。围绕"视、听、跳"增强体验，焕然一新的 UI 界面令人惊喜、振奋，灵活的舞动空间增强了舞蹈乐趣和沉浸感，轻松便捷的屏幕点击方便人们快速登玩，层次丰富的玩法模式足够带来挑战，E 舞成名让跳舞不再受限，小空间释放大热情。主要包括以下三种场景。一是青春大学城，E 舞成名的重度用户区之一，2022 升级版依然适配学生消费力，以低廉价格与高端舞蹈竞技体验感形成性价比优势，打造校园及周边新型娱乐模式，从健身、跳舞、运动全方位缓解学生课业压力，足不出校即可满足娱乐欲望，市场可期。使用亮点包括花样玩法，潮流竞技，吸引年轻群体，独立式运营，自助使用，安全有保障，线上排队，快速登玩，开拓网络社交。二是炫酷竞技厅，E 舞成名跳舞机以其 PK 式 "乐" 趣被玩家所青睐，在全国游戏厅遍地开花，2022 升级版融入了更具挑战性的闯关模式和 DIY 玩法，激发了原 E 舞爱好者群体和新生客群的热情，使他们在新晋竞技 PK 玩法中体验到娱乐满足感和舞蹈乐趣。使用亮点包括云曲库无限扩容、更新无忧、免维护、竞技模式再升级、多层级难度挑战、DIY 个性功能、双端小程序、引流拓客、实时追踪、高效管理。三是休闲餐饮区，入驻公共餐饮区作为商家的服务型娱乐设施，可为到店消费者营造更轻松的候餐氛围，以娱乐方式填充碎片化时间，增强消费者内心满足感和服务增值感，产品本身高度适众，升级版玩法创意对于 E 舞爱好者的吸引力增强，门店留客率提升。使用亮点包括充分娱乐，削弱顾客候餐时的枯燥感，吸睛利器，活跃门店氛围，利于增长客流，服务增值，助力营销，创新经营模式。

总之，艾美科技以影音数智一体化解决方案提供商为发展定位，以移动 mini 影音厅为载体，满足不同场景、不同群体的不同需求，以数字技术和网络生态为科技支撑，打造软硬结合、多元消费为特点的影音智能终端设备，为用户提供便利化、创新化、个性化的影音服务解决方案。（根据艾美科技官网整理所得）

二、促进数字贸易创新发展

数字贸易是数字经济时代国际贸易发展的新方向和服务贸易发展新的增长点。李俊等（2021）认为，数字贸易包括贸易数字化和数字化贸易两部分内容，它依托信息网络和数字技术，在跨境研发、生产、交易和消费活动中产生，以数字平台为重要载体，高度依赖数据跨境流动，广泛渗透到国际经贸各行业、各领域、各环节的新型贸易形态，是以数字订购和数字交付为主要实现方式的数字货物贸易、数字服务贸易和跨境数据要素贸易的总和。贸易数字化主要包括以电子商务的形式实现的数字订购贸易；数字化贸易指以数字服务为主要形式的可网上传输的数字交付贸易。[①] 粤港澳大湾区具有雄厚的国际贸易发展基础和数字经济发展优势。2022 年 1 月，广东省人民政府发布《广东省推动服务贸易高质量发展行动计划 (2021—2025 年)》，提出推动粤港澳大湾区建设全球贸易数字化领航区，推动贸易磋商、贸易执行和贸易服务等重点贸易环节数字化。2017—2022 年广东省数字贸易进出口额从 438 亿美元增长至 821 亿美元，占全省服务贸易进出口总额的比重为 51.75%，数字服务进出口占全国 20%。[②]

跨境电子商务是数字贸易发展的重要方面，也是衡量当前数字贸易发展程度的主要指标。近年来，粤港澳大湾区跨境电商实现快速增长，2016—2022 年，广东省跨境进出口额从 228 亿元增长到 6454 亿元，交易规模六年增长 28 倍，年均增速超 75%。全省 21 个地市全部获批设立跨境电商综合试验区（以下简称综试区），综试区实现全省覆盖，数量全国第一。

为推动粤港澳大湾区跨境电商高质量发展，广东省商务厅立足广东实际，在政策制定、平台载体建设、发展模式创新、监管服务优化等方面做了如下创新工作。

一是政策制定方面，广东省层面出台《关于推进跨境电商高质量发展的若干政策措施》和《广东建设跨境电商示范省实施方案》，广州市出台全国首个 RCEP 跨境电商专项政策，深圳市出台推动跨境电子商务高质量发展行动方案，汕头市制定广东省首个、全国第二个跨境电商促进条例。

---

① 李俊，李西林，王拓. 数字贸易概念内涵、发展态势与应对建议［J］. 国际贸易，2021，(05)：12-21.

② https：//news. dayoo. com/guangzhou/202402/10/153828_54629498. htm。

二是平台载体建设方面，推动建设全省跨境电商公共服务平台，实现跨部门业务协同和数据共享；建强自贸试验区等对外开放平台，打造"产业集群＋跨境电商"数字化协同平台。同时，积极开展省级跨境电商产业园区认定，不断提升跨境电商支撑服务水平。

三是发展模式创新方面，创新"外综服＋跨境电商零售出口"模式，解决部分出口数据纳统难、退税难、阳光结汇难问题；创新"银银合作"模式，凭交易电子信息实现资金结算，保障企业资金安全、加快企业资金周转；创新零售进口退货中心仓模式，保障商品"退得快"；创新"直播＋跨境电商"消费新模式，不断拓宽国际市场。

四是监管服务优化方面，创新金融服务，全国首创外贸综合服务企业服务出口电商收汇模式，为一般贸易项下电商出口收汇业务场景提供收结汇服务便利；监管服务发面，率先推出跨境电商进出口信息化系统、率先探索"微警认证"系统嵌套使用、率先探索跨境电商公共分拨中心、率先推出进口商品溯源"真知码"、率先探索退货合并打包监管模式、率先推出"空铁联运"融合通关等"六个率先"模式，领跑全国。①

▍案例四▍

深圳：12个优秀案例入选《世界互联网大会跨境电商实践案例集（2024年）》

2024年4月16日，在世界互联网大会数字丝路发展论坛期间，《世界互联网大会跨境电商实践案例集（2024年）》（以下简称《案例集》）正式发布，深圳跨境电商综试区共有12个案例入选，数量居全国第一。

---

① 资料来源：广东省商务厅网站。

《案例集》汇集了各级政府机构、跨境电商公共服务平台、交易平台、物流企业、金融机构、卖家、争议解决机构、服务型企业等各类主体的63个优秀案例，覆盖政府统筹、综合服务、交易平台、品牌培育、物流聚合、金融赋能、技术支撑、产业配套和数字赋能9个方面，展示出当前全国跨境电商产业中的优秀实践。

深圳作为全国领先的跨境电商综试区，入选案例涵盖多个领域，除综试区建设情况入选政府案例外，前海九米、明心数智、南方电子口岸凭借阳光化试点成绩入选；盐田国际、盘古德豪、易达云在跨境物流方面全国领先，强势入选；欧税通、商线科技、空中云汇等多家企业则是深耕跨境电商专业服务领域，获得大会的认可。

多年来，深圳综试区一直围绕阳光化试点、示范品牌培育、跨境物流渠道等方面，持续优化营商环境，培育产业生态，推动深圳跨境电商产业高质量发展。阳光化试点方面，深圳是全国范围内首提阳光化概念并落地的综试区，2023年建成了全国首个全国全模式阳光化公共服务平台，全年实现真实申报和阳光结汇的跨境电商进出口额超400亿元。品牌培育方面，深圳制定海外仓、独立站专项支持措施，推进生成"跨境电商＋产业带"融合发展模式，在2024年最新公布的中国跨境电商品牌影响力百强榜中，深圳品牌占比超过40%。跨境物流方面，2023年深圳机场新开2条国际货运航线，累计开通9条跨境电商空运专线，深圳港的跨境电商海运快线已达24条，有力支撑跨境电商货物品牌出海。2023年，深圳跨境电商进出口额同比增长超过70%，助力深圳外贸出口额连续31年居内地城市首位（见表8-3）。

表8-3　深圳综试区入选案例明细

序号	单位名称	案例名称	案例主要内容
1	中国（深圳）跨境电子商务综合试验区	深圳综试区着力推动阳光化试点，进入规模化发展2.0阶段	全国首提阳光化概念并落地，通过出台并完善阳光化试点政策，鼓励引导企业通关、收结汇、税收等全链条阳光化发展跨境电商业务

序号	单位名称	案例名称	案例主要内容
2	深圳市前海九米信息技术有限公司	深圳市前海九米信息技术公司与平安银行联合，首创金融与外综服平台相结合的服务模式	搭建跨境电商外综服平台，"一站式"解决企业"关、汇、税、贷"全流程阳光化需求
3	深圳市明心数智科技有限公司	深圳明心数智推出"跨赋系统"，搭建数智化经营综合服务平台，助力跨境电商产业本地化发展	通过 AI 赋能开发大数据智能报关和智能退税产品，帮助跨境电商企业实现合规经营的数字化转型
4	盐田国际集装箱码头有限公司	深圳市盐田国际集装箱码头积极强化海运航线与通关资源配套，多方面促进贸易便利化，助力跨境电商产业高质量发展	根据外贸新业态和跨境电商发展需求，构建海运快线渠道，推动完善通关、产业资源配套，多方位促进贸易便利化
5	盘古德豪（深圳）科技发展有限公司	盘古德豪借助数字技术提升仓储售后服务效率	自主研发 WMS 仓储及售后系统，打通平台、ERP、仓储及物流，为出海品牌提供本地化解决方案
6	深圳市南方电子口岸有限公司	深圳市南方电子口岸有限公司搭建全国首个跨境电商全模式阳光化公共服务平台，即"跨境阳光服务平台"，为跨境电商出口企业提供关、汇、税阳光化合规服务	依托深圳市跨境电商线上综合服务平台，打通跨境电商企业、外综服企业、退税协同服务公司、银行之间的数据壁垒，构建跨境出口关、汇、税全流程一站式服务体系
7	深圳欧税通技术有限公司	深圳欧税通采用"大数据＋RPA＋API"技术，搭建跨境卖家与境外官方合规机构直连渠道，为企业提供多元化合规服务	自主研发"一站式跨境电商出海合规云服务平台"，为跨境电商企业出海提供税务、产品、知识产权等"一站式"合规云服务
8	空中云汇（深圳）网络科技有限公司	空中云汇搭建全球资金收付网络，利用 AI 算法驱动全球资金调拨，保障跨境支付业务安全高效运行	接入全球主要国家和地区的本地清算系统，API 灵活对接并管理全球收付款，帮助客户尽力避免跨境支付外汇损失
9	商线科技（深圳）有限公司	SHOPLINE 搭载数字化方案，通过独立站助力跨境电商品牌出海	构建独立站 SAAS 系统，为全球各地的商家提供从选品、建站、引流、转化到履约全流程的品牌出海解决方案
10	深圳市乐其网络科技有限公司	乐其斯莫格（SMALLRIG）聚焦全球影像场景赛道，推出了创新产品与供应链	整合采购及生产环节的优质资源，从货品需求管理、生产柔性化建设、物流报关合规化三个方面实现供应链的快速响应和优化

续表

序号	单位名称	案例名称	案例主要内容
11	深圳市易达云科技有限公司	易达云科技通过自主研发的SAAS平台和庞大的海外仓网络，链接跨境电商生态上下游，赋能跨境电商行业	构建跨境电商供应链云服务平台，以"AI＋海外仓"帮助企业智能化调度和管理订单数据、监管库存等，助力企业智慧出海
12	深圳市跨境电子商务协会	深圳市跨境电子商务协会汇聚会员企业资源，规模化助推跨境电商行业发展	打造智能运营平台，数字化、智能化进行协会内部管理，增强协会成员的认同度和信任度，通过举办品牌展会，深度整合并促进会员间资源共享

资料来源：深圳市商务局。

三、推动智慧物流高质量发展

物流作为商务活动中商流、物流、资金流、信息流"四流"之一，是商务活动不可或缺的一部分。在国家"十四五"规划中"推进产业数字化转型"内容中，明确提出要将智慧物流作为新的增长点。智慧物流是数字商务活动中不可或缺的重要组成部分。当前，我国智慧物流发展方兴未艾，何黎明（2017）指出，智慧物流是以物流互联网和物流大数据为依托，通过协同共享创新模式与人工智能先进技术，重塑产业分工，再造产业结构，转变产业发展方式的新生态[1]。何明珂（2021）从数字物流的角度，提出三个发展背景和五个方面的内涵，一是新技术革命、产业变革（物流领域）和市场对物流的新需求三个发展背景，二是物流需要采用数字化技术、要面向物流的全要素、针对物流的全过程、物流系统的组织运营及物流系统优化两个服务，以及物流管理过程、管理手段、管理技术的数字化实现这五个方面的内涵[2]。

随着互联网和数字技术的蓬勃发展，近年来涌现出货车帮等一批车货

---

[1]　何黎明. 中国智慧物流发展趋势［J］. 中国流通经济，2017，31（06）：3-7.

[2]　王术峰，何鹏飞，吴春尚. 数字物流理论、技术方法与应用——数字物流学术研讨会观点综述［J］. 中国流通经济，2021，35（06）：3-16.

匹配、仓货匹配互联网平台，实现了供需信息在线对接与闲置资源实时共享，有效降低了社会物流成本，从根本上改变了传统物流交付方式，从而大幅度解决了我国物流资源错配和闲置问题。例如，我国货车空驶率在30%以上，仓库空置率在15%左右，供需撮合平台的出现，有效地解决了物流能力错配和闲置问题。随着数字技术的广泛应用，智慧物流在有效解决物流痛点、提高物流服务水平上将展现更大的发展空间。

粤港澳大湾区是物流产业发展基础雄厚、物流技术和模式创新突出的重要区域，近年来涌现出了顺丰物流、利丰集团等优秀的物流和供应链企业。第一，粤港澳大湾区涵盖的物流领域广，包括国际海运、内河运输、公路运输、航空货运、铁路货运等多形式、多组合的运输方式。第二，粤港澳大湾区物流需求广阔，粤港澳大湾区是我国工业和制造业集聚程度极高的地区，工业物流和消费物流需求程度高，自古就是对外开放和国际贸易往来的重埠。第三，粤港澳大湾区物流产业体系健全，各类物流企业数量多、规模大、模式新、服务水平高。因此，粤港澳大湾区始终处于我国物流创新发展的最前沿，也有理由成为我国引领智慧物流发展的重要区域之一。

智慧物流的发展方向主要包括以下几个方面：

一是推动各类数字技术在物流领域的应用。当前，大数据、云计算、物联网、人工智能、区块链、大模型等技术广泛应用于国民经济发展的各个方面，物流产业因其基础面大、关联程度高、重要性强而成为数字技术应用的重要领域。例如，大数据是支撑物流线路优化、供需对接、满足需求的重要技术能力。随着物流服务需求规模的逐步扩大，没有大数据有力支撑的物流服务将逐步淘汰出局。再如，人工智能成为物流运输和仓储等多个环节提高效率、降低成本的重要技术能力。AGV 自动运输车在仓储领域里的应用大大降低了仓储综合成本、提高了仓储效率。智能立体仓库在京东、顺丰等多个物流公司得到了广泛应用，极大地提高了物流周转效率。

二是加强数据要素在物流领域里的应用。数字经济的本质是以数据作为关键生产要素，通过整合资本、人力、土地等其他要素实现全要素生产率的提高。物流产业中沉淀了大量的供给侧和需求侧的数据，是数据挖掘和数据应用的重要领域。一方面，充分发挥好数据要素的关键作用，可以进一步提高物流活动效率、降低物流成本、提高物流服务水平；另一方面，可以通过数据要素的价值化过程提高衍生服务能力，进而更好地参与生产和消费等上下游环节当中。

三是拓展基于数字技术和数据要素的模式创新。例如，物流金融就是基于物流活动数据价值和货物抵押模式而产生的物流衍生服务需求，是物流业与金融业融合发展的创新探索。

物流和金融的结合可追溯到公元前 2400 年美索布达米亚的"谷物仓单"。胡愈、柳思维（2008）指出，随着银行和期货等行业的发展，20 世纪初，沙俄的"谷物抵押"贷款，便成为物流金融的雏形。[①]"物流金融"的概念最早由浙江大学经济学院的邹小芃、唐元琦（2004）定义为"面向物流业的运营过程，通过应用和开发各种金融产品，有效地组织和调剂物流领域货币资金的运动"。李毅学、汪寿阳、冯耕中（2010）认为，物流金融不再像传统信贷业务一样，仅关注企业规模、净资产、负债率等基本面信息，而是更加关注担保品所负载的交易信息。[②]

了解"物流金融"概念应该注意以下三个问题。第一，物流金融业务的主体是金融机构、物流企业、贷款企业。一般来讲金融机构指商业银行，贷款企业指中小企业。物流金融业务中银行为贷款企业（中小企业）提供的服务主要包括融资、评估、监管、资产处理、支付和现金管理、代开商业票据、授信转贷等。物流企业主要为中小企业提供质押货物监管，

---

① 胡愈，柳思维. 物流金融及其运作问题讨论综述 [J]. 经济理论与经济管理，2008（02）：75 – 79.

② 李毅学，汪寿阳，冯耕中. 一个新的学科方向——物流金融的实践发展与理论综述 [J]. 系统工程理论与实践，201030（01）：1 – 13.

为银行提供货物规模、质量、价值等一系列信息，并根据银行的指令控制质押货物进出库。第二，物流金融业务的核心是"三赢效应"。银行在物流金融业务中找到了金融产品创新的模式，扩大了信贷空间，增加了新的利润增长点。中小企业在物流金融业务中盘活了货物商品，解决了融资难的问题，提高了订单周转率。物流企业在物流金融业务中增设了新的增值服务项目，提高了业务收益，同时更紧密地吸引中小企业客户为其服务。第三，物流金融业务是物流企业在业务活动中将物流与资金流融合的特殊形式。物流企业在传统的业务活动中只负责物流内容，在物流金融业务中物流企业参与了中小企业融资的资金流活动，从某种程度上讲，物流企业涉足了金融业务领域。物流企业实质参与了社会物流和资金流活动。这是物流企业开展产融结合运作重要的业务基础。

在国际上，集装箱航运公司马士基和包裹运输公司 UPS 都积极参与到物流金融业务中来。物流金融业务所获得的利润已经成为这两个超大型公司的主要利润来源。在金融领域，法国的巴黎银行、荷兰的万贝银行积极与物流公司合作开展仓单质押业务。1999 年，美国摩根士丹利投资 3.5 亿美元给红木信托（Redwood Trust），用于开发供应链金融业务；有些金融机构成立了专门的质押银行。

我国的物流金融业务最早开始于 20 世纪 90 年代，中国物资储运公司（简称"中储"）与银行联手开展了第一次仓单质押业务，开创了中国物流金融业务发展的序幕。国内许多商业银行如中信银行、平安银行等十几家金融机构都与中储建立了合作关系。2004 年以来，随着物流业的全面开放，国外大型物流公司纷纷计划将在国外市场上运作的物流金融业务开展到中国来。一家国际物流公司中国区负责人曾指出，"未来物流企业的胜利者，是能够真正开展物流金融业务的人。"随着中国物流企业的不断发展壮大，顺丰速运、中国外运、中铁物流等多家国内大型物流企业均布局开展物流金融业务，并且随着物流企业数字技术的不断应用和数据要素利用水平的不断提升，物流企业对于供需两侧的需求捕捉更加精准，物流企业与生产端和消费端的合作愈加紧密，物流企业与合作伙伴和客户之间的信任更加牢固，物流金融业务将展现出更加广阔的发展空间（见表8-4）。

表8-4 在中国开展物流与供应链金融业务的银行机构和物流企业名单

分类	名单
开展物流与供应链金融业务的银行	国内银行： 广东发展银行、平安银行、招商银行、中信银行、中国工商银行、中国建设银行、中国银行、中国农业银行、北京银行、上海银行、华夏银行、民生银行、光大银行、交通银行、兴业银行、浦发银行、浙商银行、华侨银行、厦门国际银行、深圳市商业银行等； 外资银行： 东亚银行、花旗银行、汇丰银行、渣打银行、恒生银行
开展物流金融业务的物流企业	顺丰速运、招商物流、中国外运、中国远洋运输、亚通股份、中国物资储运、中铁物流等

案例五

顺德：顺丰集团创新推动智慧物流快速发展

一、顺丰集团简介

1993年，顺丰（股票代码：002352）诞生于广东顺德。经过多年发展，已成为国内领先的快递物流综合服务商、全球第四大快递公司。顺丰秉承"以用户为中心，以需求为导向，以体验为根本"的产品设计思维，聚焦行业特性，从客户应用场景出发，深挖不同场景下客户端到端全流程接触点需求及其他个性化需求，设计适合客户的产品服务及解决方案，持续优化产品体系与服务质量。同时，顺丰利用科技赋能产品创新，形成行业解决方案，为客户提供涵盖多行业、多场景、智能化、一体化的智慧供应链解决方案。

149

顺丰围绕物流生态圈，横向拓展多元业务领域，纵深完善产品分层，满足不同细分市场需求，覆盖客户完整供应链条。经过多年发展，依托公司拥有的覆盖全国和全球主要国家及地区的高渗透率快递网络，顺丰为客户提供贯穿采购、生产、流通、销售、售后的一体化供应链解决方案。同时，作为具有"天网＋地网＋信息网"网络规模优势的智能物流运营商，顺丰拥有强有力的全网络管控经营模式。

二、顺丰科技有限公司主要业务

顺丰科技有限公司（以下简称顺丰科技）成立于2009年，是顺丰旗下专注供应链数智解决方案的科技服务商。顺风科技深耕于供应链数智化十余年，致力于构建卓越的智慧供应链，重塑全球商业文明和生产方式。顺风科技基于对供应链场景的深度理解和行业头部公司的数智化实战经验，结合多元业务中沉淀的海量数据与前沿的技术探索成果，为用户提供更懂供应链的数智科技服务。

顺丰科技有限公司是顺丰的智慧大脑。基于人工智能、大数据、运筹、数字孪生等技术，顺风科技通过对顺丰各业务进行全面的数智化，让包裹准时、安全地送达；让工作人员工作合理、公平；让研发灵活、快速；让集团的经营高效、健康。

顺丰科技有限公司服务于各行各业的客户。依托顺丰的物流履约基础，在大数据、人工智能、区块链等前沿技术的加持下，顺风科技结合各行业场景特色，以智慧供应链产品、综合方案等形式，对供应链从生产到销售的全链条中的各场景进行数智化改造，让各行业的客户拥有更加科学、卓越的智慧供应链。

从发展历程来看，顺风科技主要经历了四个发展阶段：

（1）2003—2008年，顺丰物流网络初具规模，物流科技应用首次出现在大众视野。

随着物流网络规模的快速扩张，传统人工输单、分拣、手工操作等方式开始转变为信息化、自动化模式。2003 年，顺丰是国内首个应用手持终端（一代巴枪）来实现收派件数据自动采集的公司，同时在 2004 年自研了第一个国内快递行业业务管理集成系统平台。伴随着快件路由跟踪、机器半自动分拣、无纸化办公等多项科技应用的投入，顺丰的数智化开端正逐步开启。

（2）2009—2016 年，自动化驱动物流效率的提升验证了无人技术的可行性。

随着物流科技应用的广泛性和重要性提升，2009 年 4 月顺丰科技有限公司正式成立。基于前期的技术研究积累，2012 年，顺丰在杭州中转场率先投入了全网第一套自动化包裹分拣机设备；2013 年，顺丰成为当时首个尝试使用物流无人机的企业，开始探索研发物流无人机，在 2016 年完成了自主研发无人机的首飞。

（3）2017—2019 年，服务业务主线与管理经营，持续进行数字化创新。

2016 年顺丰科技开始建立以大数据、人工智能、运筹等多种技术驱动的仓库选址、销量预测、库存分仓、智能调拨等方案，助力快递大网的数智化决策与智慧供应链业务。2017 年起，以慧眼神瞳为代表的 AIOT 产品开始进行研发应用，提升实际作业的运营效率与质量。此外，顺丰通过不断迭代手持终端（巴枪）和推出 AI 语音助手——小丰耳机等智能设备，更好地优化快递人员的工作流程及操作功能体验。

（4）2020 年至今，持续提升快递大网智能性，加速布局远景技术，打造智慧供应链服务。

2021 年，顺丰正式开始通过科技产品与解决方案对外赋能外部客户，打造智慧供应链体系。2022 年，顺丰参与国家科技部重点研发计划，负责物流枢纽相关课题，并成功构建了中转场数字孪生体。未来顺丰科技将继续大力推进物流数字化和智能化发展，布局智能物流技术，打造精细化、智能化的业务体系；同时提供智慧化、一体化供应链解决方案，推动产业数智化升级。

三、顺丰无人机主营业务

丰鸟无人机科技有限公司（以下简称"丰鸟科技"）是顺丰集团旗下大型无人机技术和服务提供商，通过打造业载 150KG～3000KG 级大型无人机生态与"产品＋软件＋服务"的 SAAS 解决方案，提供高效物流服务，助力通航产业成本下降和效率的提升。

2022 年 1 月 25 日，顺丰旗下大型无人机公司丰鸟科技正式取得了中国民航局颁发的支线物流无人机试运行许可和经营许可，标志着丰鸟科技成为全国首家可在特定场景下开展吨级大业载、长航时支线物流无人机商业试运行的企业，也成为全球首个运用特定场景运行风险评估方法，获得监管方批准进入支线物流商业试运行的大型无人机企业。

中国民航局在 2019 年 2 月发布的《特定类无人机试运行管理规程（暂行）》中提出，采用特定运行风险评估（SORA）方法制定试运行批准的审定要求，这为无人机的试运行指明了发展方向并提供了有效的具体实施路径。丰鸟科技率先基于特定运行风险评估（SORA）方法落地支线物流场景验证运行实践，经过初始评审、文件审查、现场科目验证等多个环节的评审，于 2021 年 12 月通过了民航局的最终审查。通过这种评估方法获批支线物流无人机商业试运行，丰鸟科技在全球尚属首例。

2022 年是支线物流无人机商业运行的元年，这个中国民航局开创性和突破性的新举措对行业未来的快速发展具有重大意义。获批后，丰鸟科技将率先在西北榆林等地开展支线物流运输服务，助力顺丰集团构建"大型有人运输机＋大型支线无人机＋末端投送无人机"三段式航空运输网络，后续将在民航局监管与指导下适时扩展试运行范围，循序渐进地连线组网。

大型无人机技术的发展以及物流运输场景的商业化应用，将进一步推进综合性航空物流建设与智慧物流建设，为无人机、物流行业带来革命性的影响。丰鸟科技将继续秉承"开放共赢"的合作理念，加强与业内优秀伙伴的深入合作，共同兴盛支线物流无人机生态链。同时，丰鸟科技作为民航局无人驾驶航空器管理领导小组运行专家组、空管专家组成员和无人系统规划制定联合体的产业界成员，将在试运行的过程中不断积累飞行数据和运行经验，助力中国民航无人机相关标准和法规体系建设工作，不仅为行业的快速发展做出重要贡献，也向国际范围内输出中国民航的无人机运行样板示范。

四、顺丰增值服务

顺丰速运为企业用户处理从运送货件至收取货款的繁复程序，特推出全新港澳跨境代收货款服务，让用户资金调度更顺畅，在生意上亦能得心应手。代收货款服务范围为中国香港及澳门，其服务优势为可以减低商家成本，加快现金周转速度，服务手续费低，结算期灵活等。服务费用每票最高代收金额为港币/澳门币＄10,000，服务费率为3个工作天结算为3.0%，次周结算为2.5%，隔周结算为2.0%，每票最低服务费是港币/澳门币＄5，如涉及汇率换算，按代收货款服务投寄当天计算。有关代收货款的内容及收费按双方协议合约条款最终确定。若代收货款金额未达双方协议合约条款所列之最低金额，将收取最低服务费。（根据顺丰速运官网整理所得）

四、促进网络生活服务创新发展

网络生活服务业是数字时代生活服务业数字化转型的必然趋势和主要方向，就传统生活服务业而言，包含商贸、交通、文化、旅游、教育、健康等与居民生活息息相关的服务需求和消费场景。生活服务业的数字化转型是将数字技术的应用、现代网络作为主要载体，以数据作为主要生产要素，将传统生活服务业与网络生活服务业进行有机融合，打通线上线下两个渠道、两种场景，实现数字时代背景下的生活服务业的创新发展。

粤港澳大湾区是居民生活服务业需求丰富、水准较高、体系较全的区域，在推动网络生活服务业创新发展过程中具有较好基础和创新空间。当前，网络生活服务业创新发展方兴未艾、空间广阔，粤港澳大湾区具有推动生活服务业数字化转型的良好基础和通过数字化方式优化商务活动的巨大潜力。

一是切实把握数字化发展的正确方向。首先，要加强数字技术在居民生活服务业中的应用。充分利用大数据、云计算、人工智能、区块链、量子计算、大模型等数字技术。当前，以 ChatGPT 为代表的大模型成为数字技术发展的热点领域，国内外技术公司、投行机构、创业团队纷纷加强大模型的研发与应用，大模型的应用必然将会对商务领域各个方面产生重大改变。大模型在生活服务业领域如何加以利用和创新发展是网络生活服务业创新发展的重要方向之一。此外，人工智能的发展日新月异，粤港澳大湾区具备发展人工智能的优良基础，涌现出如大疆无人机、小鹏汽车、商汤科技等一系列人工智能科技公司。当前广东省在探索性推动低空经济的高质量发展，着力推动低空空域向商业开放。目前，深圳已经开通"国内首条无人机常态化景区航线"，可以开展外卖配送、低空观光、飞行体验、高空跳伞、个人娱乐飞行等多种商业活动。其次，要加强数据要素的开发利用，生活服务业发展过程中具备大量的消费者数据，这些数据不仅对于挖掘消费者需求、创新生活服务业发展场景、丰富生活服务业供给具有重要作用，也是生活服务业数字化的重要衡量标准之一。

二是加快推动生态化共生发展体系构建。数字时代的网络生活服务业发展的重要方向是生态化，不是要实现单一业态的数字化，而是多元业态的数字化赋能。首先，要推动生活服务业各业态之间互通，商贸、文旅、教育、健康等业态之间的数据、场景要互相打通；其次，生活服务业业态要与数字商务其他内容互通，如与金融服务业场景、科技服务业场景互通；最后，要推动生活服务业与工作场景互通，在工厂、写字楼、园区提供生活服务业服务，如在写字楼里设置自动拍照智能亭、智能休息座舱等。总之，就是要加强生活服务业与其他服务业之间的联动，实现流量互导、场景共享、数据共用、互相加持、互相赋能的共生型生态体系。

三是加强生活服务业之间协同化发展。首先，是区域协同，粤港澳大湾区内各城市之间、城乡之间、内地与港澳之间的生活服务业水平还有较大差距，推动粤港澳大湾区生活服务业的创新发展要缩小区域发展差异，让数字化成果在各地区之间共享。其次，是人群协同，不同年龄层次的人群对生活服务业具有不同诉求，特别是对于60岁以上的老年人来说，如何更好满足他们网络生活服务需求的问题。一方面，是随着粤港澳大湾区人口老龄化程度的加深，针对老年人的网络生活服务业市场具有广阔发展空间；另一方面，老年人对互联网、数字化的认识和使用水平有限，要加强科技平权的普及工作，既要利用数字化技术提高服务效率、提升服务水平，又要做好适老化的替代方案和改造，让不同人群都能够平等地享用网络生活服务业发展带来的红利。

四是强化居民生活服务业的民生性特征。生活服务业作为流通产业不可或缺的一个组成部分，具备流通产业作为基础产业的全部特征。黄国雄教授（2005）在论述流通产业是基础产业的文章中提出了五个指标，其中有两个指标对于生活服务业的发展至关重要。一个是就业程度高，流通产业解决的就业人口占总就业人口的10%以上；另一个是不可替代程度高。世界上存在没有农业的城市，存在没有工业的城市，但是不存在没有商业的城市，"柴米油盐酱醋茶"是一个城市市民生活的必备需求。从这个角度讲，生活服务业的起点与终点体现着以人民为中心发展思想的出发点和落脚点，对粤港澳大湾区推动生活服务业的数字化发展、高质量发展具有重要意义。

深圳：美团无人机探索低空经济新蓝海

一、深圳低空经济发展概况

深圳市低空经济发展迅速。2023 年，深圳载货无人机飞行量突破 60 万架次，成为全国领先的城市。深圳低空经济不仅包括无人机，还涵盖了低空制造、低空飞行、低空保障、综合服务以及旅游业、物流业、巡检业等多种应用场景，形成了一个长链条、广辐射的低空产业生态圈。

深圳市政府一直在积极推动低空经济高质量发展，通过政策"护航"来提升整体产业水平。2022 年以来，深圳先后出台《深圳市低空经济产业创新发展实施方案（2022—2025 年）》《深圳市支持低空经济高质量发展的若干措施》等文件。2024 年初，全国首部低空经济条例——《深圳经济特区低空经济产业促进条例》应运而生，进一步完善了低空经济产业发展顶层设计、协同机制和政策举措。深圳市交通运输局相关部门介绍情况时指出，计划到 2025 年，全市 120 米以下适飞空域开放面积占比突破 75%。

据统计，2023 年深圳低空经济总产值突破 900 亿元，完成无人机飞行 61 万架次、直升机飞行 2.3 万架次，飞行规模全球领先，形成低空经济加快发展的生动局面。当前，深圳正积极争创国家低空经济产业综合示范区和城市空中交通国家级试点，推动深圳在低空产业发展、空域划设等领域进一步先行先试。据了解，到 2025 年，深圳将网格化布设 600 个以上低空飞行器起降平台，开通 220 条以上市内无人机航线，链上企业突破 1700 家，产值规模突破 1000 亿元大关。

（一）深圳发展低空经济的利好和优势

低空经济是以通用航空为主导，各类有人和无人驾驶低空飞行活动为基础的综合性经济形态，核心包括低空制造、低空保障、低空飞行和综合服务等细分领域，具有较强的辐射带动能力。

近年来，国家颁布了一系列支持发展低空经济产业的政策措施，深圳低空经济发展迎来诸多政策红利。

2021年2月，《国家综合立体交通网规划纲要》首次提出发展低空经济。2022年1月，《关于深圳建设中国特色社会主义先行示范区放宽市场准入若干特别措施的意见》提出，放宽航空领域准入限制。2022年8月，深圳获批民用无人驾驶航空试验区，用于在城市场景进行综合应用拓展试验和探索。这是深圳继国家通用航空产业综合示范区、全国通用航空分类管理改革试点之后，在低空经济领域荣获的又一国家级试验区称号。

可见，深圳承担着国家发展低空经济的多项创新试点任务，这对深圳抢抓低空经济产业高速发展战略机遇、推动低空经济产业创新发展具有重要意义。

另外，深圳具有发展低空经济的产业基础。

经过二十余年的发展，深圳无人机产业已经形成了集模具制造、电子配件生产、软件平台开发、产品制造于一体的完整产业链。深圳无人机企业知识产权数量位居前列，如大疆创新、道通智能、科卫泰等，仅大疆创新每年无人机专利就有1000多项，强大的自主创新能力让深圳无人机在国内外市场保持较强的竞争力。深圳无人机应用企业种类丰富，涵盖航拍、交通巡逻、勘探测绘、植保、物流配送等多领域，丰富了无人机的商业化运营探索场景。深圳被称为"无人机之都"，2022年无人机行业产值达750亿元，约占全国的70%。近年来，出口海外的深圳无人机占全国无人机出口总量的80%。

无人机创新应用正不断推动低空经济发展。如今，深圳有包括大疆创新、顺丰科技、美团、东部通航等1500余家低空经济链上企业，分布于无人机研发、生产、销售、运营各个环节，形成了比较完整的产业生态链。总部位于深圳的大疆创新在消费级无人机领域处于全球引领地位，顺丰科技、美团、东部通航则在物流配送、城市空中交通等领域多有探索。

(二)"向空中要发展",深圳做出的探索

得益于低空资源优势和强大科创基因,深圳近年来进行了诸多探索,跨境直升机、空中救援、无人机物流等低空飞行业态和应用场景不断涌现,深圳在低空经济领域不断开辟新赛道。

2019年6月,东部通航获得中国001号跨境飞行许可,实现深港直升机跨境首飞;2019年11月,华南地区首个、全国第5个政府主导建设运营的无人机测试基地深圳市龙岗区无人机测试场正式启用;2020年12月,顺丰科技获批粤港澳大湾区"低空无人机物流配送体系试点"……

1. 深圳低空经济"起飞"后,探索的步伐一步步加快

2023年2月,美团城市低空物流解决方案通过中国民航局审定,获得《特定类无人机试运行批准函》和《通用航空企业经营许可证》。美团副总裁、无人机业务部总经理毛一年表示,不仅有政策支持,深圳还具备完善的产业链,"我们一定会深耕深圳。"相信在未来,致力于打造城市低空科技体系的美团将不断解锁城市更多的时空,开启城市低空物流经济新篇章。

3月2日,"燕子湖会展中心⇌宝安直升机场""燕子湖会展中心⇌福田大中华"2条固定直升机航线正式开通,乘坐直升机从坪山燕子湖会展中心到宝安国际机场只需20分钟,到福田大中华13分钟。坪山区人员还透露,将以此次首飞为契机,加强低空制造产业链布局,研究推进在坪山区人民医院等地建设停机坪,搭建空中医疗救护通道和空中应急救援体系,逐步构建全方位、多领域的低空服务圈。

2. 低空经济发展,市场是根本,政策是保障

深圳持续出台相关政策规划支持低空经济发展。2022年6月,深圳发布的"20+8"产业政策中,包含无人机在内的"智能机器人产业集群"被列入20个战略性新兴产业集群之一。《深圳市推进新型信息基础设施建设行动计划(2022—2025年)》和《深圳市综合交通"十四五"规划》提

出，建设低空民用无人机联网系统、打造无人机城市低空物流运营中心和调度监管平台、构建城市低空物流网络、实现无人机在智慧城市物流创新应用等目标。

（三）深圳勇闯"低空区"，培育新的经济增长点

2023年深圳市政府工作报告提出，"建设低空经济中心，打造通用航空产业综合示范区、民用无人驾驶航空试验区，推广无人机末端配送业务，培育发展低空制造、低空飞行等新增长点"。

在深圳市高质量发展大会上，深圳市交通运输局人员表示，将加快建设全球领先的低空经济中心，推进建成全国首个物流无人机整机制造工厂，载货无人机飞行量超50万架次。

2023年，全市交通运输工作会议明确，深圳今年将加快在低空经济领域的探索步伐：加快建设民用无人驾驶航空试验区，加强低空经济顶层设计；建设智能融合低空系统，推进打造低空"设施网""航路网""通信网""气象网""服务网"五张网；大力拓展低空应用场景，支持美团、顺丰科技、东部通航等头部企业开展低空飞行试点试验，推广无人机末端配送业务；支持龙头企业加大在深圳投资力度，全年计划新增省、市级创新平台6家，形成3至5家龙头企业和一批低空经济企业协同发展的良好生态。

在2023年全国两会上，全国人大代表、鹏城实验室主任、中国工程院院士高文非常关注低空经济发展。高文建议，支持深圳探索设立"低空经济示范区"，为全国推进低空空域改革试出新路子，包括：推动协调深圳开展融合空域管理试点，加快推进低空经济发展的立法工作；建设低空数字化基础设施，打造低空操作系统，构建数字化管理和新服务模式，服务好低空经济产业发展的各类新需求；试验和探索新模式、新技术，建立实现城市低空动态管理的体系和系统能力；充分探索和挖掘深圳城市低空空域资源，探索低空空域融合运行管理机制。他认为："这一系列探索尝试，不仅有利于促进深圳低空经济发展，对国内、国际低空产业的发展都具有

重要示范作用和意义。"

仰望天空，我们看到的不仅仅是蓝天白云，直升机、无人机越来越常见，低空经济应用场景也将越来越丰富。低空经济"起飞"，虽然还有很长的路要走，但只要我们拥抱创新，这座奇迹之城就能创造无限可能，期望深圳能成为率先腾飞的"天空之城"。

二、美团无人机发展历程

美团无人机自 2017 年开始研发，并于 2021 年在深圳送出首单，开启了常态化运营。截至 2023 年底，美团无人机已累计完成订单超 22 万单，覆盖办公、社区、高校、景区、市政公园、医疗等多场景。美团无人机立足深圳，搭建了研发设计、生产制造、运营运维一体化产业发展链条，开展人口密集区域、超视距、轻小型无人机末端智能配送。

2023 年，美团无人机团队已通过中国民航局审定，获得《特定类无人机试运行批准函》《通用航空企业经营许可证》，这是由民航局针对特定类无人机运营人从人、机、管、环全方位全流程的运行能力和经营水平考核。上述批准函显示，美团无人机团队申请审定的试运行区域地点为广东省深圳市，申请审定的运行场景是在城市人口密集区 120 米以下的空域中，用无人机以超视距运行（无人机在工作人员视野外运行）的方式完成物流配送工作。此外，美团无人机已获批允许进行通用航空货运等经营活动。

美团无人机运营负责人杨俊伟介绍，相关审定工作自 2021 年初开始，团队初步完成飞行器、自动化机场及智能调度系统的研发工作，其中 90%以上部件为纯自研，并由此合力打造出一个全场景、全天候的城市低空物流网络。美团无人机运行系统的审定工作经过监管方的初审、文件审查、运行验证等多个环节，同时需要在其监管下完成近 12 万单的无人机配送任务后才可以完成。

2023 年 7 月，美团无人机发布第四代新机型。该机型是专注于城市低空物流配送场景的全新多旋翼机型。与此前几代机型相比，新机型升级了环境适应能力，可在"–20℃～–50℃"的中雨、中雪、6级风、夜晚等环境中稳定飞行，能够适应97%以上国内城市的自然环境要求。硬件层面第四代无人机搭载双目立体视觉相机、4D毫米波雷达等感知组件，同时对整机集成和防水性能、桨叶材料质量等均进行了提升。为进一步保障飞行安全，新机型的设计以关键子系统冗余备份为核心安全理念，在动力、电池、飞行控制、传感器、定位等关键子系统上设有冗余备份，并在行业内首创"冗余备份运行—安全迫降—开伞"三级安全保障体系。另外，在无人机的安全控制体系上，新机型也得到了强化，设置了人员权限、硬件、飞行信号、电子围栏等多层控制防御机制。

美团无人机硬件管理负责人胡孟表示，与上一代相比，新机型的经济性和环境适应性得到大幅提升。"除寿命延长1倍外，第四代无人机的配送距离提升35%，最远可达5km；同时为了给用户提供更好的体验，折叠三叶静音桨的设计让飞行噪声也下降了50%"。美团无人机业务负责人毛一年表示，第四代无人机将让用户享受到更高效、更便捷的配送服务。同时，美团城市低空物流解决方案中的"塔台"——美团无人机深圳空中运行管理中心也首次对外亮相。在运管中心内，其自研的运行系统可自主完成半径600km内的订单航线调度。

据了解，在审定期间，美团无人机团队通过空中运行管理中心尝试以超视距运行的方式完成订单配送任务。截至目前，无人机的平均订单配送时长约为12分钟，相较传统模式近30分钟的平均配送时间，效率提升近150%，并为用户累计节省近3万小时的等待时间。

据悉，外卖配送场景将率先尝试使用无人机。美团无人机在城市复杂场景中实现了高频次、高密度、多天时、多天候运行，截至2024年5月，已在深圳10个商圈落地航线约30条，配送服务覆盖办公、景区、市政公园、医疗、校园等多种场景，配送商品种类超过2万种，涵盖餐饮、美妆、快速消费品、商超产品、电子产品等多种类型，并累计完成用户订单约27万单。

三、深圳美团无人机的主要场景

（一）深圳世界之窗

2023 年 4 月，国内 5A 级景区深圳世界之窗与美团无人机合作的国内首条景区常态化航线正式开航。据悉，新航线以景区外约 1km 的购物中心益田假日广场为起点，最快 5 分钟即可将各类餐饮以及湿巾、隔汗巾、防蚊贴等居家出游常用的急需品送抵世界之窗。未来，景区还会通过无人机配送更多优质商品，帮助游客减负，让大家足不出园就能拥有"所想即所得"的游玩体验。

"低空经济"为背包减负，无人机最快 5 分钟可送到景点地标。"我家带娃出游最大的障碍，就是理不清的玩具、奶粉瓶、纸尿裤、湿纸巾、隔汗巾……每次出门都需要带好几个包，还没走多远就累得一身汗，而且还经常会有遗漏"。在世界之窗，游客秦女士刚刚通过美团无人机航线给全家点了一份网红奶茶套餐，仅等待了 5 分钟左右无人机就将套餐送到她手中。更令她惊喜的是，除了网红餐饮，在景区内还可用无人机采购母婴用品，"这样即便忘带了湿巾和奶粉，大家也可以点外卖送来，感觉会方便很多"。秦女士补充说。

据美团无人机相关负责人介绍，新航线首批接入商户包括奈雪的茶、元气寿司、BABYCARE 等知名品牌，使消费者在景区内不仅可以购买到各类美食饮品，在忘带湿巾、隔汗巾等婴幼儿出行必需品时，也可"呼叫"无人机送到手边，并且仅需等待几分钟。

据了解，商家奈雪的茶门店，距离无人机降落点约 20 分钟的步行距离，并且过往配送服务无法送达景区内部，游客即便想点外卖也需要步行 10 余分钟到景区门口取货，快捷方便成为无人机配送在景区内的最大卖点。

（二）深圳东部华侨城

2023 年 7 月 28 日，深圳市盐田区首条无人机常态化航线落地国内 5A

级景区深圳东部华侨城。新航线以景区外约 1.5km 的大梅沙 8 号仓奥特莱斯商场为起点，游客可在景区内购买到由无人机送来的商品。据悉，该航线是美团无人机在深圳开通的第三条景区航线，美国无人机在深圳世界之窗和锦绣中华可以提供无人机配送服务。

从现场体验来看，快捷方便及更加多元的选择是景区场景下无人机配送最大的亮点。以往，传统配送服务无法在景区内配送，游客点外卖需要自己步行到景区门口自提；现在景区里有了无人机配送，消费者只需使用手机下好订单，商家只要出单后，数分钟就会用无人机将商品送到消费者手中，同时更多景区外商家的接入也让他们有了更多的选择空间。

（三）深圳人才公园

2023 年 9 月 4 日，美团无人机在深圳市南山区的第三条常态化航线在深圳人才公园正式开航。深圳人才公园成为继深圳世界之窗、锦绣中华等景区后，美团无人机在国内落地的第五个景区。

深圳人才公园—海岸城航线地处深圳市南山区，紧邻高新科技园和深圳湾超级总部基地，是深圳高新技术人才聚集地。新航线作为南山区后海智慧运营改革创新试点，运用高效运力满足市场物流发展新需求，由美团无人机与华润置地后海智慧城市运营商联合打造，是后海片区发展城市低空经济物流网络的创新尝试。该航线起飞点位于海岸城商圈，用户在距起飞点约 1km 远的深圳人才公园内下单时，商家出单后，用户只要等几分钟就可收到商品。

深圳人才公园—海岸城航线横跨商业、园区和公园等复杂城市业态，起飞降落点设置结合科普教育、体验参观等多样化功能，有望成为后海片区的新晋网红打卡点。

（四）深圳中心公园

2024 年 5 月，美团无人机在深圳中心公园 C2 区开通了市属公园首条无人机配送航线，同时这也是其在福田区内的首条航线。

新航线以深业上城为起点，最快 10 分钟就能将肯德基、奈雪的茶、7

- ELEVEN 便利店等商家超千种商品空投到 2km 外的深圳中心公园，宝爸宝妈动动手指就能在公园内满足孩子的需求。不仅如此，为了让消费者在游玩时可以有更好的体验，美团无人机还将联合肯德基在公园及肯德基深业上城店举办快闪活动，活动期间不仅设置了大量趣味活动供游客体验，现场也会有专业人员的讲解让大家了解无人机配送背后的科技秘密。

"从过往数据来看，消费者在公园点外卖，普遍会存在收货地址难定位的问题。消费者使用'第 4 个路灯下''第 6 棵大树旁'等定位很常见，而外卖员在公园内配送按要求只能步行前往，所以想快速准确送达就会比较困难"，美团无人机商业战略负责人告诉记者，目前团队已在深圳的一些市政公园开通无人机配送服务，消费者只需要走到这些公园内的指定空投柜取餐即可。配送模式变化带来的价值，不仅是为消费者节省了大量沟通成本，同时外卖配送的效率也得到了大幅提升，而景区周边的商家更是获得了新的订单。

美团无人机数据显示，2024 年春节假期，深圳多个公园的无人机配送订单量增长迅猛，较 2023 年十一小长假同期增长约 80%，炸鸡、汉堡等商品销量环比增长超过 5 倍；周边许多商家超 80% 的外卖订单，消费者会指定要求由无人机配送完成。

四、美团物流无人机工厂在深圳投产

美团物流无人机工厂在深圳投产，年产智能装备可超万台。继常态化运营两年多后，2023 年 9 月 19 日，美团在深圳市龙华区落地了无人机智能制造中心，并于当日正式投产。据悉，该中心承担美团自研无人机及配套智能模组等装备的研发验证、试制、量产及维修等工作，具备年产超万台智能装备的能力。自此，美团无人机实现了从研发设计、生产制造、运营管理到运维服务等全链条环节的打通，未来会利用高度自动化、智能化的生产方式，满足自身日益增长的高品质运载工具生产需要。

据介绍，美团无人机智能制造中心具备自动焊接、自动拧螺丝、机械手联动、自动热铆、镭射打标、激光探高、等离子处理、气密性检测、视觉检测等自动化生产能力，在生产过程中，小到螺丝固定、大到整机检测均可由机器自动完成。同时智能制造中心还部署了实现无人机生产过程管理、数据采集和质量追溯的高级制造系统（MES），设置视觉标定实验室、品质实验室、户外测试飞场等检测试验场地，显著提升了产品生产效率及品质稳定性，确保每台出厂设备安全可靠。

美团无人机相关负责人表示，自建生产工厂是为了满足公司对高品质运载工具的生产需要。"我们目前对稳定可靠的无人机生产、维修等能力要求正在不断提高。中心投产后，公司实现从技术研发、产品设计、智能制造到场景应用的全链路闭环，这有助于提升新产品研发效率、缩短开发周期，使无人机等城市地空配送的运营设备规模化生产，综合成本有望进一步降低"。

2017 年，美团启动了对无人机配送服务的探索，通过推动履约工具创新，以及建设空地协同的本地即时配送网络，提升城市即时配送的效率与体验。截至 2023 年 8 月底，初步完成了自主飞行无人机、智能化调度系统及高效率运营体系的研发建设，并在深圳、上海等多地 7 个商圈、17 条航线实现常态化运营，为 14 个社区写字楼、4 个 5A 级景区的用户提供配送服务，累计完成订单超 18.4 万单。（根据美团官方网站等内容整理所得）

第三节　数字商务：引导生产

一、大力发展"数商兴农"

"数商兴农"是通过数字商务的发展助推农业现代化的务实举措，是数字经济发展与乡村振兴协调推进的重要抓手，是数字商务引导生产功能发挥的有力体现。2021 年 10 月，商务部、中央网信办、国家发展改革委三部门联合发布《"十四五"电子商务发展规划》，明确提出实施"数商兴农"行动。2023 年,《中共中央 国务院关于做好 2023 年全面推进乡村振兴重点工作的意见》提出,深入实施"数商兴农"和"互联网+"农产品出村进城工程。"数商兴农"通过搭建各类农产品上行的有效渠道,推动乡村数字基础设施建设和智慧物流体系构建,破解城乡二元化难题和跨越数字发展鸿沟,实现乡村振兴的高质量发展。

"数商兴农"成为农产品上行可持续发展路径。《2023 抖音三农生态数据报告》显示,2023 年抖音上共有 10.2 亿个"三农"视频,收获 2.4 万亿次播放,获赞 530 亿次。抖音电商共助销农特产 47.3 亿单,平均每天有 1300 万个装有农特产的包裹销往全国各地。开展以"盒马村"模式为代表的数字化订单农业。数据显示,截至 2023 年 5 月,全国共有 185 个"盒马村",其中有机"盒马村"41 个,惠及上下游产业链企业 110 家,"盒马村"在盒马销售的产品共计 699 个。①

"数商兴农"的作用机理可以总结概括为以下几个方面。第一,"数商兴农"找到了一条推动农业生产力发展的重要途径。鉴于过去中国城乡二元发展结构的束缚,农村在经济、社会、文化、生活方式等方面都与城市具有截然不同的差异,并且形成了较大的差距。在新中国成立后特别是改革开放以来,农村与城市都得到了快速的发展,但是,城市的发展速度明显高于农村,城市在基础设施、产业发展、文化教育体育卫生、居民生活等各个领域都得到了高速发展。特别是近二三十年来,在城镇化、信息化发展的过程中,城市的发展成就非同小可,致使大量的农村人口纷纷涌入城市来就业和生活。虽然农村的发展在国家一系列政策的大力扶持下得到了明显进步,但是农村的基础设施水平、产业发展方式、社会服务能力等仍有较大的发展空间。时至今日,在数字化发展的大潮中,农村生产和生活方式获得了前所未有的跨越式发展契机。

随着数字技术的不断成熟和成本的日益降低,大数据、人工智能、物

---

① 李贞."数商兴农"为乡村振兴带来新机遇 [N]. 人民日报海外版,2023 – 04 – 12 (005).

联网等数字技术已经逐步应用于农牧业生产之中，如自动播种机、自动收割机、无人飞机等的应用程度在农业生产中越来越高。与此同时，与数字经济相关的农产品流通方式也在悄然发生着变革。在以往的农产品流通中，"谷贱伤农""猪周期"等因供需信息不对称、供需错配导致农产品的生产价格波动屡屡发生，一方面，是由于传统的农业生产方式无法与市场经济体制相吻合；另一方面，是传统的市场经济体制对于农产品生产经营的波动具有放大作用。因此，利用数字化的技术和相关商业模式是解决农产品供销错配问题的一种可行方式，通过数字销售渠道可以大大提高市场经济体制下的农产品流通力水平，进而提高整体农业生产力水平。

第二，"数商兴农"可以带动农村"新基建"的建设。"数商兴农"是补齐农村基础设施短板、便利农村生产生活、扩大农村投资规模、改变农村面貌的重要内容。例如，农村"新基建"建设大幅提升了农产品物流配送、分拣加工等环节的数字化、智能化水平，对打通农产品上行"最初一公里"具有积极意义。国家邮政局数据显示，2022 年全国累计建成 990 个县级寄递公共配送中心、27.8 万个村级快递服务站点，全国有 95% 的建制村实现快递服务覆盖。除此之外，还可以加大农村通信网络基础设施、数字商务产业化基础设施、数字化便民服务设施投入力度，形成基础设施、产业、公共服务等多元化投资格局，提高农业农村的生产力水平和农民生活便利水平。

第三，"数商兴农"找到了一条缩小城乡生产和生活差距的有效方式。"数商兴农"是数字化发展的重要内容，城乡二元结构下的经济社会发展过程中，以往的工业化、城镇化等历史进程中农村发展处于相对弱势地位，产业体系的建立、基础设施的投资都处于相对不足的地位。当前，在数字化发展潮流到来的时候，在数字化方面缩小城乡发展差距成为一个较为有利的契机。由于中国通信网络基础设施和数字应用技术在城乡间均发展较为成熟，其服务应用的价格也日益低廉，这就使连接城乡生产和消费、双向互动成为一种可能。在广大农村地区使用网络进行娱乐、工作等已不是新鲜事，生产和生活得益于网络连接得到了充分的改善。以"数商兴农"为例，可以通过 B2B、B2C、C2C 等方式进行农产品销售，或者开展乡村旅游宣传直播，较大地增加了农民收入。

| 案例七 |

以打造农村电商生态圈为引领，
持续培育农村经济发展新增长极

梅州大埔县是广东省第二批获得商务部、财政部国家级电子商务进农村综合示范项目支持的四个县之一，以此为契机，大埔加快构建以"一个中心、三大体系"为架构的农村电商综合服务体系，建立镇（村）服务站（点），完善物流基础，培育电商直播人才。如今，大埔农村电子商务氛围浓厚，青年依托互联网创新创业热情高涨，农电商呈现出蓬勃发展势头。

据统计，2019 年大埔县电商交易额 21.53 亿元，同比增长 67.45%，农村产品、乡村旅游网销额为 8.447 亿元，同比增长 87.42%，带动全县电商从业、创业人数 2000 多人。农村电商，正逐步成为大埔经济发展、农民增收的新动力。

一、夯实基础，推动农产品链接电商

大埔县电子商务公共服务中心陈列着诸多当地电商销售的特色农副产品，如柚子、冬瓜、番薯、南瓜、芋头、腐竹、金针菜等。重要的是，每一件产品上都有一个溯源二维码。这个二维码是农产品的'身份档案'，手机一扫就能向消费者提供'从农田到餐桌'的追溯，包括农药肥料记录、产品品牌、生产企业行业资质认证、销售渠道信息等。

不仅是农产品溯源，目前中心已建设了农产品检测中心、农产品溯源中心、视频直播中心、电商培训中心等，承担县域特色农产品电商推广销售、农产品检测、农产品溯源、电商培训、农产品品牌营销和策划等公共服务功能。大埔县电子商务公共服务中心作为一个电商平台，其功能就是更好地服务当地广大电商企业和小微网商，进一步拓展农特产品的网络销售渠道。

截至 2020 年 3 月底，大埔有梅州市客道文化传播有限公司等 12 家企业进驻该服务中心进行创业孵化，同时集合当地 18 家企业的 112 种产品进行线上线下同步展示。

目前大埔正着力建设以"一个中心、三大体系"（即电子商务公共服务中心、农村电商物流体系、农产品供应链体系、农村电子商务培训体系）为架构的大埔县农村电商综合服务体系。"电商服务中心＋公司（合作社）＋农户"和"电商协会＋直播团队＋农户"的农村电商发展模式带动了大埔农村电商的全面发展，目前大埔农村电商发展经验吸引了粤东、粤西、粤北等多个国家级、省级电子商务示范县到大埔考察学习。

目前大埔县拥有一个县级电子商务公共服务中心、15 个镇级服务中心、182 个以上村级服务网点，形成县镇村三级电商公共服务体系，建成大埔县农村电商数据信息服务中心、大埔县物流配送中心、农产品检测中心、农产品溯源中心等支撑平台。

这是大埔县农村电商的基础支撑架构，为大埔县农村电商快速发展奠定了基础。目的是引导县内传统农企链接电商、融入电商，让更多优质农特产品走出大埔，走向全国，走向世界；同时推进大埔县农村一、二、三产业融合发展，推动农村电商成为农业农村现代化新动能、新引擎，助力乡村振兴。

二、全面覆盖，打通电商物流"大动脉"

为了拓宽销售渠道，让优质农产品乘上电子商务的快车，走出大山，近年来当地镇政府抢抓电商发展机遇，引入了鸿姑娘生态发展有限公司，带动更多村民及农产品对接互联网上的大市场。目前北塘村电子商务服务点共帮助周边3个村的农户销售蔬菜、鸡、鸭等农产品。农村电商的发展让自家的农产品有了更多销售渠道，价格上也有更大的获益空间。

自2018年国家电子商务进农村综合示范项目实施以来，大埔县共建成15个镇级电商服务站，乡镇覆盖率达到100%，共建成182个村级电商服务点，行政村覆盖率达74%，项目共带动全县电商从业、创业人数达到数千人。

更重要的是，农产品的流通少不了物流配送这一输送能量的"血管"。"镇（村）电商服务站（点）是解决农产品销售的最前端一公里，县级物流配送中心则是帮助大埔农产品走出大山的最后一公里。"大埔县物流配送中心负责人陈演城说，配送中心具备完善的电子商务物流仓储功能，以及网销网购商品的分拣、打包、配送等功能，保障服务站（点）的农产品的输送。目前，物流配送中心全天候运营，共有17辆车（3辆货柜车）奔忙于各物流站（点），对于运费还有打折优惠，为当地从事农村电商的企业和农户降低了运营成本。

三、多点开花，乡土网红带货助农增收致富

大埔县30名本土网红在本地"和寿大埔"长寿食品区域公共品牌推广活动中推销本土特色农产品，这些网红通过网络直播开展直播带货，对大埔的特产、陶瓷、小吃、旅游产业进行线上销售。

当前，在国家电子商务进农村综合示范项目带动下，大埔县成功培养了一批本地网红主播。例如，飙方言带货的"番薯哥"、返乡进行短视频再创业的"香菇哥"以及为梅州柚代言的"丘香姐"……

自国家级电子商务进农村综合示范项目开展以来，大埔县重视本地农村电子商务人才的培养，在全县15个镇（场）开展了农村电子商务巡回培训，目前累计共77场，培训4909人（次），挖掘有意向通过电商创业

就业人员40人。

在国家电子商务进农村综合示范项目的带动下，如今大埔县涌现出了一批依靠农村电商实现就业创业的群体，电子商务成为助农兴农的重要工具。

四、小结

农村电商生态体系的打造是推动"数商兴农"的顶层设计，短视频带货和直播带货是"数商兴农"的重要途径，完善的物流配送体系是"数商兴农"的重要保障，充沛的数字商务人才队伍是"数商兴农"持续发展的源源动力。因此，下一步，加强人才培养力度是助力"数商兴农"的基础工程，也是通过"数商兴农"不断推动农业人口就业的重要载体，需要统筹数字商务发展的效率和公平两个方面，不仅大力推动产业发展，而且要解决更多的农业人口就业，让老百姓真真正正享受到"数商兴农"的福利。

总体来看，广东省截至目前共有33个国家级和42个省级电商进农村综合示范县，共建成县级电商公共服务中心53个，镇村级电商服务站点8300多个，初步构建起覆盖县镇村三级的农村电商公共服务体系，为农民和企业提供创业孵化、品牌设计、网店运营、仓储配送、直播培训等综合服务，畅通农村地区的"工业品下行"和"农产品上行"渠道。下一步如何更好培养更多"数商兴农"专业人才，需要重点考虑几个方面。一是优化专业设置。支持和引导全省技工院校围绕我省产业发展和布局需要，增设、优化学校数字化技术产业相关专业课程设置。目前，我省共有广东省机械技师学院、广东省岭南工商第一技师学院、深圳技师学院等36所技工院校开设虚拟现实技术应用、云计算技术应用、工业互联网与大数据应用等相关专业，在校生近8000人。二是强化专业集群建设。近年来，广东省不断加强技工教育专业建设，推动形成专业群，加强符合行业企业需求的高素质技能人才培养。广东省轻工业技师学院、广州市轻工技师学院的物联网应用技术、人工智能技术应用等专业被列为 2023 年省级重点专业并获得省级资金扶持建设，推动技工院校数字化相关专业建设与人才培养提质增量。三是深化校企合作。紧紧围绕现代服务业的技能人才需求，通过校企合作开展订单式培养等方式，引导广大技工院校大力培养符合岗位要求的技能人才，帮助企业解决用工难、稳工难的问题，帮助降低企业的员工培训的成本，如深圳技师学院与华为共建 ICT 高技能人才培养基地，与亚马逊签约共建云创技术学院，共同培养切合企业所需的高技能人才。四是大力开展常规性农村电商培训。积极依托技工院校、职业培训机构和行业协会等多方力量大力开展互联网直播营销、网商运营、网店美工等农村电商相关工种培训，2020 年以来，全省累计开展培训超过 16 万人次。五是示范性开展农村电商"带头人"培训。面向具有一定基础和潜力的农村电商企业骨干开展农村电商市级"带头人"培训和"省级精英训练营"，示范带动社会各界关心支持和组织开展农村电商人才培养，打造一支懂产品、会技术、善经营的农村电商领军队伍，近年来已累计培训近 1.4 万人，电商人才队伍不断壮大。六是加强农村电商人才培育。发挥县级电商公共服务中心、现代农业产业园、电商产业园、镇村级电商服务站点等载体作用，持续开展农村电商培训工作，针对农户、返乡农民工、大学生、退伍军人等开展有针对性的普及培训和短视频制作、直播带货等实操增值培训。截至目前，各示范县已累计开展各类型电商培训 35 万人次，电商培训的覆盖面不断扩大。七是强化产销对接长效机制。在农产品上市期，积极鼓励各地市组织开展各类线上线下产销对接活动，依托大型电商平台和本土电商企业，建立长期、紧密、稳定的产销关系。2022 年，广东省商务厅指导举办了第七届广东省农村电商峰会暨数美汕尾助农电商消费节，邀请多个国内外电商平台、品牌公司、MCN 机构针对汕尾市的农渔旅三大产业开展资源对接活动，深化合作对接机制。（根据广东省商务厅、南方日报等网站内容整理所得）

二、大力发展"数商兴产"

2024 年 4 月，商务部印发的《数字商务三年行动计划（2024—2026）》通知中明确提出大力推动"数商兴产"行动，明确了建强数字化产业链供应链、优化数字领域吸引外资环境、扩大数字领域对外投资合作等三方面的重点任务。粤港澳大湾区是我国产业链、供应链十分健全的区域，连续多年制造业排名我国第一，也是产业体系十分丰富、供应链韧性十分强劲的区域，区域内的华为、中兴、格力、美的、TCL、比亚迪、小鹏、大疆等科技创新和制造业头部企业在全国乃至全世界都具有较强的影响力。此外，粤港澳大湾区具备"一个国家、两种制度、三个关税区、三个法域"的特征和优势，具备良好的吸引外资的国际化、法治化营商环境，加之依托香港国际金融中心的功能和地位，粤港澳大湾区是对外投资的重要窗口和前沿阵地，因此，粤港澳大湾区具有推动"数商兴产"的重要基础和先决条件。

"数商兴产"指基于数字商务更大程度地、更广范围地连接供给与需求，发挥在数字化时代下连接数字化生产和数字化消费的功能。因此，数字商务的中间作用就得到更大程度的提高，一方面，数字商务因其数字化程度高、响应供给侧厂商的需求更好而与更多厂商建立起更为密切的合作关系，商务领域的数据对于厂商更好捕捉市场需求、开展敏捷和柔性生产、实现低库存或零库存具有十分重要的作用，因此，商务部门通过数字化即可与上游厂商部门在产品设计、产品研发、安排生产、管理库存、企业竞争力分析、营销升级、战略咨询等方面开展合作，由此数字商务的功能就会拓展到生产一侧，进而实现参与生产和引导生产的更大价值。

另一方面，数字商务可以因其丰富的应用场景、超高的用户黏性而关联大量消费者，在这些数字商务场景中，商务企业具有超高的影响力，其可以利用这些场景黏性和渠道黏性以及超高影响力去引导生产，也可以通过贴牌等方式组织产品研发、产品设计、产品生产和供应链合作，进而实现引导生产、扩大生产的功能。具体而言，如京东、盒马、沃尔玛等头部数字化商务企业，都在打造自己的产品品牌和与之相对应的产业链。例如，京东"京造"、盒马鲜生"盒马"、沃尔玛的自有品牌等，通过"场景＋流量＋影响力"的方式，引导生产方式和组织变革，下一步仍然具有广阔的发展潜力。

第四节　数字商务：扩大消费

一、中国消费市场发展历程

改革开放以来，中国消费市场的发展伴随着改革开放飞速发展，改革开放是中国消费市场蓬勃发展的内在第一动力。中国消费市场的蓬勃发展与改革开放的程度和作用密不可分。梳理和把握好中国消费市场发展历程及其与改革开放之间的关系，有利于把握中国消费市场改革开放的发展特点和规律，进一步扩大内需，发挥好消费对拉动经济增长的主引擎作用。

（一）消费市场发展阶段

回顾中国消费市场改革开放发展历程，大致经历了四个发展阶段。

第一阶段（1978—1992 年）为起步发展阶段，1978 年 12 月，党的十一届三中全会召开，作出把全党工作的重点转移到社会主义现代化建设上来和实行改革开放的决策。中国消费市场发展逐步由计划经济体制下的集中统一管理，转向有计划的商品经济体制下的多种流通渠道、多种经济成分和多种经营形式的市场发展格局。此阶段，居民消费经历了自行车、缝纫机、手表等"老三件"和冰箱、彩电、洗衣机等"新三件"的消费升级过程。

第二阶段（1992—2001 年）为快速发展阶段，1992 年 10 月，中国共产党第十四次全国代表大会召开，确立我国经济体制改革的目标是建立社会主义市场经济体制，自此商品交易活跃，消费市场日益繁荣，其中生产资料计划管理的品种、数量大幅度减少，商业领域利用外资逐步开放，消费市场供给的所有制形式、经营形式、业态结构等不断丰富，消费者消费需求不断得到满足。

第三阶段（2001—2013 年）为深化发展阶段，2001 年中国加入 WTO 标志着中国消费市场逐步与世界接轨，按照中国加入 WTO 的承诺，2004 年 12 月 11 日过渡期结束后，消费市场将全面对外开放。中国商品流通企业引进来、走出去力度不断加大，中国对外开放的城市和区域逐步扩大，中国商品流通企业市场化程度显著提高。

第四阶段（2013 年至今）为升级发展阶段，2013 年以来，中国经济步入新发展阶段，中国经济呈现速度变化、结构优化、动力转化等重大特点，消费在经济发展中的作用日益凸显，消费结构升级、消费品质提升、消费理念改善等加快推进，消费市场领域供给侧结构性改革、创新发展和国际化发展逐步深化，消费市场规模、结构、水平、效率有较大幅度提高。

消费市场的发展历程是一个消费规模不断扩大、消费市场不断完善、消费对经济增长的贡献不断增大、消费需求不断满足的过程。一是消费市场总体规模与宏观经济增长保持同步扩大。改革开放以来，社会消费品零售总额从 1978 年的 1558.6 亿元增长到 2023 年的 47.15 万亿元，增长了301.5 倍。同期，国内生产总值从 1978 年的 3678.7 亿元增长到 2023 年的126.06 万亿元，增长了 341.7 倍。消费市场规模在与宏观经济增长保持同步的同时，增幅略高于 GDP 增幅。从平均增长速度来看，社会消费品零售总额增速略高于 GDP 增速。1978 年至 2023 年，社会消费品零售总额平均增速为 13.1%，国内生产总值平均增速为 8.9%，高于 4.2 个百分点。

二是消费的经济贡献率由大幅波动转为逐步上升。改革开放以来，消费的经济贡献率大幅波动，2004 年以来，消费的经济贡献率呈现明显的逐步上升态势。1978—1999 年，消费对经济增长的贡献率为波动平稳阶段。1978 年最终消费对 GDP 的贡献率为 38.3%，1999 年最终消费对 GDP 的贡献率为88.1%。2000—2003年，消费对经济增长的贡献率为波动下行阶段。2000年最终消费对GDP的贡献率为78.1%，2003年最终消费对GDP的贡献率为35.4%，下降了42.7个百分点。2004—2023年，消费对经济增长的贡献率为波动上行阶段。2004年最终消费对GDP的贡献率为42.6%，2023年最终消费对GDP的贡献率为82.5%，上升了39.9个百分点。特别是2013年以来，随着世界经济环境变化和中国经济结构调整，消费对经济增长的贡献度越来越大。

三是消费市场发展的质量效益不断提升。改革开放以来，中国消费市场设施环境日益完善、市场主体经营效益日益提高。在稳中求进的发展过程中，商业网点数量、业态、档次都发生了巨大变化，特别是进入21世纪，商业投资迅猛增多。2023年第三产业投资达到330815亿元，增长0.4%。第三产业中像交通运输、仓储和邮政业投资比上年增长10.5%，这对于内贸流通的基础设施建设和物流运输等方面的发展具有重要意义。

同时，也应当看到，扩大消费仍然有巨大潜力。一是最终消费率与国际平均水平尚有较大差距。按照世界银行前期数据统计，1977—2007年世界平均最终消费为76.8%。然而我国同期最终消费率为60.9%，我国与世界平均水平尚有较大差距。1978—2023年，我国最终消费率平均值整体处于一定的波动范围，大致在50%~60%的区间，这一数据远低于国际平均水平。虽然，2011年以来我国最终消费率呈现稳步上升趋势，2011—2016年平均每年上升0.8个百分点，但是，2011年我国最终消费率为49.6%，2023年我国最终消费率为55.7%，整体来看，我国最终消费率明显偏低，与国际平均水平仍有较大差距，说明我国消费市场发展仍有巨大潜力。二是消费商品结构和区域结构不断优化。食品消费占居民消费比重大幅减少，2023年我国居民家庭恩格尔系数为29.8%，比1978年下降了32.8个百分点。居民消费水平不断提高，消费品质不断提高。我国东、中、西、东北地区消费结构变化不大，东部地区一直作为消费主引擎。但是，近年来中、西部地区消费增速呈现高于东部地区态势。2008年以来中、西部地区消费增速均高于东部增速，东、中、西部地区消费结构不断优化。三是消费主力向年轻群体转变。随着 80/90 后成为主要劳动人口，消费主力已经日益变为 80/90 后群体。据波士顿咨询公司（BCG）和阿里研究院联合撰写的《中国消费趋势报告》显示，80/90 后消费者的消费力以年均 14%的速度增长，贡献 65%的消费增量。同时，80/90 后的边际消费倾向相对更高。他们会采用新的消费方式、购买新的消费商品、尝试新的消费体验，据安信证券的一份调查显示，80/90 后的信用消费平均每月达到八千元，新消费理念、新消费方式、新消费品类日益成为扩大需求的着力点。

下一阶段，消费仍然是促进经济增长的主动力和压舱石，如何充分挖掘消费需求、有力有效扩大内需，将会成为做好商务工作的重要方向。一是消费拉动经济增长的动能逐步提升。消费、投资、净出口对国内生产总值的贡献率发生转变，消费对国内生产总值的贡献率逐步提高。2023 年，最终消费支出、资本形成总额、货物和服务净出口对经济增长的贡献率分别是 82.5%、28.9%、－11.4%，分别比 2014 年增长了 32.3、－19.6、－12.7 个百分点，消费成为拉动经济增长的主要动力。二是居民收入大幅增加，消费升级趋势明显。改革开放以来，中国居民收入大幅增加。1978年，中国城镇居民人均可支配收入为 343.4 元，2016 年为 51821 元，增长了 51477.6 元，增长了 150 倍。特别是"十二五"期间，城镇居民人均可支配收入由 21809.8 元增长到 31194.8 元，增长了 9385.1 元，年均增长11.5%。居民收入大幅增加促进消费需求更加丰富，消费者对高品质、个性化的商品和便利化、体验佳的服务消费增加，居民消费需求不断升级。三是储蓄倾向逐步降低，消费增速快速发展。改革开放以来，居民储蓄倾向振荡降低。特别是 1994 年以来，居民储蓄倾向降低明显。1994 年居民储蓄存款余额增速为 41.5%，2014 年居民储蓄存款余额增速降至 8.4%，下降了 33.1 个百分点。但是同期，社会消费品零售总额增速均保持高于GDP 增速快速发展。2023 年，社会消费品零售总额增速 7.2%，GDP 增速为 5.2%，社会消费品零售总额比 GDP 增速高 2 个百分点。充分认识消费市场发展历程、充分把握消费发展特点和规律、充分挖掘消费需求对于实现需求引领供给、供给创造需求的经济发展新格局将日益重要。

（二）消费市场发展特征

改革开放以来，我国消费市场蓬勃发展，消费规模持续扩大，特别是1996—2015年这二十年间，消费市场处于高速增长期，具有典型的代表性，在此期间，消费市场的商品结构、人群结构和区域结构均有大幅度调整优化，消费理念和方式发生快速转变，消费环境不断优化，可以对消费市场的消费规模、消费结构、消费理念、消费环境等特征进行以下概括。

1. 消费规模持续扩大、消费质效不断提升

一是消费市场规模持续扩大。总体规模与宏观经济保持同步扩大。1996—2015年，我国消费市场规模呈现高速增长态势。1996年社会消费品零售总额为28360.2亿元，2015年为300931.0亿元，增长了9.6倍。在过去的20年中，消费市场规模与国民经济发展总体规模变化趋势基本一致，平均增速高于GDP增速。1996年至2015年，社会消费品零售总额平均增速为13.6%，国内生产总值平均增速为9.2%，前者比后者高出4.4个百分点（见图8-4）。可以看出来，消费市场的规模稳步扩大，消费潜力不断释放，动力持续增强。

二是消费规模增速逐步回落。消费增速起伏较大，近年增速逐步回落。在过去的20年中我国消费规模增速先后经历了"下降、上升、下降"三个阶段。1996年至1998年，受亚洲危机影响，社会消费品零售总额增速连续三年下降，从1996年的20.1%下降到1998年的6.8%，下降了13.3个百分点。此后，在一系列的经济刺激和复苏政策的作用下，宏观经济和消费市场增速同步上升，从1999年的6.8%上升至2008年的22.7%，上升了15.9个百分点。2008年，国际金融危机爆发，国内市场再次进入下行通道，消费市场增速持续下滑。2009年至2015年，社会消费品零售总额增速从15.5%下降到10.7%，下降了4.8个百分点。近期消费增速的

回落，除受国际输入因素影响之外，还受到国内经济发展"新常态"、消费市场理性回归等因素影响。

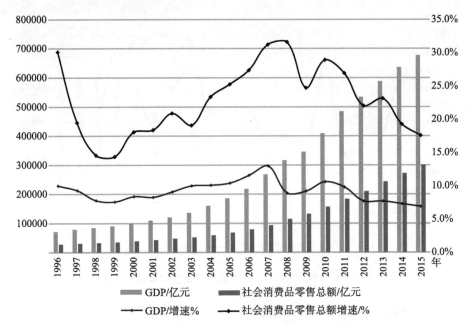

图 8 - 4　1996—2015 年国内生产总值及社会消费品零售总额规模及增速情况

数据来源：根据国家统计局数据计算整理。

三是人均消费支出日益增加。随着经济发展以及居民收入水平的不断提高，我国人均消费支出呈日益增加趋势。1995 年人均消费支出为 2311元，2014 年为 17806 元，增长了 6.7 倍。受经济发展波动和消费政策影响，人均消费增速波浪式上升。1996 年至 1998 年，人均消费支出增速明显下降。1995 年人均消费支出增速为 16.2%，至 1998 年，增速降低至3.1%，下降了 13.1 个百分点。1999 年至 2008 年，人均消费支出增速振荡上升。1999 年人均消费支出增速为 5.7%，至 2008 年，增速上升至15.0%，上升了 9.3 个百分点。2009 年至 2014 年，人均消费支出增速缓慢上升。2009 年人均消费支出增速为 9.3%，至 2014 年，增速为 10.0%，上升了 0.7 个百分点（见图 8 -5）。这说明我国居民用于满足家庭日常生活消费的货币支出日益增加，人民生活水平不断提高，虽然人均消费支出在不同时期增速不一，但总体为正，表明人民对追求更高生活水平的愿望在不断增强。

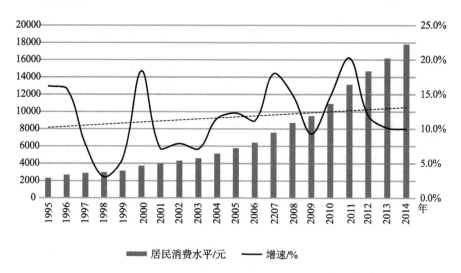

图 8－5　1995—2014 年人均消费支出变动及增速变化

数据来源：根据国家统计局数据计算整理。

　　四是居民消费价格总体稳定。居民消费价格指数（CPI）是反映居民家庭消费商品和服务价格水平变动情况的指标。在过去的十几年中，我国居民消费价格指数总体稳定。1996 年至 2014 年的 CPI 平均值为 102.3，最高为 108.3，最低为 98.6，物价水平总体处于可控范围之内。受紧缩宏观调控政策影响，1996 年至 1999 年 CPI 呈下降趋势。1996 年为 108.3，1998 年为 98.6，下降了 9.7。随着国家适度宽松宏观调控作用的显现，2000 年 CPI 回升至 100.4。2001 年至 2008 年 CPI 振荡上升。2001 年为 100.7，2008 年为 105.9，上升了 5.2，除 2002 年 CPI 低于 100 外，其余年份均处于 100～106 合理范围内。2009 年至 2014 年 CPI 先上升后下降，并趋于稳定。2009 年为 99.3，2011 年上升至 105.4，增长了 6.1，随后温和下降，2012 年和 2013 年均为 102.6，2014 年为 102，相对稳定（见图 8－6）。可以看出，除 1996 年之外，CPI 处于 98～106，属于温和可控的宏观调控区间。有 4 年全国居民消费价格总水平同比下降，分别是 1998 年为 99.2，

1999 年为 98.6，2002 年为 99.2，2009 年为 99.3。整体来看我国消费价格水平较为稳定，并无大起大落的情况，国家宏观调控较为得力。

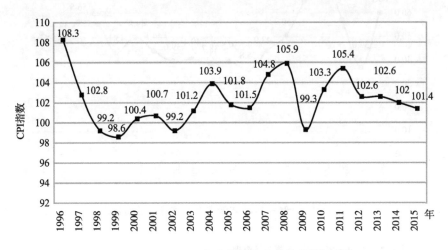

图 8－6　1996—2015 年我国居民消费价格指数变化

数据来源：根据国家统计局数据计算整理。

五是消费经济贡献逐步提高。消费的经济贡献可以用消费对国内生产总值增长的贡献率来衡量，消费贡献率指最终消费支出增量与支出法国内生产总值增量之比。1996 年至 2014 年，消费贡献率呈现"高位—低位—高位"的格局。1996 年至 2001 年，消费贡献率整体呈现高位状态。1996 年消费贡献率为 60.1%，2001 年为 50.2%，6 年内的平均贡献率为 57.7%。2002 年至 2010 年的 9 年间，消费贡献率处于低位。2002 年消费贡献率为 43.9%，2010 年为 43.1%，9 年内的平均贡献率为 42.6%，均低于 50% 的水平。2011 年至 2014 年，消费贡献率处于高位。2011 年消费贡献率为 55.5%，2014 年为 51.6%，4 年间平均贡献率为 52.9%，重新站上 50% 大关（见图 8－7）。2001～2008 年我国消费对经济增长的贡献率低于 50%，此期间正值我国加入世界贸易组织（WTO）之后世界金融危机爆发之前，我国净出口对经济增长贡献度较大，消费对经济的贡献度相对较小；2001 年我国加入 WTO 之前，以及 2008 年金融危机之后，我国消费对经济增长的贡献率超过 50%，超过了净出口和投资对经济增长的贡献率。

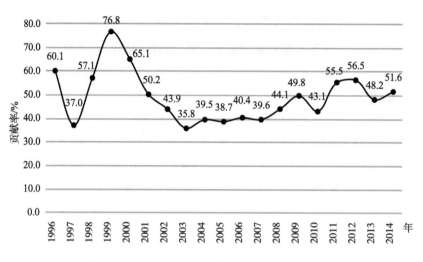

图 8 - 7　1996—2014 年消费对经济增长的贡献率

数据来源：根据国家统计局数据计算整理。

2. 消费结构不断优化、区域均衡发展得到增强

一是商品消费结构不断优化。首先，食品消费支出占比逐步降低。恩格尔系数是反映消费商品结构的重要指标，它是指食品支出占居民消费支出总额的比重。1996 年至 2015 年，我国的恩格尔系数呈现逐步下降的趋势。1996 年我国的恩格尔系数为 48.8%，食品支出在居民人均支出中占比接近一半。2014 年我国恩格尔系数为 35.8%，食品支出比重降低了 13 个百分点，居民用于食品消费的支出大幅减少，20 年中我国恩格尔系数平均每年降低 0.65%（见图 8 -8）。这说明，居民生活水平不断提高，消费品质提升。其次，家庭耐用消费品快速提档升级。家庭耐用品的数量和质量是衡量家庭生活水平高低的重要标志之一。20 年来，我国居民家庭拥有的耐用消费品经历了一个从少到多、从量到质不断普及、不断更新提升的过程。2014 年我国城镇居民平均每百户拥有家用汽车 25.7 辆，摩托车 24.5 辆，移动电话 216.6 部，计算机 76.2 台，与 1996 年相比，耐用消费品类型实现了质的飞跃，家庭拥有数量明显提高，汽车、家电、计算机、移动电话等已成为家庭耐用消费品的重要组成部分。2015 年，在全国限额以上

零售企业销售额中，家用电器和音像器材类增长 11.4%，家具类增长 16.1%，通讯器材类增长 29.3%，汽车类增长 5.3%。其中汽车消费已经成为现代家庭的重要标志，呈快速发展态势。截至 2015 年末，我国私人轿车拥有量为 8793 万辆，同比增长 15.8%；2016 年上半年，限额以上单位汽车销量累计同比增长 8.1%，销售额同比增长 7.7%，约占限额以上消费品零售额的比重为 25%。

图 8-8 1996—2015 年我国居民家庭恩格尔系数变动情况

数据来源：根据国家统计局数据计算整理。

二是服务消费占比逐步提高。居民消费从物质型消费走向服务型消费趋势明显，服务消费比重逐步提高（见图 8-9）。1996 年我国城镇人均服务型消费[①]支出为 887.9 元，2015 年城镇人均服务型消费支出为 5364 元，增长了 5.13 倍，年均增速为 8.5%。从服务型消费所占比重来看，1996 年，城镇人口服务型消费所占比重为 26.7%，2015 年为 34.1%，提高了 7.4 个百分点。其中，交通通信服务消费增速较快，所占比重由 1996 年的 5.1% 上升到 2015 年的 13.3%，上升了 8.2 个百分点；教育文化娱乐也有

---

① 文中服务消费包括交通通讯、教育文化娱乐、医疗保健、其他用品及服务。

明显增长，所占比重由 1996 年的9.6%上升到2014 年的11%，上升了1.4 个百分点。

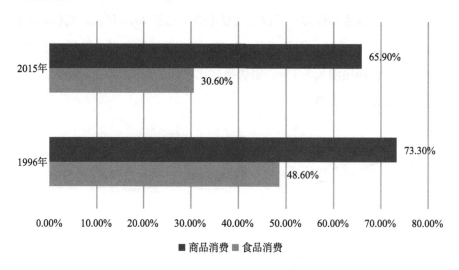

图 8-9　城镇居民消费支出结构比较

注：①商品消费支出指的是食品烟酒、衣着、居住、生活用品及服务等四大类。②数据来源：根据国家统计局数据计算整理。

三是东部地区是消费主引擎。我国东、中、西部地区消费的规模发展不同（见图 8-10）。改革开放以来，东部地区社会消费品零售总额占全国的比重均超过50%，明显高于中西部地区。1995 年至 2014 年，我国东部地区社会消费品零售总额占全国的比重约为57%，且基本保持稳定。

1995 年，东、中、西部地区的消费规模占比为 56.2：25.4：18.4，2014 年为56.7：25.1：18.2。东部地区始终是我国消费市场的主力军和支撑力量。近年，中西部地区消费品零售总额增速不断加快，区域消费日益均衡。2016 年 1—5 月，重庆、贵州、云南、四川、安徽、河南等地实现了 11.4% ~12.9%的较高增长，超过东部地区。但在总体规模方面，东部地区仍然居全国消费市场的主导地位。

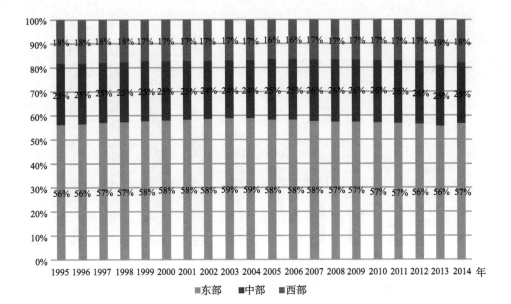

图8–10　1995—2014年东、中、西部地区社会消费品零售总额比重变化情况

数据来源：根据国家统计局数据整理。

3. 消费方式"四化"趋势增强

一是消费方式网络化。随着电子商务产业的蓬勃发展，网络购物依靠其产品量大、价格低廉、无时间和地域限制等优势吸引了大批的消费者。首先网络购物人数不断增多，网络零售市场增长迅猛（见图8–11）。2008年末，我国网络购物用户人数为7400万人，到2015年末，达到4.13万人，增长4.6倍。网上交易额也大幅增加，2008年我国网上零售额为1257亿元，2015年3.9万亿元，增长了30倍；2016年上半年，全国网上零售额22367亿元，同比增长28.2%。其中，实物商品网上零售额18143亿元，增长26.6%，占社会消费品零售总额的比重为11.6%。其次网购方式从PC端转移向移动端。在2015年中国网络零售市场中，移动购物市场交易规模为2.12万亿元，年增长率达136.7%，占网络零售交易额的55%，比2014年增长8.7%，远高于中国网络市场零售额的整体增速，移动端网购交易额也超越了PC端。

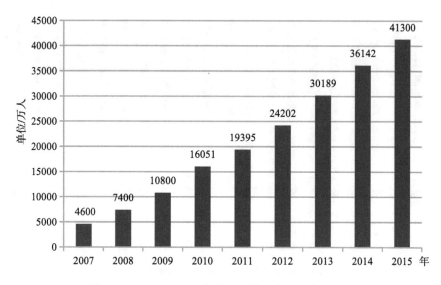

图 8‑11　2007—2015 年我国网络购物用户数量变化

数据来源：中国互联网络信息中心。

二是消费方式国际化。随着改革开放的持续深入和加入 WTO 的影响，我国货物贸易和服务贸易均在蓬勃发展，居民消费方式也在逐步国际化。第一，消费观念国际化。改革开放初期，受经济发展水平和收入水平的限制，居民购买国际商品经济能力较低，但是随着改革开放的逐步深入，国外发达国家的消费信息和消费观念逐步传入我国，居民可以从电视资讯、影视作品、文艺演出、商务交流、个人旅游等渠道了解发达国家的消费资讯和消费观念，品质消费、休闲消费、信用消费等观念逐渐被我国消费者认同，我国消费者购买国际商品的意愿逐步增强。第二，消费商品国际化。更多的国外品牌商品进入我国市场，从时装、手表、高档汽车、箱包等奢侈品到食品、保健品、家用电器等生活日用品全面覆盖，丰富了我国消费市场的货物品类。第三，海外购物逐步增多。受签证放宽、直航增加、人民币汇率上升、食品安全等诸多因素影响，我国公民到海外购物呈爆发式增长。2015 年我国出境游达到 1.2 亿人次，境外消费总额约 1.23 万亿元人民币，出境人次和消费均列世界第一。出境旅游以购物为主要目的的人数增多，据统计，2015 年我国出境游客中 53.6% 的游客把购物列为主要目的。

三是消费方式品牌化。消费品牌化是消费品质化的外在表现。随着我国居民消费理念的逐步提升以及收入水平的不断提高，居民消费从"量的满足"向"质的提升"转型，品牌化趋势十分明显。第一，我国逐步走过"刘易斯拐点"，基础工资上涨为品牌消费提供了经济基础。随着劳动力由过剩转为短缺，我国的基础工资不断上涨，这为大众品牌消费的增长提供了机遇，居民消费品牌化具有了一定的经济基础。第二，我国正处于品牌化消费的初级阶段，品牌化消费的市场潜力巨大。以衣着、家纺、厨卫、日化用品为例，我国衣着、家纺、厨卫、日化用品的人均消费额均显著低于发达国家，虽然品牌化消费比重逐年提高，但是无品牌产品仍占较大比例，提升空间较大。第三，女性成为品牌化消费的主力。在衣着等日常用品上，女性品牌化消费明显高于男性，在奢侈品消费上，女性显然也是高于男性，2012年一份里昂证券（CLSA）的报告指出，我国女性奢侈品消费份额已经占了总份额的45%。

四是消费方式个性化。我国消费个性化特征日益明显。第一，排浪式消费渐近尾声。从20世纪70年代的"三转一响"——手表、自行车、缝纫机、收音机到20世纪80年代的"新三件"——冰箱、彩电、洗衣机，排浪式的消费日渐退出历史舞台。据国家统计局的数据显示，1981年至1990年，城镇居民家庭平均每百户洗衣机拥有量由6.3台快速增至78.4台，1990年以后，这一增速明显放缓，每百户洗衣机的拥有量基本稳定在90台。第二，个性化消费点多面广、长尾特征明显。随着我国人均GDP超过6000美元，消费进入新的发展阶段，消费的个性化催生了诸如BB霜、动漫周边、美甲服务、智能家电等高速增长的细分市场。虽然这些细分市场的市场份额很小，但是随着互联网的发展，这些细分市场规模之和与主流市场相当。第三，年轻人成为个性化消费的主力。以90/00后为主的年轻人追求自我价值、标新立异、重视原创、重视同学和朋友友谊、重视参与和体验的乐趣、敢于接受新鲜事物等特征明显，日益成为个性化消费的主力。

4. 消费环境逐步完善，制度体系更加健全

一是消费设施环境日益完善。改革开放以来，特别是加入 WTO 以来，我国消费网点设施不断进步，网点数量、业态、档次都发生了巨大变化。按照加入世界贸易组织的承诺，我国批发、零售业均不迟于 2003 年 12 月 11 日允许外方控股，不迟于 2004 年 12 月 11 日允许外方独资。2004 年 12 月 11 日过渡期结束后，我国对外资商业的准入基本取消地域、股权和数量限制，消费网点呈现全面快速发展态势。一方面，商业网点数量增多。进入 21 世纪以来，各地商业投资逐渐增多。2000 年商业领域新增投资额 292.59 亿元，2014 年为 2.2 万亿元，增长了 74.3 倍。2014 年零售业营业总面积达到 31255.8 万平方米。另一方面，网点业态更加丰富。随着发达国家商业企业参股设立、独立投资我国商业网点，商业网点业态加速与发达国家接轨。百货商店、超市、购物中心、便利店、餐饮连锁店等业态纷纷设立，极大地满足了消费者需求。

二是消费制度环境逐步改善。法律法规日益完善。1994 年 1 月 1 日，我国第一次颁布实施《中华人民共和国消费者权益保护法》，明确规定了消费者的安全权、知情权、选择权、公平交易权、求偿权、结社权、获知权、受尊重权和监督权九项权利，并于 2009 年和 2013 年进行了两次修正。2014 年 3 月 15 日，修正后的《中华人民共和国消费者权益保护法》正式实施。此外，我国还出台了《中华人民共和国食品安全法》《中华人民共和国反不正当竞争法》《中华人民共和国反垄断法》《中华人民共和国广告法》《中华人民共和国侵权责任法》《中华人民共和国产品质量法》等一系列法律法规，进一步优化了产品质量、安全保障、市场竞争等消费环境。信用体系建设有序推进。2014 年 6 月，国务院印发了《社会信用体系建设规划纲要（2014—2020 年）》，这是我国首次发布国家级社会信用体系建设专项规划。2015 年 1 月，中国人民银行印发《关于做好个人征信业务准备工作的通知》，要求做好个人征信业务的准备工作。2015 年 8 月，在

沈阳、青岛、南京、无锡、宿迁、杭州、温州、义乌、合肥、芜湖和成都等 11 个城市启动全国创建社会信用体系建设示范城市工作。2016 年 5 月，国务院发布《关于建立完善守信联合激励和失信联合惩戒制度加快推进社会诚信建设的指导意见》，对建立完善守信联合激励和失信联合惩戒制度进行了总体部署。广州、上海、厦门等各地政府开展多种形式的探索和创新，并取得了初步成效，这说明我国社会信用体系建设迈出了坚实的步伐。

三是消费安全治理力度加大。消费安全是消费市场健康发展的重要保障，主要包括食品安全和信息安全，尤其是食品安全，关系到消费者的身体健康和生命财产安全。针对我国食品安全问题，工商、质检、商务等部门联手，不断加大假冒伪劣、违法生产等的整治力度。2007 年，商务部、公安部、农业部、卫生部、工商总局、质检总局联合开展"全国猪肉质量安全专项整治行动"，对全国的 23052 家定点屠宰企业逐一登记建档，开展了拉网式的清查整顿，关闭了 2591 家不符合要求企业。2012 年，全国工商系统集中开展食品市场专项执法行动，有力有效处置"塑化剂""问题胶囊"等食品安全突发事件，共查处流通环节食品安全案件 52 万件，案值 21.88 亿元，移送司法机关 509 件，严厉打击销售假冒伪劣食品等违法行为，有效维护了食品市场秩序。信息安全是近年来社会关注的重要方面，尤其是个人信息泄露成为当前社会关注的一个焦点问题。国家工商总局、工信部以及通信企业连年开展网络市场监管专项行动。2011 年和 2012年中国移动分别成立了信息安全管理与运行中心和中国移动（洛阳）信息安全运营中心，负责不良信息集中治理和运营，设立了包括 10086 热线、10086999 短彩信举报平台、门户网站等多个免费举报渠道，开展垃圾短信客户投诉集中受理。截至 2015 年 4 月底，中国移动共配合执法机关侦破伪基站案件 2955 例，缴获设备 3495 套，抓获犯罪嫌疑人 4396 名。国家工商总局 2016 年专项行动重在构建线上线下全覆盖、全业务领域分工协作、齐抓共管的市场监管体系，信息安全环境逐步得到改善。

（三）消费市场发展规律

改革开放以来，消费市场伴随着中国改革开放进程获得长足的发展，消费市场的发展规律与改革开放是密不可分的，当前，改革开放已经历了40多个年头，40多年的消费市场开放、创新、改革发展形成了诸多发展规律，以1978—2017年这40年中国消费市场发展历程为样本，足以详细而深刻地总结中国消费市场发展过程中的科学规律。总结这些规律有益于更好把握中国消费市场当前所处历史阶段，有益于认清数字商务推动扩大消费的发展方向，有益于奠定数字商务助推扩大消费研究的坚实基础。

1. 中国消费市场发展得益于改革开放发展进程

中国消费市场蓬勃发展的起点是改革开放。改革开放是中国经济大踏步赶上时代的重要法宝，也是中国消费市场萌芽与蓬勃发展的法宝。

一是改革开放为中国消费市场快速发展提供了广阔空间。改革开放前，中国实行计划经济体制，几乎所有的重要物资都是限量供应，钢、铁、煤、糖等生产资料实行计划分配，柴、米、油、盐等生活资料凭票证限量购买。此种方式极大地阻碍了中国经济发展和居民消费需求满足。改革开放后，中国经济逐步由计划经济向价格双轨制进而转向社会主义市场经济，经济体制转型使得价格逐渐成为调节供需的主要信号，计划经济体制下凭票购买也逐渐退出历史舞台。随着中国经济快速发展，消费领域各项改革全面推进，价格调节、企业改革、招商引资、财税改革等全面推进，体制机制改革释放了大量活力，居民消费需求得到空前释放，中国消费市场发展呈现较大发展机遇。

二是改革开放为中国消费市场快速发展提供了需求基础。改革开放后，中国居民生活水平大幅提高。中国居民人均可支配收入从1978年的343元增加到2017年的25974元，最终消费支出从1978年的2232.9亿元增加到2017年的435453.2亿元，期中政府消费支出从473.8亿元增加到117943.5亿元，居民消费支出从1759.1亿元增加到317509.7亿元，收入水平提高和消费支出数量增加为中国消费市场快速发展提供坚实基础。消费支出增加过程中同时伴随着居民消费升级的发展过程。自改革开放以来我国经历了四次居民消费升级发展过程。第一次消费升级是 20 世纪 80 年代初期以自行车、缝纫机、手表为代表的"老三件"消费升级过程，第二次消费升级是 20 世纪 80 年代中期到 90 年代初期以"冰箱、彩电、洗衣机"为代表的"新三件"消费升级过程，第三次消费升级是 20 世纪 90 年代末到 2010 年以汽车、住房为主导的消费升级过程，第四次消费升级是 2011 年以来以旅游、教育、健康等服务消费为主导的消费升级过程。伴随着改革开放以来中国经济的高速发展和居民人均可支配收入的提高，中国消费者的消费需求、消费品质、消费理念升级明显。

三是改革开放为中国消费市场快速发展提供了参考模式。改革开放初期，中国的消费市场从规模、业态、理念、技术、管理水平等方面与西方先进国家均有较大差距。1978 年中国的社会消费品零售总额只有 1558.6 亿元，零售业态只有百货商场、夫妻店、国营书店等几种业态，经营理念和管理水平比较低，而西方国家百货商店已经发展了 130 多年，连锁经营已经发展了 120 多年，超级市场已经发展了 40 多年①。从规模、业态形式、经营理念、技术应用或管理水平等方面西方国家均超前于中国的发展阶段，然而，中国的改革开放进程为国外先进理念和模式引进中国带来了契机。据统计数据显示，1978 年我国在连锁经营业态方面几乎是空白，到 2017 年连锁百强门店数量达 10.9 万家，销售规模为 2.2 万亿元，占社会消费品零售总额 6.0%。国外各类零售业态如购物中心、超级市场、百货商店、便利店等在我国纷纷生根落地。国外先进理念和模式应用大大带动了中国消费市场蓬勃发展。改革开放除为中国消费市场发展带来借鉴模式

---

①　资料记载，1852 年阿里斯蒂德·布希科在巴黎创办了世界上第一家百货商店——"博马尔谢百货店"，1859 年美国人乔治·吉尔曼和乔治·亨廷顿·哈特福德在纽约创办了第一家连锁经营公司——大西洋和太平洋茶叶公司，1930 年美国人米切尔·卡伦在纽约州长岛创办第一家超级市场——"金·卡伦超级市场"。

之外还带来了大量发展资金，为中国消费市场商业基础设施的建设提供了资金支持。总结改革开放对中国消费市场快速发展的支持作用最重要的一条就是以市场换技术，以此支持我们快速发展，赶上或超过西方国家发展水平，从百货业的发展历程来看，中国用近四十年的发展历程走过了西方发达国家一百三十多年走过的历程。这是消费市场的领域改革开放重要的成果之一。

2. 中国消费市场发展体现了改革开放发展成果

中国消费市场借助改革开放转型伟力实现高速发展，消费在国民经济活动中的比重逐步加大，消费市场发展成为衡量经济社会发展的一项重要因素，消费市场的发展在某种程度上体现了改革开放发展成果。

一是中国消费市场发展取得巨大成就。消费市场发展规模持续扩大。1978 年我国社会消费品零售总额为 1558.6 亿元，2017 年达到 366261.6 亿元，增长 235.0 倍（见图 8-12）。商品消费结构不断优化。居民家庭恩格尔系数从 1978 年的 62.6%，下降到 2017 年的 29.9%，下降了 32.7 个百分点（见图 8-13）。食品消费占居民消费比重大幅减少，居民消费水平不断提高。服务消费比重逐步提高。从 1978 年食品、服装、家用电器、日常用品为主要消费类别，到 2017 年转变为以教育、文化娱乐、旅游消费为主的消费类别。消费方式网络化、国际化、品牌化趋势明显。网络购物人数不断增多，网络零售市场增长迅猛。2017 年，网络购物人数达到 4.7 万人，网上零售交易额为 7.2 万亿元，更多的国外商品成为我国消费者消费的目标，从时装、箱包、高档汽车等奢侈品到食品、保健品、家用电器等日常生活用品全面覆盖，2017 年中国游客境外消费总额为 2580 亿美元。消费品牌化是消费品质化的外在表现。随着我国居民消费理念的逐步提升以及收入水平的不断提高，居民消费从"量的满足"向"质的提升"转型明显。消费设施环境、制度环境、安全环境逐步改善。商业网点数量、业态、档次都发生了巨大变化，百货商店、超市、购物中心、便利店、无人售货亭等业态纷纷成立，《中华人民共和国消费者权益保护法》《中华人民共和国食品安全法》《中华人民共和国广告法》等法律法规日益完善，工商、质检、商务等部门不断加大假冒伪劣、违法生产等的整治力度，消费安全环境得到明显改善。

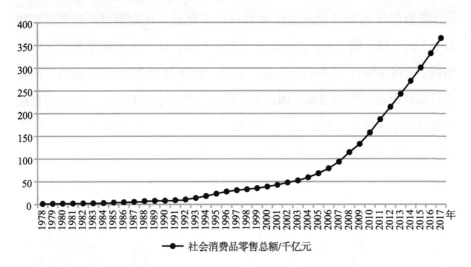

图 8 – 12　1978—2017 年中国社会消费品零售总额规模变化情况

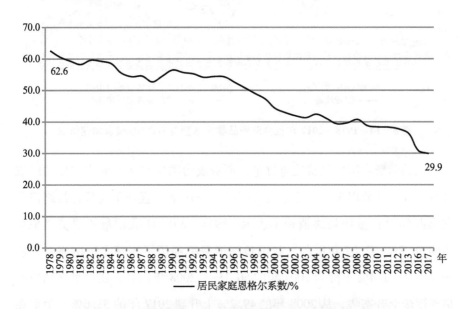

图 8 – 13　1978—2017 年中国居民家庭恩格尔系数变化情况

二是中国消费市场发展与改革开放发展保持同步增长。改革开放以来，消费市场总体规模与宏观经济增长保持同步扩大。社会消费品零售总额从 1978 年的 1558.6 亿元，增长到 2017 年的 366261.6 亿元，同期，国内生产总值从 3678.7 亿元增长到 827121.7 亿元，社会消费品零售总额增长了 235.0 倍，国内生产总值增长了 224.8 倍，社会消费品零售总额增幅略高于 GDP 增幅。从平均增长速度来看，1978 年至 2017 年社会消费品零售总额平均增速为 15.5%，国内生产总值平均增速为 15.3%，社会消费品零售总额增速略高于 GDP 增速，高 0.2 个百分点（见图 8-14）。中国消费市场发展与改革开放发展保持较高的一致性。

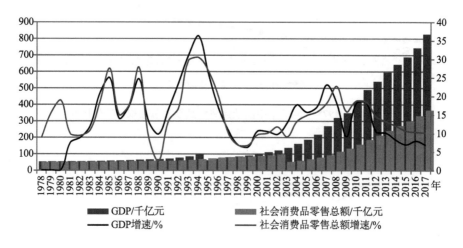

图 8-14 1978—2017 年社会消费品零售总额与 GDP 规模及增速情况

三是消费占国民经济比重过半，消费成为国民经济发展中主要的组成部分。改革开放以来，最终消费占国民经济比重一直处于高位。最终消费支出占 GDP 比重用最终消费率表示。1978—2017 年我国最终消费率平均达到 58.2%，2007 年以前，我国最终消费率经历了振荡企稳的态势，从 1978 年的 61.4% 下降到 2007 年的 50.1%，2008 年以后，我国最终消费率呈现逐步上升态势，从 2008 年的 49.2% 上升到 2017 年的 53.6%，消费在国民经济中的作用进一步显现。（见图 8-15）

图 8-15 1978—2017 年中国最终消费率情况

四是消费对经济增长贡献率逐步提高，消费成为拉动经济增长的重要力量。改革开放以来，消费对经济增长贡献率呈现"先波动、后上升"态势，在我国经济处在市场经济转型初级阶段，即 20 世纪 70 年代末到 90 年代中期，消费的经济贡献率呈现大幅振荡态势，由 1978 年的 38.3% 上升到 1990 年的 91.7%，随后又下降到 1994 年的 34.8%，经历了波峰和波谷。21 世纪以来，消费的经济贡献率稳步上升，从 2001 年的 49.0% 上升到 2016 年的 58.8%，消费逐渐成为拉动经济增长的第一动力（见图 8-16）。

3. 中国消费市场的改革与开放发展具有自身特色

中国消费市场从改革开放之初就处在改革开放发展最前沿，在发展过程中具有明显的自身特色。一是中国消费市场是开放最早的市场领域。中国消费市场开放几乎与改革开放同步，并以第一罐可口可乐进入中国销售为标志。1978 年 12 月 13 日，可口可乐公司与中国粮油进出口总公司在北京饭店签订协议。规定美国采用补偿贸易方式或其他支付方法，向中国主要城市和游览区提供可口可乐制罐及装罐、装瓶设备，在中国开设专厂灌装并销售。在可口可乐装瓶厂建立起来之前，从 1979 年起，用寄售方式由中国粮油进出口总公司安排销售。此外，我国第一家合资"购物中心"在

图 8 - 16　1978—2016 年中国最终消费率对 GDP 贡献率情况

改革开放最前沿深圳特区创办。1980 年 12 月，一位陈姓的港商表示希望能在蛇口工业区投资合办一家购物中心，可这在当时是无章可循的事，在多方努力下，1982 年 6 月 23 日，中国第一家合资"购物中心"在蛇口工业区开业，开业之初就盛况空前，在当时迅速成为一个旅游景点，广受老百姓欢迎。

二是中国消费市场是开放最全面的市场领域。以 20 世纪 80 年代初期合资经营第一家超市为起点，中国开启消费市场多种业态开放，20 世纪 90 年代以后，我国全面引进各种业态，并通过连锁经营形式向全国扩展。我国零售商业市场正式对外开放开始于 1992 年。1992 年 7 月，国务院出台《关于商业零售领域利用外资问题的批复》的文件，批准在北京、上海、天津、广州、大连、青岛等 6 个城市和 5 个经济特区试办 1 ~ 2 个外商投资商业企业，条件是以合资或合作方式进行。从 1999 年开始，我国零售业的开放试点已从沿海地区扩大到了所有省会和中心城市，外商已被允许进入直辖市的批发环节。进入 21 世纪，按照 2001 年中国加入世界贸易组织的承诺，中国批发、零售业均不迟于 2003 年 12 月 11 日允许外方控股，不迟于 2004 年 12 月 11 日允许外方独资。2004 年 12 月 11 日过渡期结束后，中国对外资商业的准入基本取消地域、股权和数量的限制，消费市场全面对外开放。2017 年 5 月，习近平总书记在"一带一路"国际合作论坛上宣布，中国将从 2018 年起举办中国国际进口博览会。2018 年 4 月，习近平总书记在博鳌亚洲论坛 2018 年年会上宣布一系列如大幅度放宽市场准入、改善投资环境、加强知识产权保护、主动扩大进口等中国扩大开放重大举措。

三是中国消费市场是发展最快、市场化程度最高的市场领域。在改革开放 40 年发展过程中，社会消费品零售总额平均增速始终高于 GDP 增速。自 1992 年起中国消费市场对外开放步伐加快，从沿海到内陆，从东部到西部，外资零售业在中国纷纷设立网点，大型综合超市如法国家乐福、美国沃尔玛等，仓储式会员店如德国的麦德龙、荷兰的万客隆等，便利店如日本 7 - ELEVEN、全家等，超大型购物中心如港资兴建的新东安百货等。外资的进入抢占了国内市场份额的同时，对国内零售业形成较大冲击，加速了国内商业企业经营观念、管理模式和经营机制的改造升级，使中国消费市场完全按照市场经济规则进行充分竞争，成为市场化程度最高的市场。

四是中国消费市场发展切实满足人民不断提高的美好生活需求。改革开放 40 年来，中国消费市场取得长足发展，发展成就不断惠及最广大人民群众。人民群众的美好生活需要不断从食品、服装、家庭设备等物质性需求向交通、通信、旅游、养生等服务性消费转变，进而向文化、艺术、时尚等精神性消费转变。消费市场也不断从单一主体、单一商品、单一销售形式向多种所有制主体、多种商品类别、多种业态形式转变。消费市场发展成为最多惠及中国居民生活、改善中国居民生活条件、提升中国居民生活品质的改革开放成果。

4. 中国消费市场改革开放与其他产业改革开放互为条件又互相制约

改革开放是一个整体推进的历史进程，产业关联是经济发展的一项重要特征，中国消费市场改革开放发展从供需两方面受到其他产业影响。一是产业关联是经济发展的一项重要特征。杨灿、郑正喜（2014）指出国民经济作为一个庞大复杂的有机整体，各产业之间既相互影响又相互制约，存在着千丝万缕的经济关联性。① Wölfl（2005）指出服务业与制造业互动发展在发达国家的经济服务化过程中扮演了重要角色。改革开放推动一二三产不断分工发展，使我国产业分工更加精细、产业关联更加紧密。张月友（2014）通过 1978—2012 年数据指出中国三大产业的中间需求率较高，最终需求率较低，说明经济发展以满足生产需求为主，以满足居民消费需求为辅，中国消费市场发展与其他产业发展具有必不可少的关联性，随着中国一二三产的不断深入发展，中国消费市场发展潜力得到进一步挖掘。

二是改革开放是一个各产业互相制约、同步推进的过程。改革开放从经济体制改革出发，以农业改革为起点，从农村到城市、从试点到推广，逐步走向我国社会主义现代化建设各个领域。中国消费市场改革开放发展必然受到其他产业改革开放发展的制约，其他产业改革开放发展的程度、广度和深度直接影响着中国消费市场改革开放发展的程度、广度和深度。改革开放是一个同步推进的过程，各个产业的发展需要协调联动，各个领域的改革开放进程需要协调统一，同时，改革开放又是一个摸着石头过河，不断实践、不断总结经验的实践过程，需要循序渐进、逐步推动、步步为营，因此，各个产业改革开放进程整体上具有协调统一性。

三是中国消费市场改革开放发展从供需两方面受到其他产业影响。其他产业改革开放发展的程度、广度和深度从供需两方面影响着中国消费市场改革开放发展程度、广度和深度。从供给方面看，现代农业、生产制造业、现代服务业等产业的改革开放发展影响着中国消费市场改革开放发展的供给水平。现代农业的蓬勃发展为居民购买健康、绿色、品质高的农副产品提供了保障。现代农业劳动生产率的提高极大地降低了农产品价格、保障了居民对食物等基本生存需求的需要。生产制造业生产技术、资本投资的大幅引进，促进了服装等日用消费品、汽车等耐用消费品的数量增

---

① 杨灿，郑正喜. 产业关联效度理论辨析 [J]. 统计研究，2014（12）：11 – 19.

加、品类丰富、质量提升，更好地满足了人民日益增长的物质需要和文化需要。现代服务业加快发展为居民对旅游、文化、养生、健康、教育、医疗等服务消费提供了有力支撑，也是居民消费升级、扩大消费的重要供给领域。从需求方面看，其他产业改革开放发展影响着消费市场发展的需求规模。其他产业蓬勃发展为中国经济增长、中国居民可支配收入提高提供了重要支撑。从改革开放发展历程来看，现代农业、生产制造业、现代服务业等的改革开放发展提供了巨大的就业数量，并且随着中国劳动生产率的提高，劳动力成本不断提高，高就业提供了高可支配收入水平，进而提供了巨大的消费需求规模。因此，从供需两方面看，中国消费市场改革开放发展受到其他产业改革开放发展的影响。

（四）中国消费市场国际比较分析

中国消费市场改革开放发展应该放到国际经济环境考量。本书以家庭消费支出增长率为衡量指标，通过与世界各国、世界发展中国家、世界发展中国家中改革开放程度不高的国家、1978 年人均 GDP 数值与中国接近的发展中国家等四个类别的国家和地区 1978—2017 年家庭消费支出的平均增长率进行比较，分析改革开放进程中中国消费市场发展成就，判断改革开放事业对我国消费市场增长的助力作用。

第一，中国消费市场发展与世界消费市场发展平均水平的比较

消费市场发展的一个重要衡量指标就是消费支出增速高低与否。本书以世界各国家庭消费支出增长率为衡量指标，通过对世界银行国民经济核算数据、经济合作与发展组织国民经济核算数据整理，对中国家庭消费支出增长率与世界 214 个国家和地区家庭消费支出平均增长率进行比较。1978—2017 年中国家庭消费支出平均增长率为 8.72%，世界家庭消费支出平均增长率为 4.61%，中国高出世界平均水平 4.11 个百分点（见图 8-17）。

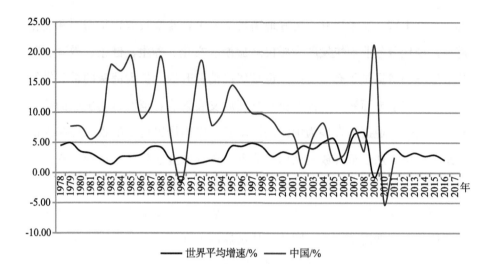

——世界平均增速/%   —— 中国/%

图 8-17　1978—2017 年中国家庭消费支出平均增速与世界

214 个国家和地区家庭消费支出平均增速比较

第二，中国消费市场发展与世界发展中国家和地区消费市场发展平均水平的比较

对于发达国家的定义，有多种说法和标准，但公认的标准是人均 GDP 达到 10000 美元以上，其他国家为发展中国家。根据世界银行国民经济核算数据、经济合作与发展组织国民经济核算数据中 214 个国家和地区中人均 GDP 数据整理分析，共有 32 个国家和地区为发达国家，其余 182 个国家和地区为发展中国家。通过计算，1978—2017 年 182 个发展中国家和地区家庭消费支出平均增长率为 3.56%，中国的平均增长率 8.72% 高出此数值 5.16 个百分点（见图 8-18）。

第三，中国消费市场发展与世界发展中国家和地区中改革开放程度不高的国家和地区的消费市场发展平均水平比较

本书用外贸依存度高低来衡量改革开放程度高低与否，改革开放程度高的国家和地区，外贸依存度高，改革开放程度低的国家和地区，外贸依存度低。通过对 147 个发展中国家和地区的外贸依存度排序比较分析，对外贸依存度排序较低的 20 个典型发展中国家进行对比，1978—2017 年 20

个典型国家家庭消费支出平均增长率为4.19%，中国的平均增长率8.72%高出此数值4.53个百分点（见图8-19）。

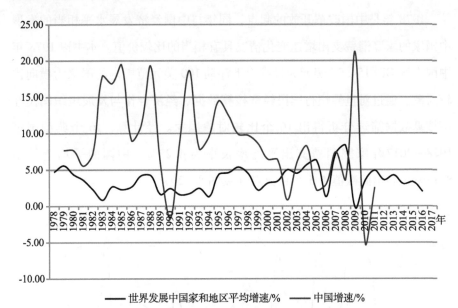

图8-18 1978—2017年中国家庭消费支出平均增速与世界发展
中国家和地区家庭消费支出平均增速比较

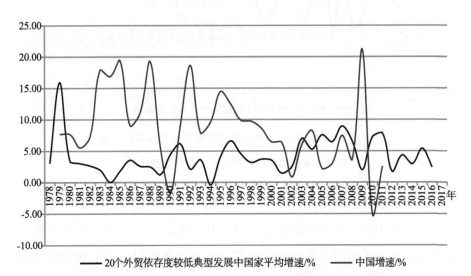

图8-19 1978—2017年中国家庭消费支出平均增速与世界发展中国家和
地区中外贸依存度较低的20个典型国家家庭消费支出平均增速比较

第四，中国消费市场发展与以 1978 年人均 GDP 水平与中国同步的世界发展中国家和地区消费市场发展平均水平比较

1978 年是中国改革开放的起点，同年与中国经济发展水平相当的发展中国家的家庭消费支出增速变化情况具有相当的比较价值。本书以 1978 年中国人均 GDP154.97 美元为标准上下浮动 100 美元范围内的国家为横向比较对象。通过对世界银行国民经济核算数据、经济合作与发展组织国民经济核算数据筛选分析得出 16 个比较对象国家。经计算，16 个典型国家1978—2017 年家庭消费支出平均增长率为 4.22%，中国的平均增长率8.72%，高出此数值 4.5 个百分点（见图 8-20）。

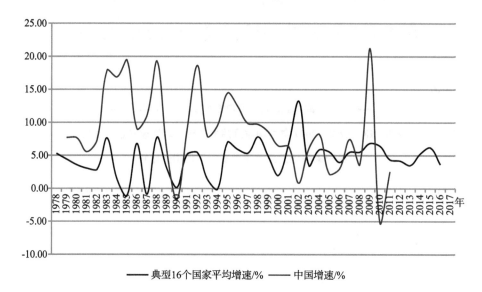

图 8-20　1978—2017 年中国家庭消费支出平均增速与 16 个
典型发展中国家家庭消费支出平均增速比较

综合上述四个方面，可以较为明显地看出中国消费市场的改革开放进程促进了中国消费市场的快速发展，其增速高于以上四类国家和地区的水平，表明了中国消费市场的改革开放发展进程促进了消费市场快速发展。

（五）扩大消费主要潜力

中国消费市场正处在消费升级过程，中国的最终消费率仍然偏低，中国的储蓄率偏高，中国消费市场领域还有较大改革开放发展空间。

一是消费市场规模扩大具有一定潜力。中国经济虽然已经转为消费拉动的发展方式，最终消费率已经达到50%以上，但是与国际最终消费率平均水平尚有较大差距。按照世界银行前期数据统计，1977—2007年世界平均最终消费为76.8%。然而我国同期最终消费率为60.9%，1978—2017年，我国最终消费率平均值为58.2%，远低于国际78%左右的平均水平，我国最终消费率明显偏低。此外，我国消费信贷规模仍然较小，市场渗透率较低。据中国人民银行数据显示，2017年我国消费信贷余额达到1.42万亿美元，同期美国消费信贷市场规模达到12.22万亿美元，高于我国8.6倍，2017年我国消费金融占GDP比重为30%左右，而美国消费信贷占GDP比重可达70%，是中国的2.3倍，我国消费信贷的市场渗透率存在较大潜力。

二是消费市场供给端劳动生产率具有提升空间。中国消费市场供给端劳动生产率即商品流通效率直接影响消费规模的大小和消费潜力的挖掘。近年来，中国的社会物流总成本大幅降低，但与欧美发达国家比较仍有不小差距。2017年中国社会物流总成本占GDP比重为14.6%，与欧美国家10%左右的比率仍有较大差距。从连锁经营率来看，2017年我国零售企业连锁经营率为30%左右，而同期美国零售企业连锁率已经达到50%以上，连锁经营带来的商品流通效率提高程度并没有充分释放。从统一配送率来看，2017年我国连锁零售企业商品统一配送率达到78%左右，同期日本7－ELEVEN等便利店统一配送率达到85%以上，中国零售企业统一配送率还有上升空间。社会物流总成本占GDP比重、连锁经营率、统一配送率等供给端劳动生产率提高有助于中国消费市场进一步发展。

三是消费服务领域体制机制改革具有深化空间。改革开放以来，中国消费服务领域体制机制改革起步最早、力度最大、效果较佳，但是体制机制的改革非一日之功，需要久久为功、常抓不懈。消费服务领域的体制机制改革过程仍然存在政出多门、办事效率低、管得过细等问题，中央和地方各级政府一直着力推动改革。2015 年，为进一步推进国内贸易流通体制改革，促进流通产业创新发展，建设法治化营商环境，经国务院批准，同意在上海、南京、郑州、广州、成都、厦门、青岛、黄石和义乌 9 个城市开展国内贸易流通体制改革发展综合试点，在创新驱动的流通发展机制、建设法治化营商环境、建立流通基础设施发展模式、健全统一高效的流通管理体制等四方面进行大胆改革创新，形成一批可复制推广的经验和模式，为全国流通体制改革发展，建设法治化营商环境提供有力支持。此项试点极大地释放了市场活力、健全了消费领域管理体制机制，促进了消费市场健康高效发展。

四是中国新兴消费领域开放具有一定发展空间。改革开放以来，中国居民收入大幅增加。1978 年，中国城镇居民人均可支配收入为 343.4 元，2017 年为 36396.2 元，增长了 36052.8 元，增长了 106 倍。居民收入大幅增加促进消费需求更加丰富，服务消费、信息消费、绿色消费等新兴消费领域需求空间巨大、开放发展前景广阔，文化、健康、医疗、旅游、教育等服务型消费领域将全面快速发展，消费结构加快升级。信息消费发展如火如荼，已经从线上消费为主转向线上线下融合发展，信息消费的新产品、新业态、新模式不断涌现、潜力巨大。绿色消费日益成为人们的主流消费方式，健康、绿色产品消费日益增多，2017 年绿色家电、绿色食品和绿色家具用品增幅分别达到 83%、66% 和 52%。因此，新兴消费领域具有深化改革、开放发展的巨大空间，加大新兴消费领域发展力度有利于更好地满足居民需求，有利于进一步挖掘消费市场潜力，有利于促进国内消费领域供给端创新发展。

二、大力挖掘"数字消费"潜力

数字消费是数字经济时代消费的新增长点。大体而言，数字消费是以数字化的消费产品或服务为对象，以数字商务为主要消费载体，通过数字消费形成购物或消费的新理念、新模式或新生态，进而推动消费结构的调整与变迁。

第一，数字消费是消费理念的新变化。数字经济深入发展并广泛地影响着人们的生活，数字化的产品或服务变得日益普及，数字化的消费场景和模式变得随处可见，数字化的支付手段变得更加普及，数字消费带来的便利性和高效率日益深入人心，同时，由于数字消费对消费者生活的改变也使消费者的社交网络发生了改变，人们因为数字消费而产生的关联更加紧密、更加新颖、更加多样，数字消费成为消费者更加适应的一种消费理念和消费模式。

第二，数字消费是消费产品（服务）的新形态。在数字经济大力发展和数字社会加快构建的时代，数字化是产品和服务的新属性。数字化的产品（服务）是具备数字化开发理念的、可连接的、具备生态属性的终端产品（服务），数字产品成为数字化生产和数字化消费的连接点。例如，当前中国的新能源汽车对传统造车构成了较大的冲击，新能源造车的新理念就是打造智能汽车，这种类型的汽车具备高级别辅助驾驶能力，具备人车互动、车联网、车生态等多种创新性功能，粤港澳大湾区的造车新势力企业就在行业内处于领先地位。例如，华为的鸿蒙智行生态系统，通过打造卓越的车机软件操作系统，推进汽车智能化技术的发展，为用户打造卓越的智能汽车产品，构建完整的软件生态系统，赋能传统车企数字化、智能化转型。又如，广州小鹏汽车致力于引领出行变革，经过十余年的发展，已将公司定位为 AI 汽车公司，通过对智能化、数字化技术深耕不断提升消费者的出行体验。

第三，数字消费是消费结构的新调整。当前，消费升级梯次演进，居民消费从基本需求型消费向享受体验型消费转型，数字消费因其具有产品独特、渠道新颖、场景多样、生态健全等特性日益成为消费者享受体验型消费的主体，引领着消费结构的变化与调整。例如，2023 年，广东手机产量6.49亿台，占全国产量41.5%，无人机产量约占全国市场的95%，约占全球市场的70%。广东省电子信息产业规模连续30多年位居全国首位，手机、彩电、无人机等电子信息产品产量均位列全国第一，是我国最大的电子信息产品生产制造基地、全球最重要的电子信息产业集聚区。又如，直播电商等新渠道、新模式逐步成为人们购物的主流渠道。数字消费无论从产品、渠道等方面均推动消费结构产生新调整。

但是，数字消费会导致传统消费渠道的改变，在创新消费形态的同时对传统消费渠道产生冲击。比如，在直播电商中"流量"是销售的密码，由此也导致各类流量纷纷涌入直播电商领域，对电子商务行业产生冲击。例如，演员有了流量不去创作和宣传更好的文艺作品而去直播带货，体育明星有了流量不去推进体育事业的进步与发展而去直播带货等，各行各业的佼佼者都变成了"销售员"，让职业销售员售货难、压力大，这是人力资源的浪费，是数字经济时代下"流量"的畸形发展，需要加以规范和引导。

三、大力推动"智慧商圈"发展

智慧商圈是数字商务发展进程中传统商圈转型升级的重要方向，也是进一步提升商圈吸引力、辐射力和影响力的重要举措，是线上线下一体化发展、线上线下双向赋能的重要内容。同时，智慧商圈是商务领域供给侧结构性改革的重要方面，是城市商业空间升级改造的重要内容，是引领传统商业渠道创新发展的重要方式。推动智慧商圈创新式发展，有利于满足消费者日益数字化、多元化、个性化的消费需求。

首先，加大传统商圈数字化基础设施投入，夯实智慧商圈发展底座。一是编制城市智慧商圈发展总体规划，提高规划站位，一张蓝图绘到底，明确智慧商圈数字化基础设施投入的"时间表""施工图"和"任务书"。二是前瞻性布局双千兆通信网络、大数据中心、物联网、人工智能、云计算、大模型等基础设施，加强公共数字化基础设施和各商业主体之间的数字化设施的协同布局与连通，构建数据协同共享体系，充分发挥数据要素作用。三是提高数字化基础设施利用效率，降低数字化基础设施使用成本，采取联合创新和技术入股等方式推动数字基础设施高效利用。

其次，加强数字技术与现代商业模式有效融合，加大智慧商圈的商业创新力度。一是加强数据要素的收集与利用，充分利用5G、物联网、移动支付、人脸识别等数字技术收集和分析消费者行为数据，通过数据要素的挖掘与利用，推出适配的商品或服务，挖掘商圈消费潜能。二是打造数字化消费新场景，充分发挥自动结算、虚拟现实、售货机器人等新技术，创新商圈消费新场景，比如打造虚拟冲浪运动、虚拟高尔夫、虚拟滑雪等运动型消费新空间，再如5D影院、数字化游艺场、数字化密室逃脱等体验型消费新空间，又如自助餐厅、自助服装店、自助超市等购物型消费新业态等，提升商圈消费体验水平，不断扩大消费类型、消费品种、消费规模。

再次，推动线上线下流量共享、销售倍增。一是树立流量思维，推动流量销售转化效率。夯实现有流量，通过数字技术手段和商业模式创新提高增量流量，提升流量黏性，加强流量销售转化比。二是推动线上线下双向赋能，流量共享。大力发展直播电商、自媒体达人引流等手段打通线上线下流量，让智慧商圈内的业态既可以选择线下服务和体验，又可以选择线上购物的便捷。三是适时调整商圈业态结构，让商圈既能承载线上流量的消费需求，又能够打造自身特色的线下流量，运用全方位、多元化、立体式的流量手段和途径，让线上线下流量争相汇聚商圈之中。

第九章　粤港澳大湾区数字商务发展的机制建议

第一节　把握和依循产业数字化发展的大逻辑

数字商务是产业数字化的重要组成部分，制定数字商务发展的机制对策既要符合产业数字化发展的一般逻辑，又要突出数字商务发展对策建议的特殊性。因此，在构建数字商务发展的机制对策过程中，首先要厘清的是，要充分把握和理解产业数字化发展的大逻辑，在依循产业数字化发展的大的对策思路的基础上，提出推动全国数字商务乃至粤港澳大湾区数字商务发展中的具体举措。供需逻辑、免费逻辑、递进逻辑是产业数字化发展的底层战略逻辑，在推动数字商务发展、制定数字商务发展推进策略的过程中，要全面把握落实这三个逻辑的路径和举措，以至于制定好数字商务发展的机制安排与推进策略。

一、推动"需求驱动型"产业数字化发展

一是要抓住产品数字化这个供需两端数字化的结合点。产品数字化是产业数字化的关键，产品数字化是需求数字化的起点，抓住了产品数字化，就抓住了产业数字化的"牛鼻子"。产品数字化是产品迭代升级的重要方向，也是未来产品的"重要属性"。离开产品数字化的产业数字化囿

于供给侧，离开产品数字化的需求数字化没有承载物。抓住产品数字化要界定产品"传统"与"现代"的界限，一切不具备数字化元素的、不可链入物联网的、孤立的产品就是"传统产品"，相反以数字化理念创造的或经过数字化改造的、软硬件一体化的、以互联网和物联网为基础平台的产品即为数字时代的"现代产品"。

二是产业数字化要统筹存量需求和增量需求。产业数字化涉及产业内各主体、各环节、各流程，会产生不同的效果、面对不同的需求。一是面对存量需求，即在现有需求不变的情况下，对各生产环节进行数字化改造，通过提高生产效率、降低生产成本的方式更好满足现有需求。二是面对增量需求，即通过数字技术创新、推动产品迭代升级，更好满足消费端需求数字化升级的增量部分。产业数字化要更好统筹存量需求和增量需求，推动供给侧结构性改革和需求侧结构性升级结合起来，推动供给创造需求和需求牵引供给的更高水平动态平衡结合起来，不断形成一个从存量需求向增量需求过渡、用增量需求思维引导存量需求思维的产业数字化过程。

三是产业数字化要统筹直接需求和衍生需求。数字化最典型的特征就是开放性、互联性和生态性，产业数字化不仅要面对存量需求和增量需求这类直接需求，而且要面对产品持续迭代和后续增值服务这类衍生需求。存在衍生需求是数字化时代需求的典型特征，也是数字化供给应抓住的"关键"，也是产业数字化区别于产业工业化、产业信息化的核心要义。统筹直接需求和衍生需求，就是要在产业数字化过程建立数字化"思维"，打通供需两端数字化壁垒，抓住产品数字化这个供需两端数字化的链接点。

二、推动"免费引领型"产业数字化发展

一是政府主导加快5G等数字基础设施建设。5G、大数据中心、人工智能、工业互联网等数字基础设施是产业数字化的基石，战略性强、投资

大、公共属性强，需要政府做好顶层设计、统筹社会资源、做好网络布局。产业数字化的优劣取决于数字基础设施体系完善与否，产业数字化发展的快慢也取决于数字基础设施建设的快慢。当前，在各国争相抢占新一轮技术革命和产业变革高地时，我国应率先在数字基础设施上完成布局，为产业数字化转型做好充分准备。其次，切实降低数字基础设施应用成本。党的十八大以来的10多年来，我国固定宽带和手机流量平均资费下降超过了95%，对于改变人们生活方式、释放社会整体生产力、降低社会数字化总成本提供了有力支撑。当前，我国正在推进全国一体化大数据中心、工业互联网平台体系等建设，应进一步加强有关政策倾斜降低相关使用资费。除此之外，要提高存量公共数字基础设施的使用效能。整体而言，我国公共数字基础设施的算力、存储力、光纤网络的传输力等都有进一步利用的空间。如我国大数据中心当前的平均利用率在50%～60%，按照工信部《新型数据中心发展三年行动计划（2021—2023年）》的要求，到2023年底，全国数据中心平均利用率须提升到60%以上。

二是企业投资加快数字化硬件设备建设。产业数字化是一个硬件数字化和软件数字化的过程。相较于消费端互联网的发展历程，消费者使用的台式电脑、笔记本电脑、智能手机、pad等硬件设备均需自行购买，这是运用无限的"免费"的互联网资源的前提，产业数字化亦是如此，企业享用数字化红利的前提是加大数字化硬件设备的投入力度，企业数字化转型除了理念的数字化以外，硬件的数字化是进入壁垒最高的一部分，在企业单独进行数字化硬件基础设施投入之外可考虑采用数字化硬件设施共享等模式，当然这部分投资会随着科技进步和商业模式的创新逐步减小，进而构建起产业数字化完善的硬件基础。

三是平台发力构建产业端数字化应用生态。产业数字化"免费"基因的重要体现在数字化应用生态建设上。能否参照消费端互联网发展路径，通过提供免费服务来迅速构建产业数字化发展生态，成为产业数字化生态构建的关键。生态规模既决定价值高低，也决定回报率的高低。一方面要以产业数字化平台建设和应用生态建设为抓手，打造涵盖产业内部基础数字化平台和联通产业间基础数字化平台的平台体系，形成丰富多样、功能齐全、竞争有序的产业数字化平台体系，同时逐步培育创新力强、产品类型多样的数字化应用体系。另一方面，以供需两端数字化生态连通为战略方向，未来的数字化应用生态应该是不区分供给侧或者是需求侧的，供给侧的数字化生态也能够符合需求侧的消费需求，需求侧的数字化生态也能够产生供给侧的生产价值，超前布局做好供需两侧数字化应用生态融合发展，推动产业数字化协同需求数字化同步发展。

三、推动"重点突破型"产业数字化发展

一是产业数字化既要全面推进又要重点突破。产业数字化要强调全面性、系统性和全局性，既要做好全盘谋划和顶层设计，又要发挥产业主观能动性，既不可以偏概全，又不可挂一漏万，着重形成一二三产联动、传统产业和新兴产业协同、东西部产业互济的产业数字化发展格局。同时，要找到产业数字化的"产业突破口"和"企业突破口"。通过少数产业和少数企业的突破，带动全部产业和上下游企业数字化转型。要着力推动靠近消费端的产业、信息化程度高的产业、数字化需求大成本低的产业率先突破，同时，着力推动大企业、"链主"企业、核心企业率先突破。

二是产业数字化要发挥专业数字企业主体力量。参照传统商业、生活服务业、通讯业等被互联网企业颠覆的经验，产业数字化由外部而生、由外及内依次影响的规律不可忽视，甚至其是产业数字化的重要发展方向，专业数字企业或成为产业数字化发展的主导力量。因此，要营造专业数字技术企业发展良好氛围，政策环境要形成持续的"包容审慎"的监管机制，推动产业数字化中小微数字技术企业蓬勃发展，同时推动消费端数字技术企业向产业数字化数字技术企业转型发展，培育推动产业数字化转型的企业生态，推动现有互联网企业向产业链中上游延伸业务，壮大各个行业中数字技术企业力量，推动产业数字化快速转型。首先，要构建多元政

策体系。金融方面，引导银行业增加对数字技术服务商的信贷投放，提高数字技术服务商的融资便利性，支持符合条件的数字技术服务商上市融资，鼓励符合条件的数字技术服务商发行科技创新公司债券。财政方面，切实用好减税降费系列政策，积极利用中央财政对中小企业数字化转型城市试点的奖励补贴。产业发展方面，制定近中远期发展规划，促进大中小型数字技术服务商发展，制定激励企业在这些领域投资的政策，促进技术水平提升和技术能力空间布局优化。其次，要推动多层次示范引领。建立一批涵盖不同产业、不同地区、不同服务、不同规模的示范企业和示范案例，开展全国性数字技术服务商创新发展试点工作，对取得显著成效的示范企业给予政策倾斜和相应奖励，持续形成可复制可推广经验和做法在全国推广，加大对示范企业的宣传和推广力度，向社会传播示范企业的成功经验和创新成果。第三，要着力优化数字营商环境。破除市场准入壁垒，简化行政审批流程，推行"一网通办"等方式，减少审批环节提高办事效率。营造公平竞争市场环境，强化竞争政策基础地位，坚持对各类所有制企业一视同仁、平等对待。定期推出市场干预行为负面清单，及时清理废除含有地方保护、市场分割等影响公平竞争的政策。

三是推动普惠型数字化转型产品和模式发展，走标准化、模块化、普适化、灵活性的数字化应用发展之路。首先，要加大普惠型数字化转型底层技术创新研发。充分调动高校、科研机构、国有科技企业等部门的积极性，构建适用于大中小企业应用的底层架构。其次，要培育 SaaS 市场加快发展。鼓励更多企业采用基于 SaaS 服务的产业数字化转型模式，加强多元化的 SaaS 服务平台建设支持力度，支持基于 SaaS 模式的数字技术服务商创新发展。第三，要加强标准体系的建立提高转型效率。根据理论研究和实践发展进程，及时制定技术标准、行业标准、服务标准，提高普惠性数字化转型发展效率。

四是产业数字化要加快组织人才文化数字化改造。产业数字化不仅仅是技术层面的问题，而且是组织、人才和文化层面的问题。传统企业与数字型企业最重要的区别在于组织的数字化、人才结构的数字化以及文化基因的数字化。传统企业数字化改造不仅仅要从技术层面入手，而且要从组织的数字化变革、人才结构的数字化升级以及文化的数字化转型入手。在组织数字化变革方面，形成更加适合数字化发展特征的组织架构，充分借鉴消费端数字化企业的组织治理方式，形成柔性的、开放的、扁平的产业数字化组织模式。在人才结构数字化方面，加快扩大数字化人才规模速度，加强数字化人才培养力度，持续优化数字化产业人才结构。在文化数字化转型方面，从发展愿景、使命和价值观层面对企业文化进行数字化重塑，注入数字文化"基因"，以文化的数字化带动组织数字化和人才结构数字化，进而带动产业数字化快速发展。从数字化发展的规律来看，组织人才文化数字化改造是产业数字化的根本，从组织、人才和文化层面入手进行数字化改造更容易获得数字化转型的效果。

第二节　推动数字商务发展的机制安排和推进策略

一、加强顶层设计

提高数字商务发展的认识站位，立足商务工作"三个重要"定位，加强与数字经济、数字中国的政策全面衔接。一是做好数字商务发展各层级规划。推动数字商务在国家级数字经济、数字中国建设规划中的深化拓展，由商务部牵头，做好全国数字商务发展的总体规划、专项规划，持续推动行动计划落地。各省市编制数字商务发展专项规划。二是建立推动数字商务发展部际、央地工作机制。定期召开涵盖各部门、各省市的数字商务发展工作会议，加强数字商务发展各部门间的政策协同配合，优化政策落地与实效反馈机制。三是不断完善数字商务法律法规。持续推动数字商务有关法律法规的修订工作，加强《电子商务法》《对外贸易法》《数据安全法》《数据出境安全评估办法》等法律法规的宣传普及工作，扩大数字商务条文纳入地方《数字经济促进条例》。

二、打造数字商务发展生态体系

充分发挥政产学研用系统合力，建立全社会共同推进数字商务发展的磅礴伟力。一是加强数字商务学术研究力度。建立数字商务学术研究联盟，开展理论研究、技术应用、模式创新、数字安全、产业发展、法律保障等方面的融合研究工作，举办各层级数字商务发展论坛，开展多层次、实用性数字商务人才培训。二是做强市场主体。加强头部数字商务企业和地方产业集聚区示范带头作用。充分发挥电子商务示范企业和粤港澳大湾区全球贸易数字化领航区等企业和集聚区的示范作用，形成可复制可推广经验向全国推广。推动中小微商务企业积极参与由 17 部门联合发起的"数字化转型伙伴行动"，助力中小微企业纾困和数字化转型发展。大力发展专业数据服务商，不断完善数字技术服务供给体系，在金融、财政、土地、人才等政策上给予大力支持。

三、全面提升数据要素利用水平

数据要素在数字商务发展中作用日益凸显，对其他生产要素会产生放大、叠加、倍增作用，成为提高数字商务领域全要素生产率、构建新质生产力的核心要素。一是加强商务领域数字基础设施构建。推动"双千兆"网络、大数据中心、5G/6G、卫星互联网、物联网、大模型等在商务企业和商务集聚区的运用。着力降低宽带和移动资费、大数据和云计算等运行成本，不断提高现有数字基础设施的使用效能。二是夯实数字商务领域数据规模底座。梳理市场主体、行业组织、政府部门等公开披露的数据资源，构建数据库体系，打通数据孤岛，为数据的进一步利用奠定基础，同时要切实守住安全底线，保障数据安全和网络安全，坚决维护国家主权、安全、发展利益。三是提高数据利用技术水平。充分发挥专业数据服务商作用，建立企业自身数据技术团队，构建数据技术撮合平台，培训中小微企业充分利用公共数据技术资源。

四、构建协同发展平台体系

系统打破数字商务发展不均衡问题，推动各地方、各领域、各企业协同发展。一是构建区域和城乡协同发展机制。充分发挥各地区比较优势，以数据共享、技术平权、场景互补为纽带，加强东中西部联动发展，同时，以"数商兴农"和"数商扩消"为纽带，赋能城乡间农产品上行和工业品下行。二是构建各领域联动发展平台。加强数字基础设施共建共享，扩大各领域典型数字化企业示范作用，在业务、模式、需求、数据等加强跨领域协同协调与资源共享。三是构建产业链上下游协同发展机制。鉴于产业链数字化呈现从产业链上大企业数字化向小企业数字化传导，从产业链下游数字化向产业链上游数字化传导，从外部数字化力量向产业内部数字化力量传导的三层递进关系，协同发展中应充分发挥大企业、靠近消费端的企业、产业生态中数字化企业的主力作用，带动各类型企业数字化发展。

五、做深做透数字商务赋能数字化生产与数字化消费发展的连接作用

一是盘活数字商务的数据和场景。充分发挥数字商务领域海量数据和丰富场景的优势，推动数据价值向生产端和消费端外延，积极推动商务领域数据在全国各大数据交易所挂牌交易，推动场景功能多元化创新，加强与生产场景与消费场景的叠加共享。二是引导数字化生产。充分发挥数字商务过程中需求预测、产品创新、服务优化等作用，进一步推动生产的及时响应、组织变革和效率提升。三是扩大数字化消费。提高数字商务过程中对消费者的大数据画像、个性化需求服务、适应消费者需求升级的能力，进一步扩大需求规模、挖掘消费潜力，迎合消费变迁，增强消费对经济增长的基础性作用。

第三节　构建粤港澳大湾区数字
商务发展的五个体系

一、打造"政府引导、龙头带动、平台赋能、小微跟随"的推进体系

多向发力破解商务企业"不会转、不能转、不敢转"难题，形成粤港高大湾区技术型和业务型商务企业竞相推动数字商务发展的积极态势。一是政府多措并举发挥引导作用，推进粤港澳大湾区数字商务领导小组，设立粤港澳大湾区数字商务联席会议制度，充分利用规划设计、信息共享、舆论宣传等手段引导数字商务发展方向。二是发挥龙头企业示范引领作用，率先探索数字商务新技术、新模式、新场景，带动产业链、供应链上下游企业同步数字化升级。三是利用广东国家数字经济创新发展试验区、河套深港科技创新合作区、横琴粤澳深度合作区等平台要素资源，赋能数字商务创新发展、集群发展。四是推进小微商务企业有序开展数字化转型行动，在成熟技术、成熟模式、成熟场景上扩大小微企业覆盖面，形成业态覆盖全面、大中小企业齐备、上中下游协同的发展局面。

二、打造"共性技术夯基、关键技术攻关、柔性技术创新"的技术体系

多维推进解决数字商务技术应用中的共性和个性问题，大幅度降低数字商务发展的技术成本。一是加强大数据、云计算、人工智能、区块链等共性基础技术研究力度，推进共性基础技术在商务领域积极应用，扩大电子发票、电子合同、电子档案等在商务领域应用范围，推广智能配送、无人超市等应用场景。二是推动自动驾驶、脑机融合、数字货币等关键技术联合攻关，发挥粤港澳三地科研优势，对标国际先进技术和领先场景应用，率先在自动驾驶与无人飞机的商务领域应用、生物识别与脑机互动的

商务场景构建、区块链与人工智能在数字货币流通等领域加快实践，形成粤港澳大湾区数字商务发展的关键技术优势。三是推进各区域、业务条线、各场景的个性化柔性技术创新，推进"轻量应用""微服务""企业云"等广泛普及，形成满足不同商务企业需求的技术支撑。

三、打造"适度超前、包容审慎、三地协同"的政策体系

多措并举增强政策供给的科学性、系统性，形成粤港澳大湾区数字商务全面发展的政策支撑。一是打造科学合理的规划体系，推动数字商务发展战略规划与行动计划相结合、总体规划与专项规划相协调、产业规划与空间规划相呼应，形成既立足当前又着眼长远的科学规划体系。二是打造包容审慎的监管体系，构建鼓励创新、规范发展、惩戒有力的体制机制，为新技术、新模式、新业态在粤港澳大湾区成长留足发展空间，引入"沙盒监管模式"，全力培育数字商务创造力、融合立、驱动力。三是加强粤港澳三地数字商务发展政策协同性，加强三地部门间政策导向的一致性、政策标准的统一性和监管执法的协同性，推动资源和要素在三地有效流动，发挥粤港澳三地各自优势，实现粤港澳大湾区数字商务协同发展"1＋1＋1＞3"的效用。

四、打造"标准统一、平台联通、全程监管、联合奖惩"的信用体系

积极构建粤港澳大湾区数字商务发展的信用环境，为数字商务全面创新发展保驾护航。一是优先建立信用信息标准体系、分类管理制度，在粤港澳大湾区内建立协调一致的奖惩标准，避免奖惩力度差异过大。二是充分发挥"信用中国"网站、国家企业信用信息公示系统、芝麻信用等平台作用，加强政府和市场信用信息的互联互通，完善信用共享机制。三是开展事前承诺、事中记录、事后评价全过程监管创新，营造商务诚信社会氛围。四是积极推进粤港澳三地签署各类联合奖惩备忘录，探索区域化的信

用合作，不断完善商务领域联合奖惩措施，依法依规实施联合惩戒。

五、打造"全球引才、多维育才、唯实选才"的人才建设体系

多措并举破解粤港澳大湾区数字商务发展人才短缺问题，构建技术人才与管理人才并重、复合型人才与业务型人才并举的人才支撑体系。一是坚持全球引才，出台具有竞争力的人才引进政策，为人才来粤港澳大湾区工作解决发展平台、住房医疗、子女教育等问题，制定旨在推动粤港澳三地数字商务人才流动的政策措施，鼓励港澳青年在粤港澳大湾区干事创业，形成世界顶尖人才争相汇聚的局面。二是坚持多维育才，通过高校学科建设体系建设，培育专业型、科研型人才，积极调整人才培养目录，扩大数字技术与商务发展的融合型人才培养规模，着力完善职业培训体系，加强职业技术教育与企业实践实习联动，培养符合数字商务领域需求的应用型人才。三是坚持唯实选才，加大数字商务企业创新实践锻炼人才政策支持力度，开展"数字商务"企业人才培养工程，建立粤港澳大湾区"数字商务"人才库，为懂实践、会管理、能创新的职业人才晋升提供发展空间。

参考文献

［1］习近平．不断做强做优做大我国数字经济［J］．求是，2022，(02)：4－8．

［2］中华人民共和国中央人民政府．商务部关于印发《数字商务三年行动计划（2024—2026 年）》的通知［R/OL］．(2024－04－26)．https：//www. gov. cn/zhengce/zhengceku/202404/content_ 6948104. htm.

［3］中国信通院．中国数字经济发展白皮书（2020 年）［R/OL］．(2020－07－01). http：//www. caict. ac. cn/kxyj/qwfb/bps/202007/P0202 00703318256637020. pdf.

［4］白津夫．关于数字经济的几个基本问题［J］．北京社会科学，2023，(04)：84－93．

［5］白津夫．发展数字经济体系的趋势和路径［J］．中国经济评论，2022，(04)：56－63．

［6］白津夫．加快发展方式转变的重点与主要任务［J］．红旗文稿，2010，(13)：13－16＋1．

［7］李钢，张琦．对我国发展数字贸易的思考［J］．国际经济合作，2020 (01)：56－65．

［8］曾可昕，张小蒂．数字商务与产业集群外部经济协同演化：产业数字化转型的一种路径［J］．科技进步与对策，2021，38 (16)：53－62．

［9］雷津津．东盟国家数字商务就绪度评价研究［D］．昆明：云南财经大学，2024．

[10] 徐朝威. 产业数字化背景下的数字商务税收治理研究 [J]. 税务研究, 2021 (11): 74 - 78.

[11] 池毛毛, 王伟军, 卢新元, 等. 数字商务战略剖面和组织重构能力关系的研究: 究竟是抑制还是促进? [J]. 管理工程学报, 2020, 34 (04): 11 - 20.

[12] 葛红玲. 新发展阶段如何促进产业数字化转型 [J]. 财经界, 2022, (10): 29 - 30.

[13] 葛红玲, 方盈赢, 李韫珅. 北京数字经济发展特点及提升方向 [J]. 科技智囊, 2023, (02): 11 - 19.

[14] 葛红玲, 杨乐渝. 实现数字经济和实体经济深度融合 [J]. 中国经济评论, 2020, (Z1): 46 - 48.

[15] 曲维玺, 王惠敏. 中国跨境电子商务发展态势及创新发展策略研究 [J]. 国际贸易, 2021 (03): 4 - 10.

[16] 张月友. 中国的"产业互促悖论"——基于国内关联与总关联分离视角 [J]. 中国工业经济, 2014 (10): 46 - 58.

[17] 江小涓, 靳景. 中国数字经济发展的回顾与展望 [J]. 中共中央党校 (国家行政学院) 学报, 2022, 26 (01): 69 - 77.

[18] 宋思源, 夏霖, 杨莹. 以商务数字化助力数字经济做大做强 [J]. 服务外包, 2024 (06): 17 - 20.

[19] 刘美琳, 王少康, 向坤. 数字经济对企业创新影响的实证研究 [J]. 经济研究参考, 2023 (10): 78 - 91.

[20] 黄国雄. 重视商学建设 迎接未来挑战——关于商业经济学建设的几个问题 [J]. 商业经济研究, 1995 (11): 8 - 10.

[21] 张育林. 打造区域性商贸基地 促进沿边地区开放发展 [J]. 国际经济合作, 2009 (05): 23 - 26.

[22] 张育林. 对流通成本概念问题的认识 [J]. 商业时代, 2007 (33): 14 - 15.

［23］李腾，孙国强，崔格格．数字产业化与产业数字化：双向联动关系、产业网络特征与数字经济发展［J］．产业经济研究，2021（05）：54－68.

［24］陈维涛，朱柿颖．数字贸易理论与规则研究进展［J］．经济学动态，2019（09）：114－126.

［25］中华人民共和国中央人民政府．中共中央　国务院印发《数字中国建设整体布局规划》［R/OL］．（2023－02－27）. https：//www. gov. cn/xinwen/2023－02/27/content_ 5743484. htm.

［26］陆菁，傅诺．全球数字贸易崛起：发展格局与影响因素分析［J］．社会科学战线，2018（11）：57－66＋281＋2.

［27］蓝庆新，窦凯．美欧日数字贸易的内涵演变、发展趋势及中国策略［J］．国际贸易，2019（06）：48－54.

［28］刘洪愧．数字贸易发展的经济效应与推进方略［J］．改革，2020（03）：40－52.

［29］刘洋，陈晓东．中国数字经济发展对产业结构升级的影响［J］．经济与管理研究，2021，42（08）：15－29.

［30］洪银兴，任保平．数字经济与实体经济深度融合的内涵和途径［J］．中国工业经济，2023（02）：5－16.

［31］孙杰．从数字经济到数字贸易：内涵、特征、规则与影响［J］．国际经贸探索，2020，36（05）：87－98.

［32］李俊，李西林，王拓．数字贸易概念内涵、发展态势与应对建议［J］．国际贸易，2021（05）：12－21.

［33］杜庆昊．数字产业化和产业数字化的生成逻辑及主要路径［J］．经济体制改革，2021（05）：85－91.

［34］夏杰长．数字贸易的缘起、国际经验与发展策略［J］．北京工商大学学报（社会科学版），2018，33（05）：1－10.

［35］俞彤晖，陈斐．数字经济时代的流通智慧化转型：特征、动力

与实现路径 [J]. 中国流通经济, 2020, 34 (11): 33-43.

[36] 关会娟, 许宪春, 张美慧, 等. 中国数字经济产业统计分类问题研究 [J]. 统计研究, 2020, 37 (12): 3-16.

[37] 李治国, 车帅, 王杰. 数字经济发展与产业结构转型升级——基于中国275个城市的异质性检验 [J]. 广东财经大学学报, 2021, 36 (05): 27-40.

[38] 李辉, 梁丹丹. 企业数字化转型的机制、路径与对策 [J]. 贵州社会科学, 2020 (10): 120-125.

[39] 祝合良, 王春娟. 数字经济引领产业高质量发展: 理论、机理与路径 [J]. 财经理论与实践, 2020, 41 (05): 2-10.

[40] 葛和平, 吴福象. 数字经济赋能经济高质量发展: 理论机制与经验证据 [J]. 南京社会科学, 2021 (01): 24-33.

[41] 陈德球, 胡晴. 数字经济时代下的公司治理研究: 范式创新与实践前沿 [J]. 管理世界, 2022, 38 (06): 213-240.

[42] 温珺, 阎志军, 程愚. 数字经济与区域创新能力的提升 [J]. 经济问题探索, 2019 (11): 112-124.

[43] 任保平. 数字经济引领高质量发展的逻辑、机制与路径 [J]. 西安财经大学学报, 2020, 33 (02): 5-9.

[44] 张鹏. 数字经济的本质及其发展逻辑 [J]. 经济学家, 2019 (02): 25-33.

[45] 张于喆. 数字经济驱动产业结构向中高端迈进的发展思路与主要任务 [J]. 经济纵横, 2018 (09): 85-91.

[46] 祝合良, 王春娟. "双循环"新发展格局战略背景下产业数字化转型: 理论与对策 [J]. 财贸经济, 2021, 42 (03): 14-27.

[47] 马述忠, 房超, 梁银锋. 数字贸易及其时代价值与研究展望 [J]. 国际贸易问题, 2018 (10): 16-30.

[48] 刘淑春. 中国数字经济高质量发展的靶向路径与政策供给 [J].

经济学家，2019（06）：52-61.

[49]李春发，李冬冬，周驰．数字经济驱动制造业转型升级的作用机理——基于产业链视角的分析［J］．商业研究，2020（02）：73-82.

[50]李晓华．数字经济新特征与数字经济新动能的形成机制［J］．改革，2019（11）：40-51.

[51]陈晓红，李杨扬，宋丽洁，等．数字经济理论体系与研究展望［J］．管理世界，2022，38（02）：208-224+13-16.

[52]王军，朱杰，罗茜．中国数字经济发展水平及演变测度［J］．数量经济技术经济研究，2021，38（07）：26-42.

[53]肖旭，戚聿东．产业数字化转型的价值维度与理论逻辑［J］．改革，2019（08）：61-70.

[54]裴长洪，倪江飞，李越．数字经济的政治经济学分析［J］．财贸经济，2018，39（09）：5-22.

[55]荆文君，孙宝文．数字经济促进经济高质量发展：一个理论分析框架［J］．经济学家，2019（02）：66-73.

[56]潘为华，贺正楚，潘红玉．中国数字经济发展的时空演化和分布动态［J］．中国软科学，2021（10）：137-147.

[57]戚聿东，褚席．数字经济发展、经济结构转型与跨越中等收入陷阱［J］．财经研究，2021，47（07）：18-32+168.

[58]徐金海，夏杰长．全球价值链视角的数字贸易发展：战略定位与中国路径［J］．改革，2020（05）：58-67.

[59]黄新焕，张宝英．全球数字产业的发展趋势和重点领域［J］．经济研究参考，2018（51）：53-61.

[60]李雪，吴福象，竺李乐．数字经济与区域创新绩效［J］．山西财经大学学报，2021，43（05）：17-30.

[61]国家统计局．数字经济及其核心产业统计分类（2021）［EB/OL］．（2021-06-23）．https：//www.stats.gov.cn/sj/tjbz/gjtjbz/202302/

t20230213_ 1902784. html.

[62] 黄国雄. 现代商学概论 [M]. 北京：高等教育出版社，2008.

[63] 约瑟夫·熊彼特. 资本主义、社会主义和民主 [M]. 北京：商务印书馆，1999.

[64] 库兹涅茨. 现代经济增长——速度、结构与扩展 [M]. 北京：北京经济学院出版社，1989.

[65] 马化腾. 数字经济：中国创新增长新动能 [M]. 北京：中信出版社，2017：14 – 15.

[66] 俞少奇. 国内外发展湾区经济的经验与启示 [J]. 福建金融，2016 (06)：42 – 45.

[67] 沈子奕，郝睿，周墨. 粤港澳大湾区与旧金山及东京湾区发展特征的比较研究 [J]. 国际经济合作，2019 (02)：32 – 42.

[68] 张昱，眭文娟，谌俊坤. 世界典型湾区的经济表征与发展模式研究 [J]. 国际经贸探索，2018，34 (10)：45 – 57.

[69] 陈柳钦. 全球价值链：一个关于文献的综述 [J]. 兰州商学院学报，2009，25 (05)：22 – 32.

[70] 雷佳. 湾区经济的分析与研究 [J]. 特区实践与理论，2015 (02)：101 – 104.

[71] 凌连新，阳国亮. 粤港澳大湾区经济高质量发展评价 [J]. 统计与决策，2020，36 (24)：94 – 97.

[72] 倪外，周诗画，魏祉瑜. 大湾区经济一体化发展研究——基于粤港澳大湾区的解析 [J]. 上海经济研究，2020 (06)：33 – 41.

[73] 邓志新. 粤港澳大湾区与世界著名湾区经济的比较分析 [J]. 对外经贸实务，2018 (04)：92 – 95.

[74] 马忠新，伍凤兰. 湾区经济表征及其开放机理发凡 [J]. 改革，2016 (09)：88 – 96.

[75] 王宏彬. 湾区经济与中国实践 [J]. 中国经济报告，2014

（11）：99 – 100.

[76] 毛艳华，荣健欣. 粤港澳大湾区的战略定位与协同发展 [J]. 华南师范大学学报（社会科学版），2018（04）：104 – 109 + 191.

[77] 张日新，谷卓桐. 粤港澳大湾区的来龙去脉与下一步 [J]. 改革，2017（05）：64 – 73.

[78] 毛艳华. 粤港澳大湾区协调发展的体制机制创新研究 [J]. 南方经济，2018（12）：129 – 139.

[79] 钟韵，胡晓华. 粤港澳大湾区的构建与制度创新：理论基础与实施机制 [J]. 经济学家，2017（12）：50 – 57.

[80] 毛艳华，杨思维. 粤港澳大湾区建设的理论基础与制度创新 [J]. 中山大学学报（社会科学版），2019，59（02）：168 – 177.

[81] 林贡钦，徐广林. 国外著名湾区发展经验及对我国的启示 [J]. 深圳大学学报（人文社会科学版），2017，34（05）：25 – 31.

[82] 杨海深，王茜. 全面构建粤港澳大湾区数字经济协同发展新路径 [J]. 新经济，2019（10）：15 – 19.

[83] 李素峰，冯鸿雁. 科技创新与数字经济高质量发展动态耦合及时空分异——基于中国四大战略区域视角 [J]. 当代经济管理，2023，45（06）：41 – 50.

[84] 霍祎黎，宋玉祥，刘亭杉. 促进粤港澳大湾区经济协调发展的路径探究 [J]. 经济纵横，2021（11）：90 – 96.

[85] 朱金周，方亦茗，岑聪. 粤港澳大湾区数字经济发展特点及对策建议 [J]. 信息通信技术与政策，2021（02）：15 – 21.

[86] 谢宝剑. 数字湾区——粤港澳大湾区高质量发展的新引擎 [J]. 南方经济，2021（10）：6 – 8.

[87] 杜昕然. 湾区经济发展的历史逻辑与未来趋势 [J]. 国际贸易，2020（12）：48 – 57.

[88] 鲁志国，潘凤，闫振坤. 全球湾区经济比较与综合评价研究 [J].

科技进步与对策，2015, 32（11）：112 – 116.

[89] 杨海波，高兴民. 粤港澳大湾区发展一体化的路径演进 [J]. 区域经济评论，2019（02）：110 – 116.

[90] 何诚颖，张立超. 国际湾区经济建设的主要经验借鉴及横向比较 [J]. 特区经济，2017（09）：10 – 13.

[91] 中国银行课题组，刘连舸，陈卫东，等. 国内国际双循环大格局下居民消费研究及扩大居民消费的政策建议 [J]. 国际金融，2020（10）：3 – 32.

[92] 杜昕然. 四大方向发力，挖掘消费增长潜力 [N]. 国际商报，2019 – 12 – 25（008）.

[93] 严先溥. 中国消费市场运行现状与发展趋势分析 [J]. 金融与经济，2006（02）：3 – 7.

[94] 庄解忧. 世界上第一次工业革命的经济社会影响 [J]. 厦门大学学报（哲学社会科学版），1985（04）：54 – 60 + 68.

[95] 刘秉镰. 港城关系机理分析 [J]. 港口经济，2002（03）：12 – 14.

[96] 刘艳霞. 国内外湾区经济发展研究与启示 [J]. 城市观察，2014（03）：155 – 163.

[97] 刘伟政，李华军，谢卓霖. 粤港澳大湾区金融集聚与区域经济增长 [J]. 特区经济，2021（01）：14 – 18.

[98] 任志宏. 粤港澳大湾区定位于"数字湾区"发展的意义价值 [J]. 新经济，2019（10）：8 – 14.

[99] 王铭. "殖产兴业"与日本资本主义的发展 [J]. 辽宁大学学报（哲学社会科学版），1997（06）：85 – 88.

[100] 尹海丹. 粤港澳大湾区城市经济高质量发展评价与对策 [J]. 中国经贸导刊（中），2020（02）：6 – 9.

[101] 旷爱萍，蒋晓澜. 数字经济、产业结构水平和区域融合发展——基于粤港澳大湾区及其腹地区域的研究 [J]. 西部经济管理论坛，

2021, 32 (05)：48-58+70.

[102] 朱惠. 广州建设粤港澳大湾区数字贸易中心路径分析 [J]. 广东技术师范大学学报，2020, 41 (05)：96-101.

[103] 谢宝剑，肖慧珍. 粤港澳大湾区数字消费市场分析与前瞻 [J]. 新经济，2023 (01)：35-42.

[104] 邱丹平. 粤港澳大湾区建设背景下广州建设数字贸易中心研究 [J]. 价格月刊，2022 (06)：82-87.

[105] 何柏广. 数字经济助力粤港澳大湾区发展路径研究 [J]. 商场现代化，2024 (04)：113-115.

[106] 王涛，彭晓云. 北京与纽约产业结构变迁的比较分析 [J]. 河北软件职业技术学院学报，2016, 18 (03)：12-15.

[107] 孙亮. 纽约港的发展研究 (1815—1860) [D]. 上海：华东师范大学，2013.

[108] 张翔. 粤港澳大湾区数字贸易发展研究 [J]. 产业创新研究，2023 (01)：19-22.

[109] 齐海燕. 深圳电子商务发展现状与政策建议 [J]. 中国市场，2021 (05)：184-185.

[110] 袁思芜，李梦琪，陈林山，等. 数字经济时代下粤港澳大湾区电子商务发展现状及路径分析 [J]. 现代商业，2023 (12)：16-21.

[111] 肖小爱. 粤港澳大湾区数字经济发展研究 [J]. 科技创新发展战略研究，2021, 5 (02)：41-44.

[112] 张梦颖. 上海临港新城港城联动发展研究 [J]. 中国市场，2017 (02)：97-98.

[113] 矫萍，田仁秀，李苏苏. 数字经济驱动下粤港澳大湾区现代服务业与先进制造业的融合效应 [J]. 科技管理研究，2023, 43 (12)：147-156.

[114] 郭飞宏. 数字经济提升城市商业经济韧性机理研究 [J]. 商讯，2021 (32)：137-139.

[115] 谢菁, 邹杨, 宁祺器. 湾区经济发展战略对区域经济增长的影响——基于粤港澳大湾区的实证研究 [J]. 当代财经, 2020 (12)：3-13.

[116] 艾尚乐. 粤港澳大湾区数字营商环境构建的核心问题与发展对策 [J]. 商业经济研究, 2021 (19)：170-173.

[117] 龚淑林. 美国第二次工业革命及其影响 [J]. 南昌大学学报 (人文社会科学版), 1988 (01)：67-74+101.

[118] 万晓琼, 王少龙. 数字经济对粤港澳大湾区高质量发展的驱动 [J]. 武汉大学学报 (哲学社会科学版), 2022, 75 (03)：115-123.

[119] 张震, 覃成林. 粤港澳大湾区经济高质量发展分析 [J]. 经济体制改革, 2021 (03)：39-46.

[120] 李岚清. 突围——国门初开的岁月 [M]. 北京：中央文献出版社, 2008.

[121] 杨灿, 郑正喜. 产业关联效度理论辨析 [J]. 统计研究, 2014 (12)：11-19.

[122] 张卓元, 房汉廷, 程锦锥, 等. 市场决定的历史突破 中国市场发育与现代市场体系建设 40 年 [M]. 广州：广东经济出版社, 2017：16-32.

[123] 周启乾. 第一次世界大战与日本经济 [J]. 历史教学, 1994 (09)：14-17.

[124] 王宁. 消费社会学——一个分析的视角 [M]. 北京：社会科学文献出版社, 2001：56-62.

[125] 哈继铭. 消费是推动经济增长的主要动力 [J]. 中国金融, 2012 (11)：9-10.

[126] 联合国贸易和发展组织. 世界投资报告 2012：迈向新一代投资政策 [M]. 北京：经济管理出版社, 2012：26-32.

[127] 张磊. 投资增长率和消费增长率对 GDP 增长率贡献的实证研究——基于中国 31 个省市的数据分析 [J]. 消费导刊, 2011 (4)：16-18.

［128］沈文豪.数字经济背景下消费驱动型经济增长路径研究［J］.商场现代化，2024（06）：11-13.

［129］庞靓，华锐.中国数字消费发展水平及演变测度［J］.理论月刊，2024（05）：80-95.

［130］贺俊，庞尧.数字消费驱动产业升级：理论机理、现实障碍和推进路径［J］.技术经济，2023，42（12）：28-34.

［131］陈中明."双循环"背景下粤港澳大湾区跨境电商发展现状与策略研究［J］.商场现代化，2023（11）：23-25.

［132］魏革军.消费是推动经济增长的主要动力——访高盛投资管理部中国副主席暨首席投资策略师哈继铭［J］.中国金融，2012（11）：16-19.

［133］朱迪.我国消费倾向的新特点与提振策略［J］.人民论坛，2023（02）：70-75.

［134］田广，刘瑜，王淑婷.论市场与消费对中国宏观经济发展的促进作用［J］.中国市场，2014（45）：46-52.

［135］赖立，谭培文.数字中国建设背景下数字消费的内涵、困境及发展路径［J］.经济学家，2023（12）：95-103.

［136］杜昕然.我国消费市场发展历史回顾——基于1996—2015年的数据［J］.商业经济研究，2017（03）：50-53.

［137］颜见智，杨万寿.科技创新对居民消费的影响机制研究——基于流通数字化视角［J］.商业经济研究，2023（07）：48-51.

［138］任兴洲，廖英敏.中国消费市场的潜力和前景［J］.重庆工学院学报（社会科学版），2008（10）：9-15.

［139］郭慧琳.数字经济驱动流通产业转型升级的影响研究［J］.商业经济研究，2022（14）：173-176.

［140］韩庆龄.数字经济推动消费升级及其路径探究［J］.商业经济研究，2022（10）：50-54.

［141］魏君英，胡润哲，陈银娥.数字经济发展如何影响城乡消费差

距：扩大或缩小？[J]. 消费经济，2022，38（03）：40 – 51.

[142] 杜昕然. 智能售货终端带来革命性改变 [N]. 国际商报，2019 – 11 – 21（008）.

[143] 谢莉娟，王晓东. 数字化零售的政治经济学分析 [J]. 马克思主义研究，2020（02）：100 – 110.

[144] 高振娟，赵景峰，张静，等. 数字经济赋能消费升级的机制与路径选择 [J]. 西南金融，2021（10）：44 – 54.

[145] 任保平，苗新宇. 新经济背景下扩大新消费需求的路径与政策取向 [J]. 改革，2021（03）：14 – 25.

[146] 龙少波，张梦雪，田浩. 产业与消费"双升级"畅通经济双循环的影响机制研究 [J]. 改革，2021（02）：90 – 105.

[147] 洪银兴. 消费需求、消费力、消费经济和经济增长 [J]. 中国经济问题，2013（01）：3 – 8.

[148] 沈满洪，张兵兵. 交易费用理论综述 [J]. 浙江大学学报（人文社会科学版），2013，43（02）：44 – 58.

[149] 杨晓燕. 中国消费者行为研究综述 [J]. 经济经纬，2003（01）：56 – 58.

[150] 张洪胜，潘钢健. 跨境电子商务与双边贸易成本：基于跨境电商政策的经验研究 [J]. 经济研究，2021，56（09）：141 – 157.

[151] 黄隽，李冀恺. 中国消费升级的特征、度量与发展 [J]. 中国流通经济，2018，32（04）：94 – 101.

[152] 马香品. 数字经济时代的居民消费变革：趋势、特征、机理与模式 [J]. 财经科学，2020（01）：120 – 132.

[153] 杜昕然. 改革开放四十年中国消费市场发展研究 [J]. 国际贸易，2018（10）：29 – 36.

[154] 丁俊发. 改革开放40年的中国流通业 [J]. 全球化，2017（08）：16 – 30 + 133.

［155］王春娟．数字经济驱动我国流通效率变革研究［D］．北京：首都经济贸易大学，2024.

［156］上创利．流通产业发展方式转变研究［D］．哈尔滨：哈尔滨商业大学，2012.

［157］刘英杰．数字物流、供应链弹性与流通产业链韧性［J］．商业经济研究，2023（02）：30－33.

［158］黄国雄，刘玉奇，王强．中国商贸流通业60年发展与瞻望［J］．财贸经济，2009（09）：26－32.

［159］丁俊发．改革开放40年中国物流业发展与展望［J］．中国流通经济，2018，32（04）：3－17.

［160］李毅学，汪寿阳，冯耕中，等．物流与供应链金融评论［M］．北京：科学出版社，2010.

［161］高中华，徐岩．马克思主义分工理论的现实启示［J］．马克思主义与现实，2006（05）：154－156.

［162］徐从才．流通理论研究的比较综合与创新［J］．财贸经济，2006（04）：27－35＋96.

［163］胡愈，柳思维．物流金融及其运作问题讨论综述［J］．经济理论与经济管理，2008（02）：75－79.

［164］肖建辉．粤港澳大湾区物流业高质量发展的路径［J］．中国流通经济，2020，34（03）：66－81.

［165］李毅学，徐渝，冯耕中．国内外物流金融业务比较分析及案例研究［J］．管理评论，2007（10）：55－62＋64.

［166］李毅学，汪寿阳，冯耕中．一个新的学科方向——物流金融的实践发展与理论综述［J］．系统工程理论与实践，2010，30（01）：1－13.

［167］宋旭．"数商兴农"工程推进农村三大产业融合发展机制研究［J］．现代农业研究，2023，29（08）：30－33.

［168］欧阳日辉．2022年中央一号文件解读："数商兴农"是农村电

子商务发展的新方向 [J]. 科技与金融, 2022 (04): 49-53.

[169] 李贞. "数商兴农" 为乡村振兴带来新机遇 [N]. 人民日报海外版, 2023-04-12 (005).

[170] 杜昕然. 产业数字化发展的战略逻辑与现实举措 [J]. 理论视野, 2022 (07): 56-60.

[171] 王德祥, 王建波. 新一代人工智能对数字经济的影响——以 ChatGPT 为例 [J]. 特区实践与理论, 2023 (02): 34-39.

[172] 郑世林, 陶然, 杨文博. ChatGPT 等生成式人工智能技术对产业转型升级的影响 [J]. 产业经济评论, 2024 (01): 5-20.

[173] 张夏恒. 基于新一代人工智能技术 (ChatGPT) 的数字经济发展研究 [J]. 长安大学学报 (社会科学版), 2023, 25 (03): 55-64.

[174] 洪永淼, 汪寿阳. 人工智能新近发展及其对经济学研究范式的影响 [J]. 中国科学院院刊, 2023, 38 (03): 353-357.

[175] 郑世林, 姚守宇, 王春峰. ChatGPT 新一代人工智能技术发展的经济和社会影响 [J]. 产业经济评论, 2023 (03): 5-21.

[176] 师博. 人工智能助推经济高质量发展的机理诠释 [J]. 改革, 2020 (01): 30-38.

[177] 林晨, 陈小亮, 陈伟泽, 等. 人工智能、经济增长与居民消费改善: 资本结构优化的视角 [J]. 中国工业经济, 2020 (02): 61-83.

[178] 张叶青, 陆瑶, 李乐芸. 大数据应用对中国企业市场价值的影响——来自中国上市公司年报文本分析的证据 [J]. 经济研究, 2021, 56 (12): 42-59.

[179] 腾讯研究院, 中国信息通信研究院互联网法律研究中心, 腾讯 AI Lab, 等. 人工智能 [M]. 北京: 中国人民大学出版社, 2017.

[180] 赵志君, 庄馨予. 中国人工智能高质量发展: 现状、问题与方略 [J]. 改革, 2023 (09): 11-20.

[181] 李涛. 做好人工智能与数字经济深度融合 [J]. 数字经济,

2023（03）：54 – 56.

［182］李勇坚. ChatGPT 与经济增长：影响机制与政策框架［J］. 新疆师范大学学报（哲学社会科学版），2024，45（03）：86 – 95 + 1.

［183］E. C. Hirschman. Innovativ eness, novelty seeking, and consumer creativity［J］. Consumer Research，1980，7（3）：283 – 295.

［184］Nie Y，Chen N. A Study on the Impact of Liberalization of Trade in Services in the Guangdong-Hong Kong-Macao Greater Bay Area on Guangdong's Economy［J］. International Journal of Frontiers in Sociology，2021，3.0（4.0）.

［185］Peng X，Li X，Yang X. Analysis of circular economy of E-commerce market based on grey model under the background of big data［J］. Journal of Enterprise Information Management，2022，35（4/5）.

［186］Kshetri N，Kshetri N. ChatGPT in Developing Economies［J］. IT Professional Magazine，2023，25（2）.

［187］Wang L，Wang D. Analysis of the Advantages of the Digital Economy and Innovative Development［J］. Information Systems and Economics，2023，4（9）.

［188］Dong G，Lin L，Lu Q，et al. Digital economy and consumption upgrading：scale effect or structure effect？［J］. Economic Change and Restructuring，2023，56（6）.

［189］Ling C，Zeng T. Exploration and Practice of Blockchain Technology Application in the Field of Digital Commerce［J］. Academic Journal of Business & Management，2023，5（24）.

［190］Binbin K，Che A C W. Research on the Analysis and Impact of Internet Celebrity Economy on Consumers' Irrational Buying Behavior in the Big Data Environment［J］. ECONOMICS，2023，11（s1）.

［191］Aimei X. The impact of digital trade facilitation on China's cross-

border e-commerce exports ［J］. Information Systems and Economics，2023，4
（10）.

［192］ Ren G . Research on the Innovation of Enterprise Digital Marketing
Model in the Era of Digital Economy ［J］. Financial Engineering and Risk Man-
agement，2024，7（1）.

［193］ Wei Q ，Liu M . Research on the Impact of Digital Economy Devel-
opment Level of Host Countries on China's Trade：An Empirical Research Based
on RCEP Countries ［J］. Academic Journal of Business & Management，2024，
6（1）.

［194］ Wang Y ，Li L . Digital economy，industrial structure upgrading，
and residents' consumption：Empirical evidence from prefecture-level cities in
China ［J］. International Review of Economics and Finance，2024，92.

［195］ Cheng D ，Zhou H ，Guo D ，et al. Green Knot：trade openness
and digital commerce contribute to the natural resources ［J］. Resources Policy，
2024，90.

［196］ Ren J ，Zhang Z . The Development and Countermeasures of Hong
Kong E-commerce Industry under the Background of Digital Trade ［J］. Aca-
demic Journal of Business & Management，2024，6（2）.

［197］ Zhou Q . Does the digital economy promote the consumption struc-
ture upgrading of urban residents? Evidence from Chinese cities ［J］. Structural
Change and Economic Dynamics，2024，69.

［198］ Fu X ，Yang L ，Song Y ，et al. Exploration on the Application of
ChatGPT in Corporate Financial Management ［J］. Academic Journal of Manage-
ment and Social Sciences，2024，7（1）.

［199］ Amin S B ，Minhazul A . The curious case of Facebook commerce：
an analysis of the digital commerce management guide 2021 ［J］. Southeast A-
sia：A Multidisciplinary Journal，2024，24（1）.

[200] Kim M . Digital product presentation, information processing, need for cognition and behavioral intent in digital commerce [J]. Journal of Retailing and Consumer Services, 2019, 50 (C).

[201] Phang C D , Wang K , Wang Q , et al. How to derive causal insights for digital commerce in China? A research commentary on computational social science methods [J]. Electronic Commerce Research and Applications, 2019, 35.

[202] Huang X , Yin K C , Wasim I , et al. Determinants of Social Commerce Usage and Online Impulse Purchase: Implications for Business and Digital Revolution [J]. Frontiers in Psychology, 2022, 13.

[203] Xu K , Chan J , Ghose A , et al. Battle of the Channels: The Impact of Tablets on Digital Commerce [J]. Management Science, 2016, 63 (5).

[204] Gary Gereffi. International trade and industrial upgrading in the apparel commodity chain [J]. Elsevier B. V. , 1999, 48 (1): 37 – 70.

[205] Hoyle BS, Pinder DA (eds). City port industrialization and regional development [M]. London: Belhaver, 1981: 10 – 26.

[206] Wölfl A. The Service Economy in OECD Countries [A]. OECD. Enhancing the Performance of the Services Sector [R]. 2005.

[207] S. L. Jarvenpaa and P. A. Todd. Consumer reactions to electronic shopping on the world wide web [J]. Int. J. Electron. Commerce, 1999, 2 (2): 59 – 88.

附表：

粤港澳大湾区数字商务发展大事记

序号	时间	大事记
1	2012 年 10 月	党的十八大将数字经济发展上升为国家战略
2	2015 年 10 月	党的十八届五中全会提出实施网络强国战略和国家大数据战略，拓展网络经济空间，促进互联网和经济社会融合发展，支持基于互联网的各类创新
3	2017 年 6 月	《网络安全法》施行，为中国数字领域法律体系的构建奠定了基石
4	2017 年 10 月	党的十九大提出推动互联网、大数据、人工智能和实体经济深度融合，建设数字中国、智慧社会
5	2018 年 5 月	国家发改委等部委联合发布《关于加强对电子商务领域失信问题专项治理工作的通知》，旨在进一步推进电子商务领域信用体系建设
6	2018 年 10 月 23 日	港珠澳大桥正式开通
7	2019 年 1 月	《电子商务法》实施，为促进电商发展、规范电商运营、保护消费者和经营者合法权益提供法律支撑
8	2019 年 2 月	《粤港澳大湾区发展规划纲要》发布
9	2019 年 5 月	中共中央办公厅、国务院办公厅发布《数字乡村发展战略纲要》
10	2019 年 8 月	中共中央、国务院关于支持深圳建设中国特色社会主义先行示范区的意见
11	2019 年 10 月	党的十九届四中全会首次将数据列为生产要素
12	2019 年 11 月	深圳成为全国首批数字人民币试点地区之一，为后续数字人民币在深圳的应用奠定了基础
13	2020 年 4 月	中共中央发布《关于构建更加完善的要素市场化配置体制机制的意见》，明确提出加快培育数据要素市场
14	2020 年 6 月	《国家电子政务标准体系建设指南》印发，旨在加强电子政务领域标准化顶层设计，推动电子政务标准体系建设以及支撑电子政务实施应用

序号	时间	大事记
15	2020 年 10 月	党的十九届五中全会提出发展数字经济，推进数字产业化和产业数字化，推动数字经济和实体经济深度融合，打造具有国际竞争力的数字产业集群
16	2020 年 11 月	广东省政府印发《广东省建设国家数字经济创新发展试验区工作方案》
17	2021 年 2 月	国家互联网信息办公室等七部委联合发布《关于加强网络直播规范管理工作的指导意见》，为促进网络直播行业健康有序发展提供支撑
18	2021 年 3 月 31 日	北京国际大数据交易所正式成立
19	2021 年 5 月	广东省人民政府印发《关于加快数字化发展的意见》
20	2021 年 5 月 25 日	国家互联网信息办公室等七部门联合发布《网络直播营销管理办法（试行）》实施，旨在规范网络市场秩序，维护人民群众合法权益，促进新业态健康有序发展，营造清朗网络空间
21	2021 年 6 月	《数据安全法》出台，首次较为系统地明确对数据处理、使用、流动的规制要求，提出建立国家数据分类分级保护制度，制定重要数据目录
22	2021 年 7 月	商务部、中央网信办、工业和信息化部印发《数字经济对外投资合作工作指引》
23	2021 年 7 月	广东省第十三届人民代表大会常务委员会第三十三次会议通过《广东省数字经济促进条例》，自 2021 年 9 月 1 日起施行
24	2021 年 8 月	《个人信息保护法》出台，建立了权责明确、保护有效、利用规范的个人信息制度
25	2021 年 9 月	中共中央、国务院印发《全面深化前海深港现代服务业合作区改革开放方案》
26	2021 年 9 月	中共中央、国务院印发《横琴粤澳深度合作区建设总体方案》
27	2021 年 10 月	商务部、中央网信办、发展改革委印发《"十四五"电子商务发展规划》
28	2021 年 10 月 1 日	国家互联网信息办公室等五部门发布的《汽车数据安全管理若干规定（试行）》开始实施，旨在规范汽车数据处理活动，保护个人、组织的合法权益，维护国家安全和社会公共利益，促进汽车数据合理开发利用
29	2021 年 11 月 1 日	中方正式提出申请加入《数字经济伙伴关系协定》（DEPA）。申请加入 DEPA 符合中国进一步深化国内改革和扩大高水平对外开放的方向，有助于中国在新发展格局下与各成员加强数字经济领域合作、促进创新和可持续发展

序号	时间	大事记
30	2021 年 11 月	工信部印发《"十四五"大数据产业发展规划》
31	2021 年 11 月	上海数据交易所揭牌成立
32	2021 年 12 月	《"十四五"数字经济发展规划》发布
33	2021 年 12 月	广东省人民政府办公厅印发《关于推进跨境电商高质量发展若干政策措施》
34	2022 年 1 月	广东省人民政府印发《广东省推动服务贸易高质量发展行动计划（2021—2025 年）》
35	2022 年 2 月	国家发展改革委等部门联合印发通知，同意在京津冀、长三角、粤港澳大湾区、成渝、内蒙古、贵州、甘肃、宁夏等地启动建设国家算力枢纽节点，并规划了 10 个国家数据中心集群，"东数西算"工程正式全面启动
36	2022 年 3 月	国家互联网信息办公室、国家税务总局、国家市场监督管理总局联合印发《关于进一步规范网络直播营利行为促进行业健康发展的意见》，着力构建跨部门协同监管长效机制，加强网络直播营利行为规范性引导，鼓励支持网络直播依法合规经营，促进网络直播行业发展中规范，规范中发展
37	2022 年 6 月	国务院印发《广州南沙深化面向世界的粤港澳全面合作总体方案》
38	2022 年 7 月	《数据出境安全评估办法》出台，对数据出境的评估适用情形、评估事项、评估程序、过渡期等作出明确规定
39	2022 年 8 月 18 日	根据《数字经济伙伴关系协定》（DEPA）联合委员会的决定，中国加入 DEPA 工作组正式成立，启动中国加入 DEPA 的正式谈判，此次会议是成立工作组后的第一次四方首席谈判代表磋商
40	2022 年 9 月 30 日	广州数据交易所成立
41	2022 年 10 月	党的二十大提出加快发展数字经济，促进数字经济和实体经济深度融合，打造具有国际竞争力的数字产业集群
42	2022 年 11 月 15 日	深圳数据交易所正式揭牌
43	2022 年 12 月	《关于构建数据基础制度更好发挥数据要素作用的意见》发布，简称"数据二十条"
44	2023 年 2 月	《数字中国建设整体布局规划》发布
45	2023 年 2 月	《个人信息出境标准合同办法》出台，对个人信息出境活动进行规范
46	2023 年 4 月	商务部印发《粤港澳大湾区全球贸易数字化领航区建设方案》
47	2023 年 6 月	《广东省人民政府关于进一步深化数字政府改革建设的实施意见》发布
48	2023 年 8 月	财政部印发《企业数据资源相关会计处理暂行规定》
49	2023 年 8 月	国务院印发《河套深港科技创新合作区深圳园区发展规划》

序号	时间	大事记
50	2023 年 10 月	国家数据局挂牌成立
51	2023 年 11 月	广东省《"数字湾区"建设三年行动方案》发布
52	2023 年 12 月	商务部等 12 部门发布《关于加快生活服务数字化赋能的指导意见》，促进通过数字化赋能推动生活性服务业高质量发展
53	2023 年 12 月	国家发展改革委会同有关部门编制了《粤港澳大湾区国际一流营商环境建设三年行动计划》
54	2024 年 1 月	国家数据局会同有关部门印发《"数据要素×"三年行动计划（2024—2026 年）》
55	2024 年 1 月 1 日	《未成年人网络保护条例》正式施行
56	2024 年 2 月	国家数据局、中央网络安全和信息化委员会办公室、工业和信息化部、公安部联合印发《关于开展全国数据资源调查的通知》，为摸清数据资源底数，加快数据资源开发利用，更好发挥数据要素价值提供支撑
57	2024 年 3 月	国家互联网信息办公室公布《促进和规范数据跨境流动规定》，自公布之日起实施
58	2024 年 4 月	商务部印发《数字商务三年行动计划（2024—2026 年）》，提出到 2026 年底商务各领域数字化、网络化、智能化、融合化水平显著提升等一系列目标要求
59	2024 年 4 月	商务部办公厅印发《关于实施数字消费提升行动的通知》，为充分发挥数字消费释放潜力、扩内需、稳增长、促转型的重要作用提供指南
60	2024 年 5 月	广东省政府办公厅印发《广东省关于人工智能赋能千行百业若干措施》
61	2024 年 5 月	广东省政府办公厅印发《广东省推动低空经济高质量发展行动方案（2024—2026 年）》
62	2024 年 6 月	国家数据局会同有关方面编制形成《数字中国发展报告（2023 年）》，详述了数字中国发展的基础更加夯实、赋能效应更加凸显、安全和治理体系更加完善以及国际合作更加深入等方面内容
63	2024 年 6 月	广东省委办公厅、省政府办公厅印发《关于构建数据基础制度推进数据要素市场高质量发展的实施意见》
54	2024 年 7 月	党的二十届三中全会提出加快构建促进数字经济发展体制机制，完善促进数字产业化和产业数字化政策体系，创新发展数字贸易，推进跨境电商综合试验区建设等
65	2024 年 9 月	国家发展改革委等部门印发《国家数据标准体系建设指南》

序号	时间	大事记
66	2024 年 9 月	中共中央办公厅、国务院办公厅印发《关于加快公共数据资源开发利用的意见》
67	2024 年 9 月	国家互联网信息办公室与澳门特别行政区政府经济及科技发展局、澳门特别行政区政府个人资料保护局共同制定《粤港澳大湾区（内地、澳门）个人信息跨境流动标准合同实施指引》并公布
68	2024 年 9 月	国家发展改革委等部门印发《国家数据标准体系建设指南》
69	2024 年 9 月	全国网络安全标准化技术委员会（简称"网安标委"）发布《人工智能安全治理框架》1.0 版
70	2024 年 9 月	国家互联网信息办公室与澳门特别行政区政府经济财政司签署《关于促进粤港澳大湾区数据跨境流动的合作备忘录》
71	2024 年 10 月	国家网信办信息化发展局指导的《全民数字素养与技能发展水平调查报告（2024）》发布
72	2024 年 10 月	广东省首批66个广东省人工智能典型应用案例正式发布，其中"AI +商业"4 个

后　记

对于数字商务的研究起源于 2020 年，当时中国数字经济发展的大幕徐徐拉开，政商学各界对数字经济持续关注，以数据为关键要素的数字经济日益成为推动中国经济转型升级和动能转换的重要方向。那么，商务领域的数字化将如何全面展开以及商务领域数字化如何融入数字经济和数字中国建设全局，这成为我开展数字商务研究的出发点。随着对这一问题的思考逐步加深，围绕数字商务的理论与实践的总结积累日益增多，遂以成稿，了却一桩心愿。

首先，感谢我所在单位商务部研究院的支持与培养。商务部研究院是国家首批高端智库，是商务领域的权威研究机构，研究院专业的治学环境、厚重的历史底蕴和门类齐全的研究领域为我开展研究奠定了坚实基础和提供了强大支撑。在此，我要感谢院领导、所领导和一起并肩奋斗的同事们对我的支持、帮助和鼓励。

其次，我要感谢白津夫局长和葛红玲教授为我作序。白津夫局长是数字经济领域的权威专家，我有幸在几次学术研讨会上与白局长有探讨与交流，他对数字经济的深刻见地让我深受启发，并且他儒雅淡泊的风范让我敬佩。葛红玲教授对于我开展数字商务研究给予了最早的支持，她的指导、帮助给予我很多启示，让我能够专注于商务领域数字化持续地开展研究。

同时，在我写作的过程中，我的导师黄国雄教授的谆谆教导是我的精神支柱。谨以此书向黄老师致敬！黄老师不仅是我的导师，也是我治学的榜样！

此外，感谢中国商务出版社王世鹏社长、周青主任和责任编辑孟宪鑫为本书的顺利出版做的大量工作，在此表示深深的谢意。

最后，感谢父母、家人一直以来对我求学和工作的支持与帮助，这么多年来很少能多一些时间回家照顾父母，让我深感愧疚，感谢哥哥一直陪伴在父母身边，让我可感心安。最重要的是，感谢我的爱人对我的支持与照顾，没有你的陪伴和鼓舞我不可能顺利完成此书。

研究工作是一条艰辛的路，从迷上经济学的那一刻就决定走这条道路，从理论研究到政策研究，力求学以致用，略尽绵薄之力。这一路上，因为有诸多师友陪伴、因为热爱，不觉孤单。

杜昕然

2024 年 12 月 4 日